# Studio

# Edexcel GCSE (9–1) French
## Higher

Clive Bell, Anneli McLachlan, Gill Ramage

Published by Pearson Education Limited, 80 Strand, London, WC2R 0RL.

www.pearsonschoolsandfecolleges.co.uk

Copies of official specifications for all Edexcel qualifications may be found on the website: www.edexcel.com

Text © Pearson Education Limited 2016
Edited by Sara McKenna
Designed and typeset by Oxford Designers & Illustrators Ltd.
Original illustrations © Pearson Education Limited 2016
Illustrated by Beehive Illustration – Simon Rumble, Andy Keylock, Paul Moran, Peter Lubach and Adrian Barclay. Oxford Designers & Illustrators Ltd. John Hallett.
Picture research by Jane Smith
Cover © Pearson Education Limited 2016
Cover images: Shutterstock.com/Sergey Kelin

Written by Clive Bell, Anneli McLachlan and Gill Ramage
Additional material written by Eleanor Mayes

First published 2016

22
10 9 8 7 6

British Library Cataloguing in Publication Data
A catalogue record for this book is available from the British Library

ISBN 978 1 292 11783 6

**Acknowledgements**

We would like to thank Lynn Youdale, Fabienne Tartarin, Isabelle Retailleau, James Hodgson, Melanie Birdsall, Pete Milwright, Barbara Cooper and her students, Leah Cooper, Sylvie Fauvel, Karen Pearson, Isabelle Porcon, Maela Thomas, Anne Guerniou, Alchemy Soho and Chatterbox Voices, Elliot Mitchell, Mikael Scaramucci, Thibault Fowler, Matthew McNeil, Billie-Jane Bayer-Crier, Celia Landi, Toscanie Hulett, Olivier Deslandes, Caroline Crier and Marie Trinchant for their invaluable help in the development of this course.

Every effort has been made to contact copyright holders of material reproduced in this book. Any omissions will be rectified in subsequent printings if notice is given to the publishers.

The publisher would like to thank the following for their kind permission to reproduce photographs:

(Key: b-bottom; c-centre; l-left; r-right; t-top)

**123RF.com:** 16 (1-Man), 38 (1tl), 74 (2d), 78 (1a), 79 (5r), 109 (5cr), auremar 167 (5cl), 167 (5cr), Borges Samuel 100 (1-2), Edyta Pawlowska 91, Elzbieta Sekowska 84 (1g), Graham Oliver 34 (2cl), Jake Hellbach 23, lightpoet 106 (1c), Olena Zaskochenko 110 (1 Claire), Olha Shtepa 100 (1-1), racorn 20 (2a), Val Thoermer 56 (1a); **Agence du Service Civique:** 87; **Alamy Images:** aberCPC 92, Barry Diomede 62 (1b), 133, Blaine Harrington III 78 (1e), Blend Images 62 (1f), Bon Appétit 58 (1c), Catchlight Visual Services 167 (5bl), CREATIVE COLLECTION TOLBERT PHOTO 116, David Bagnall 129 (5l), dpa picture alliance 42 (1l), 42 (2br), 146 (1-4), eddie linssen 131 (5), Gautier Stéphane 185, Hemis 65, 83 (4b), 170 (1br), 209, Hero Images Inc. 68, imageBROKER 108 (1tr), John Devlin 80 (1cl), John Elk III 131 (4), Lasse Kristensen 142, Lightworks Media 111, Mandy Godbehear 87 (5l), Novarc Images 63 (5r), Peter Lane 80 (1tl), PhotoAlto sas 100 (1-4), PhotoSlinger 100 (1-3), Rebecca Johnson 147 (6), redsnapper 37 (8r), Robert Hoetink 122 (1), Shoosh / Form Advertising 36 (1cl), StockFood GMBH 58 (1f), Suzanne Porter 162 (2bl), Tony Tallec 123, WeddingSnapper.com.au 63 (5l), Xinhua 140 (2br), Zoonar GmbH 69; **Corbis:** 2 / Vicky Kasala / Ocean 18, 143 (5l), Bertrand Garde / Hemis 64 (1l), Catherine DELAHAYE / Photononstop 56 (1f), Ian Lishman / Juice Images 147 (5a), imagesource 56 (1b), Patrick Pleul / dpa 86 (1r); **Fotolia.com:** 7horses 74 (2a), Africa Studio 9, Alen-D 161, AntonioDiaz 134, bakharev 34 (2l), BlueOrange Studio 109 (5cl), captblack76 74 (2e), dekanaryas 82, Diego Barbieri 130, DragonImages 11 (8l), eyetronic 100 (2), eyewave 75 (6r), fotek 58 (1a), fred34560 74 (2c), goodluz 148 (2b), Gorilla 114, Heliosphile 78 (1c), highwaystarz 156, 204, Hoda Bogdan 34 (2r), Hurricane 11 (8r), ImageArt 74 (2h), imaginedigital 108 (1bl), Ivonne Wierink 74 (2f), javigarlu 75 (6l), Jérôme Rommé 108 (1br), littlehandstocks 67, M.studio 58 (1b), 105 (5r), Mario Beauregard 81 (7b), michaeljung 59, Monkey Business 34 (1tr), 48, 124, 148 (2t), 202, Netfalls 103, Neyak 162 (2tr), oksmit 74 (2g), oneinchpunch 109 (5b), Phil_Good 108 (1tl), photka 58 (1e), photografiero 165, Picture Partners 108 (1cl), ronniechua 105 (5l), runzelkorn 86 (1l), ruslan_100 34 (1cl), rustamank 56 (1c), Sebastian Gauert 140 (2tl), Spectral-Design 183, Thierry RYO 140 (2tc), Tran-Photography 84 (1f), ucius 40 (1 Yann), WavebreakmediaMicro 150, Y. L. Photographies 106 (1a), yanlev 211, zen-kom.com 108 (1cr); **Getty Images:** Andersen Ross 143 (5r), Anne-Christine Poujoulat 170 (1bl), Bertrand Rindoff Petroff 78 (1b), Betsie Van Der Meer 62 (1c), 205, Blend Images - Mike Kemp 62 (1e), Bloomberg 106 (1b), Brian Stevenson 192, Carrie Davenport / TAS 31 (5tr), dagmar heymans 56 (1d), David H. Wells 172, Erick James 31 (5br), ESCUDERO Patrick 39, franckreporter 84 (1e), François Durand 33, Georges Gobet 78 (1f), Image Source 87 (5r), James Hardy / PhotoAlto 36 (1cr), Jean Ayissi 64 (1tr), JGI Jamie Grill 149, Ken Chemus 144 (2l), Lightwavemedia / Wavebreakmedia Ltd 62 (1d), Mark Tipple 57, Matthew Stockman 170 (2), Mike Hewitt 170 (1tr), Patrick Aventurier 162 (2br), Per-Anders Pettersson 34 (1bl), Rolfo 58 (1d), Sean Gallup 42 (1r), Sia Kambou 125, Storimages 162 (2bc), sturti 37 (8l), Tony Tremblay 81 (7t), ullstein bild 21 (7l), VCL / Alistair Berg 174, Vera Anderson 146 (1-1), Wavebreakmedia 151 (5); **Imagestate Media:** Phovoir 140 (2bl); **Lycée Français Charles de Gaulle:** 122 (2); **Masterfile UK Ltd:** 13, photolibrary.com 110 (1 Diego); **Office de Tourisme Dinan - Vallée de la Rance:** 83 (4a); **Oxfam:** Bekki Frost 169 (5l); **Pearson Education Ltd:** Chris Parker 112, Gareth Boden 40 (1 Helio), 167 (5br), Jon Barlow 40 (1 Honoré), Jules Selmes 11 (8c), 38 (1cl), 167 (5tl), 167 (5tr); **PhotoDisc:** Photolink 35 (4lr); **Press Association Images:** AP / Jack Plunkett 21 (6), PA Archive 20 (2c); **Programme Eco-Ecole:** 165 (Inset); **Projects Abroad** (www.projects-abroad.co.uk): 193; **PunchStock:** Goodshot 44; **R. Goscinny et J.-J. Sempé:** 66; **Reuters:** Benoit Tessier 20 (2b), Carlo Allegri 21 (7c), Gilbert Tourte 20 (2d), Norsk Telegrambyra AS 21t; **Rex Shutterstock:** imageBROKER / Shutterstock 84 (1h), Jeff Blackler / Shutterstock 106 (1e), Startraks Photo / REX Shutterstock 146 (1-3), Xinhua News Agency / Shutterstock 85, Zelig Shaul / ACE Pictures / REX Shutterstock 146 (1-5); **Shutterstock.com:** Amble Design 169 (5r), ARENA Creative 25, bensliman hassan 89, Chepe Nicoli 40 (1 Clementine), CREATISTA 11t, 12 (1tr), Cynthia Farmer 136, David Hughes 74 (2b), Debby Wong 146 (1-2), Denis Makarenko 42 (2tl), 146 (1t), Dfree 42 (2tr), Edyta Pawlowska 12 (1bl), 129 (5r), Fotokostic 35 (4c), Goodluz 12 (1bc), 38 (1tr), 140 (2bc), Gordon Bell 79 (5l), IAKOBCHUK VIACHESLAV 34 (1tl), ilogic27 140 (2tr), IM_Photo 35 (4l), infografick 215, iofoto 34 (2cr), Jaguar PS 42 (1c), 42 (2bl), Jfanchin 99, Jorg Hackemann 98, 110 (1 Orlando), Jstone 41, 199, Karramba Production 104, Kiev.Victor 106 (1d), Kzenon 151 (6), Lewis Tse Pui Lung 110 (1 Albane), MarcelClemens 194, michaeljung 120, Mila Supinskaya 169 (5c), Monkey Business Images 127, 154, 181, Nikolay Dimitrov - ecobo 53, Nvelichko 16 (1-Woman), Radu Razvan 170 (1tl), Richard Whitcombe 162 (2tc), 162 (2tl), Rob Marmion 40 (1 Karima), Robert Kneschke 70, Ruslan Guzov 6, S.Cooper Digital 109 (5t), Samuel Borges Photography 110 (1 Nina), Singkham 188, SKABARCAT 56 (1e), Sorbis 106 (1f), suravid 46, svtrotof 78 (1d), Tsian 36 (1tl), Vadim Kolobanov 12 (1tc), William Perugini 26, ZouZou 62 (1a), Zurijeta 186; **Stockdisc:** Royalty Free Photos 38 (1cr)

The publisher would like to thank the following for their kind permission to reproduce copyright material in this book:
p. 19 Pierre Coran, «L'épouvantail» © SABAM Belgium 2016; p. 22 *Kiffe kiffe demain* de Faïza Guène © Hachette Littératures 2004 © Librairie Arthème Fayard 2010; p. 45 *La fille qui n'aimait pas les fins*, Yaël Hassan & Matt7ieu Radenac, Collection « TEMPO » © Editions Syros, 2013; p. 66 R. Goscinny et J.-J. Sempé, extrait de «Mémé», *Le Petit Nicolas, c'est Noël*, IMAV Éditions, 2013; p. 76 Le Chat © Philippe Geluck; p. 79 Net-Provence, net-provence.com; p. 82 Office de Tourisme de Dinan - Vallée de la Rance (www.dinan-tourisme.com); p. 83 Vedettes Jaman V (www.vedettejamaniv.com); p. 83 La Cité des télécoms (www.cite-telecoms.com); p. 88 *Libération*, «P'tit Libé n°2», 2015. Concept et rédaction: Cécile Bourgneuf, Sophie Gindensperger et Elsa Maudet. Graphisme et illustrations: Emilie Coquard; p.105 100% Vietnam by François Keo (centpourcentvietnam.wordpress.com); p. 112 «La Plage» (from *Instantanés*) by Alain Robbe-Grillet, © 1962 by Les Editions de Minuit; p. 132 Editions de Fallois, Collection Fortunio © Marcel Pagnol, 2004; p. 153 © *Okapi* juin 2003 Bayard Presse Jeunesse, Virginie, rédactrice en chef de Cheval magazine; p. 153 © *Okapi* janvier 2015 Bayard Presse Jeunesse (extrait audio); p. 163 © Jean-Marc Ligny: *AQUA™*, L'Atalante, 2006; p. 172 *FDD Fatou Diallo Détective* d'Emmanuel Trédez et Magali Le Huche, Nathan Poche Policier, 2009; p. 172 Exhibition «La Banane à tout prix», Peuples Solidaires (www.peuples-solidaires.org), 2007; p. 173 *Libération*, «P'tit Libé n°2», 2015. Concept et rédaction: Cécile Bourgneuf, Sophie Gindensperger et Elsa Maudet. Graphisme et illustrations: Emilie Coquard; p. 183 Frank Andriat, *Je voudr@is que tu…* © Editions Grasset & Fasquelle, 2011; p. 187 *C'est toujours bien*, Milan poche Junior, Tranche de vie, Philippe Delerm © 1998 Éditions Milan; p. 193 Projects Abroad (www.projects-abroad.fr) p. 199 © *Okapi* avril 2005 Bayard Presse Jeunesse ; p. 203 «Le Cancre», in *Paroles* © Gallimard and © Fatras / Succession Jacques Prévert (digital)

**A note from the publisher**

In order to ensure that this resource offers high-quality support for the associated Pearson qualification, it has been through a review process by the awarding body. This process confirms that this resource fully covers the teaching and learning content of the specification or part of a specification at which it is aimed. It also confirms that it demonstrates an appropriate balance between the development of subject skills, knowledge and understanding, in addition to preparation for assessment.

Endorsement does not cover any guidance on assessment activities or processes (e.g. practice questions or advice on how to answer assessment questions), included in the resource nor does it prescribe any particular approach to the teaching or delivery of a related course.

While the publishers have made every attempt to ensure that advice on the qualification and its assessment is accurate, the official specification and associated assessment guidance materials are the only authoritative source of information and should always be referred to for definitive guidance.

Pearson examiners have not contributed to any sections in this resource relevant to examination papers for which they have responsibility.

Examiners will not use endorsed resources as a source of material for any assessment set by Pearson. Endorsement of a resource does not mean that the resource is required to achieve this Pearson qualification, nor does it mean that it is the only suitable material available to support the qualification, and any resource lists produced by the awarding body shall include this and other appropriate resources.

# Table des matières

# Table des matières

# 1 Qui suis-je?

## Point de départ 1

● *Revising family and describing people*

**1** *lire*  Lisez et choisissez le bon mot pour compléter chaque phrase.

1 Le père de ma mère est **mon grand-père** / **mon beau-père** / **mon neveu**.
2 La sœur de ma mère est **ma nièce** / **ma belle-sœur** / **ma tante**.
3 Le fils de mon oncle est **mon frère** / **mon cousin** / **ma cousine**.
4 La fille de mon père et de ma belle-mère est **mon demi-frère** / **ma demi-sœur** / **ma belle-sœur**.
5 La femme de mon grand-père est **ma fille** / **ma mère** / **ma grand-mère**.
6 Le nouveau mari de ma mère est **mon beau-frère** / **mon beau-père** / **mon grand-père**.
7 Le fils de mon fils est **mon fils** / **mon grand-père** / **mon petit-fils**.
8 La femme de mon fils est **ma fille** / **ma belle-fille** / **ma petite-fille**.

**2** *écrire*  Écrivez les adjectifs en deux listes: adjectifs positifs et adjectifs négatifs.

| | | | | | | |
|---|---|---|---|---|---|---|
| drôle | timide | sage | égoïste | paresseux | sympa | sensible |
| bavard | aimable | intelligent | méchant | charmant | poli | arrogant |
| travailleur | sérieux | généreux | gentil | jaloux | cool | fidèle | amusant |
| triste | vilain | agaçant | fort | têtu | impatient | |

**3** *écouter*  Écoutez. Bruno décrit sa famille. Identifiez le membre de la famille sur la photo et notez les adjectifs utilisés. (1–7)

*Exemple:* **1** e: timide, intelligente

**4** *écrire*  Écrivez trois adjectifs corrects pour compléter chaque phrase.

1 Je suis _____, _____ et _____.
2 Il est _____, _____ et _____.
3 Elle est _____, _____ et _____.
4 Mes sœurs sont _____, _____ et _____.
5 Mes frères sont _____, _____ et _____.

**5** *parler*  À deux. Choisissez trois adjectifs pour décrire la personnalité des membres de votre famille.

*Exemple:*

> Ma belle-sœur est timide, sensible et aimable.

---

**G** *Adjectival agreement*  **> Page 224**

Most adjectives work like this:

| masculine | feminine | masc plural | fem plural |
|---|---|---|---|
| no ending | add **-e** | add **-s** | add **-es** |
| e.g. *charmant* | e.g. *charmant**e*** | e.g. *charmant**s*** | e.g. *charmant**es*** |

Some adjectives follow a different pattern
(e.g. *travaill**eur*** → *travaill**euse***, *heur**eux*** → *heur**euse***, *gent**il*** → *gent**ille***).

Some adjectives never change (e.g. *cool*, *sympa*).

**6** lire **Regardez les images. Copiez les descriptions mais corrigez les erreurs.**

5'3"   5'8"   5'10"   5'9"

J'ai les cheveux roux et mi-longs, et les yeux bleus. Je suis petit et mince. Je suis beau.

Je suis grande et mince. J'ai les cheveux raides et noirs, et les yeux verts. Je ne porte pas de lunettes. Je suis jolie.

J'ai les yeux verts. Je suis petite et grosse et j'ai des boutons. J'ai les cheveux longs, blonds et frisés.

J'ai les cheveux gris, courts et bouclés, et une barbe noire. Je suis de taille moyenne et très gros.

**G** *The present tense* **> Page 206**

Most French verbs are *-er* verbs. The *je* form ends in *-e*.

The most useful irregular verbs are *avoir* (to have) and *être* (to be).

|  | *-er* verbs (e.g. *porter* to wear) | *avoir* to have | *être* to be |
|---|---|---|---|
| je/j' | porte | ai | suis |
| tu | portes | as | es |
| il/elle/on | porte | a | est |
| nous | portons | avons | sommes |
| vous | portez | avez | êtes |
| ils/elles | portent | ont | sont |

**7** lire **Copiez et complétez chaque phrase avec *j'ai*, *je suis* ou *je porte*.**

1. _____ Annabelle Durand.
2. _____ française.
3. _____ quinze ans.
4. _____ petite et mince.
5. _____ les cheveux blonds et les yeux bleus.
6. _____ des lunettes.
7. _____ des boutons.
8. _____ deux sœurs et un demi-frère.
9. _____ travailleuse et sérieuse.
10. _____ un chat et un chien.

**8** écouter **Vous aidez la police après un incident. Écoutez les descriptions des suspects et notez les détails en anglais. (1–6)**

*Exemple:* **1** male: tall, fat, short brown hair

**9** parler **À deux. Vous êtes un de ces suspects. Décrivez-vous. Imaginez aussi votre personnalité.**

*Exemple:* J'ai les cheveux courts et bouclés …

6'6" — 2,0m
6'0" — 1,83m
5'6" — 1,71m
5'0" — 1,52m
4'6" — 1,40m
4'0" — 1,22m
3'6" — 1,10m
3'0" — 0,91m

| J'ai | les cheveux | courts/longs/mi-longs. raides/bouclés/frisés. noirs/bruns/châtains/blonds/ roux/gris/blancs. |
|---|---|---|
|  | les yeux | bleus/verts/gris/marron. |
|  | des boutons/une barbe/une moustache. | |
| Je suis | petit(e)/grand(e)/de taille moyenne/mince/ gros(se). beau (belle)/joli(e)/laid(e)/moche. timide/bavard(e)/intelligent(e). | |
| Je porte | des lunettes. | |

**1** lire **Regardez le plan du centre-ville. Reliez les images et les mots.**

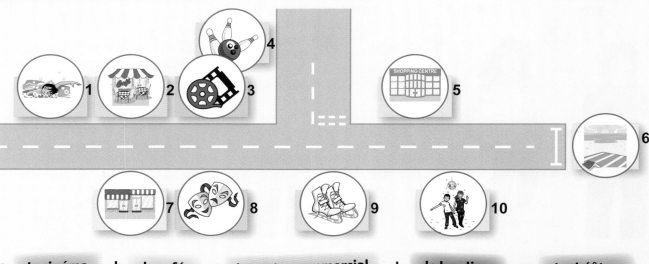

a **le cinéma**  b **le café**  c **le centre commercial**  d **le bowling**  e **le théâtre**

f **la piscine**  g **la plage**  h **la boîte de nuit**  i **la patinoire**  j **les magasins**

**2** écouter **Écoutez et mettez les images de l'exercice 1 dans le bon ordre.**

*Exemple:* 4, …

**3** lire **Lisez les phrases et regardez le plan de l'exercice 1. Écrivez V (vrai) ou F (faux) pour chaque phrase.**

1  Il y a un café derrière le cinéma.
2  Le théâtre est à côté de la patinoire.
3  La plage est dans le centre commercial.
4  Le cinéma est devant le bowling.
5  Il y a une piscine près de la plage.
6  Le cinéma est en face du centre commercial.
7  La patinoire est entre le théâtre et la boîte de nuit.

**4** parler **À deux. Posez des questions et utilisez le plan de l'exercice 1 pour donner des réponses.**

● *Où est le cinéma?*  ■ *Il est devant le bowling.*
● *Où sont les magasins?*  ■ *Ils sont en face du café.*

**5** écrire **Traduisez ces phrases en français.**

1  There is a cafe opposite the shops.
2  The swimming pool is near the bowling alley.
3  There is a shopping centre opposite the cinema.
4  The beach is behind the shopping centre.
5  The theatre is next to the shops.
6  There is a skating rink between the theatre and the night club.

---

**G** *Definite and indefinite articles*

|  | masculine | feminine | plural |
|---|---|---|---|
| 'the' | *le* | *la* | *les* |
| 'a' or 'some' (pl) | *un* | *une* | *des* |

If a noun begins with a vowel or *h*, *le* or *la* shortens to *l'*, e.g. *l'église* (the church).

---

**G** *Prepositions*

| | |
|---|---|
| *dans* | in |
| *derrière* | behind |
| *devant* | in front of |
| *entre* | between |
| *en face de* | opposite |
| *à côté de* | next to |
| *près de* | near |

*de + le → du*, e.g. en face *du* cinéma
*de + les → des*, e.g. près *des* magasins

---

 Be sure to use the definite or indefinite article correctly.

**6** écouter

**Écoutez. Copiez et complétez le tableau en français. (1–6)**

| | où? | quand? | à quelle heure? |
|---|---|---|---|
| 1 | au cinéma | ce soir | 20h |

| | |
|---|---|
| aujourd'hui | today |
| demain | tomorrow |
| après-demain | the day after tomorrow |
| ce matin | this morning |
| cet après-midi | this afternoon |
| ce soir | tonight |

**G** *The verb* **aller** **>** *Page 208*

**aller** *(to go)*
je vais
tu vas
il/elle/on va
nous allons
vous allez
ils/elles vont

 **7** lire

**Lisez le texte et traduisez-le en anglais.**

Aujourd'hui, c'est mon anniversaire. Ce matin, je vais au bowling avec mon frère. Cet après-midi, je vais au café à seize heures avec ma grand-mère. Le café est dans le centre commercial. Ce soir, je vais à la patinoire à dix-neuf heures et puis je vais au cinéma avec mes parents. Le cinéma est en face du théâtre, près de la piscine.

**8** parler

**À deux. Parlez de vos activités pour aujourd'hui. Utilisez les notes.**

*Exemple: a*
• Ce matin, à neuf heures et quart, je vais à la patinoire dans le centre commercial.
• Cet après-midi, à trois heures, je vais au cinéma avec Alex.
• Ce soir, à huit heures et demie, je vais au théâtre, en face du café.

**G** *The preposition* **à**

The preposition *à* means 'at' or 'to'.
*à + le →* **au**, e.g. **au** *cinéma* (at/to the cinema)
*à + la →* **à la**
*à + l' →* **à l'**
*à + les →* **aux**, e.g. **aux** *magasins* (at/to the shops)
**à** *8 heures/20 heures* (at 8 p.m.)

a

**Notepad** 7:42

**a.m.** (9.15): ice rink
(in shopping centre)

**p.m.** (15.00):
cinema with Alex

**evening** (20.30):
theatre (opp. cafe)

b

**Notepad** 9:15

**a.m.** (10.00):
swimming pool
(next to ice rink)

**p.m.** (14.30): cafe
(in shopping centre)

**evening** (20.15):
cinema with Kévin

c

**Notepad** 11:36

**a.m.** (9.45):
shops with Maya

**p.m.** (16.00): beach

**evening** (19.30):
bowling
(opp. cinema)

# 1 A comme amitié

**1** lire **Lisez le forum et identifiez le(s) trait(s) de personnalité le(s) plus important(s) pour chaque personne.**

| | |
|---|---|
| **prendre soin de** | to take care of |
| **la vérité** | the truth |
| **un défaut** | a fault |

## C'est quoi un bon ami, pour toi?

 Un bon ami est sympa et gentil, mais aussi modeste. **Louloute66**

 Pour moi, un bon ami est amusant et me fait rire, surtout si je suis triste. **An@nas**

 À mon avis, un bon ami est quelqu'un qui est généreux. **JeSuisBill**

 Je pense qu'un bon ami est une personne honnête qui dit la vérité, même quand c'est difficile à entendre. J'ai des défauts mais il croit en moi. **Mayleen**

 Un bon ami est patient et fidèle. Il ou elle prend soin de moi. **Sushi101**

 À mon avis, un bon copain voit le bon côté des choses et n'est pas pessimiste, même si ça ne va pas. **Legeek**

- la patience
- le sens de l'humour
- l'honnêteté
- l'optimisme
- la générosité
- la fidélité
- la gentillesse
- la modestie

**2** écouter **Écoutez. Identifiez le trait de personnalité le plus important pour chaque personne. (1–8)**

*Exemple:* **1** la générosité

 **Adjectives** are used to describe somebody, e.g. *il est **honnête*** (he is **honest**).

**Abstract nouns** are used to talk about qualities, e.g. *l'**honnêteté** est importante* (**honesty** is important).

**3** parler **À deux. Discutez des qualités les plus importantes chez un(e) ami(e).**

- Quel est ton avis?
- Tu es d'accord?
- Je suis d'accord.
- Je ne suis pas d'accord.

| Je pense que Pour moi, À mon avis, | les qualités importantes chez un ami sont | le sens de l'humour/la patience/la générosité/ la fidélité/la gentillesse/la modestie/ l'honnêteté/l'optimisme. |
|---|---|---|
| | un bon ami est | compréhensif/de bonne humeur/énergique/ équilibré/fidèle/gentil/généreux/honnête/ indépendant/modeste/patient/sûr de lui/sensible. |
| | un bon ami n'est pas | de mauvaise humeur/déprimé/impatient/ jaloux/prétentieux/raciste/sexiste/vaniteux. |
| Un bon ami (est quelqu'un qui) | | croit en moi. dit toujours la vérité. me fait rire. prend soin de moi. voit le bon côté des choses. |

**G** **Irregular verbs** > *Page 208*

Many French verbs are irregular and don't follow the usual pattern, e.g.

*prendre* (to take) → *il **prend***
*faire* (to do/make) → *il **fait***
*dire* (to say) → *il **dit***
*voir* (to see) → *il **voit***
*croire* (to believe) → *il **croit***
*rire* (to laugh) → *il **rit***
*mettre* (to put) → *on **met***
*sortir* (to go out) → *on **sort***

**4** écrire **Écrivez votre réponse pour le forum «C'est quoi un bon ami, pour toi?».**

## 5 lire Lisez et trouvez les expressions dans les textes.

**1** Il est extrêmement grand: il mesure 1,80 mètre! Il est maigre comme un clou mais plutôt fort.

**Guillaume**

**Moreen**

**2** Quelquefois, elle semble timide mais la plupart du temps, elle est bavarde. Elle a un joli sourire et elle est généreuse.

**Florence**

**3** Il a des yeux marron qui inspirent confiance et les cheveux bruns avec des reflets roux. Il est un peu rond mais il a l'air cool.

**5** Elle a un appareil dentaire. Je m'entends bien avec elle parce qu'on a les mêmes centres d'intérêt. On joue ensemble dans un groupe et on diffuse nos vidéos en ligne.

**Esther**

**4** Elle rit beaucoup en classe, parfois c'est agaçant. Mais elle est vraiment drôle et très jolie.

**Adam**

| | |
|---|---|
| **a** he is 1m 80cm tall | **f** he looks cool |
| **b** as thin as a rake | **g** she laughs a lot |
| **c** she seems shy | **h** she has a brace |
| **d** most of the time | **i** I get on well with her |
| **e** she has a pretty smile | **j** we have the same interests |

## 6 lire Relisez les descriptions de l'exercice 5. Devinez qui c'est.

*Exemple:* Je pense que le numéro 1, c'est Guillaume.

## 7 écouter Écoutez pour vérifier qui c'est. Notez aussi si la personne est d'accord ou pas d'accord avec la description. (1–5)

*Exemple:* **1** Guillaume, pas d'accord.

> **G** *The relative pronoun* **qui** 〉 *Page 232*
>
> ***Qui*** means 'who', 'which' or 'that'. It is a relative pronoun that refers to the **subject** of a sentence.
>
> It is very useful for creating longer, more complex sentences, e.g.
>
> *Un bon ami est quelqu'un* **qui croit** *en moi.*
> A good friend is someone **who believes** in me.
>
> *Il a des yeux* **qui inspirent** *confiance.*
> He has eyes **that inspire** confidence.

## 8 parler À deux. Discutez des jeunes sur les photos.

**Éric**

**Maryse**

**Mohamed**

| Je pense que Pour moi, À mon avis, | X | est semble a l'air | très assez extrêmement vraiment plutôt | agaçant(e). fort(e). puissant(e). maigre. |
|---|---|---|---|---|
| | | est | maigre comme un clou. léger (légère) comme une plume. laid(e) comme un pou. | |
| | | a | des yeux qui inspirent confiance. les mêmes centres d'intérêt que moi. | |

● *Éric semble très intelligent et très drôle.*
■ *Je ne suis pas d'accord. Éric a l'air plutôt agaçant.*
● *Ah non, à mon avis, Éric a des yeux qui inspirent confiance.*

## 9 écrire Écrivez la description d'un(e) ami(e) à vous ou d'une des photos de l'exercice 8.

- *Talking about family relationships*
- *Using reflexive verbs in the present tense*

**1** | lire

**Lisez le texte et trouvez l'équivalent français de chaque phrase.**

Les téléspectateurs britanniques adorent *EastEnders*; les Français regardent *Plus belle la vie* ou *Fais pas ci, fais pas ça*. Ici on présente un nouveau feuilleton: *C'est de famille!*

*C'est de famille!* met en scène les familles d'un quartier imaginaire de Bordeaux. La famille Bonnet est une famille importante dans la série.

**Édith Bonnet** est une femme travailleuse et dynamique. Elle s'occupe de sa famille et travaille comme coiffeuse. Son ex-mari s'appelle Jean-Paul mais il habite maintenant en Angleterre. Elle s'entend bien avec ses deux enfants, Adrien et Pricillia.

**Michel Bonnet** est le grand-père de la famille Bonnet et le patron du café local. C'est un homme fort et sympathique. Sa femme est morte. Il s'intéresse beaucoup à ses petits-enfants mais quelquefois il se dispute avec Édith, sa belle-fille.

**Pricillia Bonnet** est adorable mais instable; elle se fâche parfois contre sa mère mais se confie à elle quand elle a des problèmes. Par contre, son frère, **Adrien**, est un garçon sérieux. Pricillia et Adrien s'aiment beaucoup mais ils se chamaillent de temps en temps.

**Thomas Bonnet** est le fils de Michel et le beau-frère d'Édith. Poli et charmant, il s'entend bien avec tout le monde. Il habite au centre-ville avec son compagnon.

| | |
|---|---|
| **1** she looks after | **6** she gets angry with |
| **2** her ex-husband is called | **7** she confides in |
| **3** she gets on well with | **8** Pricillia and Adrien love each other |
| **4** he is interested in | **9** they bicker with each other |
| **5** he argues with | |

**G** *Possessive adjectives* > Page 225

| | masc | fem | plural |
|---|---|---|---|
| my | *mon* | *ma* | *mes* |
| your | *ton* | *ta* | *tes* |
| his/her | *son* | *sa* | *ses* |

**2** | lire

**Relisez le texte. Qui parle?**

1 Je me fâche parfois contre ma mère.
2 Je m'entends bien avec toute la famille.
3 Ma belle-fille et moi, nous nous disputons quelquefois.
4 Je m'occupe de mes enfants.
5 Je me confie à maman quand j'ai des difficultés.
6 Je me chamaille avec ma sœur de temps en temps, mais nous nous aimons quand même!
7 Je m'intéresse à mes petits-enfants.

**G** *Reflexive verbs* > Page 207

These verbs have a reflexive pronoun in front of the verb.
Example: *se disputer* (to argue)

| | |
|---|---|
| je **me** dispute | nous **nous** disputons |
| tu **te** disputes | vous **vous** disputez |
| il/elle/on **se** dispute | ils/elles **se** disputent |

The reflexive pronoun can be used to mean 'each other', e.g. *ils s'aiment* (they love each other).

Some of these reflexive verbs are followed by a preposition. This is not always the same preposition that is used in English:

| | |
|---|---|
| *s'entendre bien **avec*** | to get on well with |
| *s'intéresser **à*** | to be interested in |
| *se confier **à*** | to confide in |
| *s'occuper **de*** | to look after |
| *se fâcher **contre*** | to get angry with |

**3** | écouter

**Écoutez. Il y a de nouveaux personnages dans la série. Copiez et complétez le tableau en anglais. (1–4)**

1 **Gaspard** 2 **Agathe** 3 **Dylan** 4 **Sara**

| | character | family information |
|---|---|---|
| 1 | Gaspard | |

**4** lire **Lisez l'interview. Écrivez V (vrai) ou F (faux) pour chaque phrase.**

**L'actrice Nina Charpentier va jouer dans le nouveau feuilleton *C'est de famille!***

**Q:** Vous allez jouer quel rôle dans *C'est de famille!*?

**R:** Je vais jouer le rôle de Juliette Beregi.

**Q:** Comment êtes-vous?

**R:** Je suis forte, énergique et débrouillarde.

**Q:** Il y a combien de personnes dans votre famille?

**R:** Dans ma famille, il y a cinq personnes: mon mari, qui s'appelle Olivier; mes filles, les jumelles Océane et Noémie; mon fils, Mathys; et moi. J'ai aussi un ex-mari qui est le père de mes filles.

**Q:** Est-ce que vous vous entendez bien avec votre famille?

**R:** Océane est travailleuse et sage, je m'entends donc bien avec elle. Elle se confie à moi quand elle a des problèmes. Noémie est extravertie et têtue: je me dispute avec elle presque tous les jours! Mathys est timide et plutôt introverti. Noémie s'entend très bien avec lui mais je me fâche contre lui car nous sommes très différents.

1  Nina Charpentier va jouer le rôle de Juliette.
2  Elle a plein d'énergie.
3  Juliette est la femme d'Olivier.
4  Elle a quatre enfants.
5  Elle est divorcée.
6  Océane est paresseuse et méchante.
7  Noémie et sa mère se disputent souvent.
8  Noémie et Mathys s'entendent bien.

**5** écrire **Traduisez ces phrases en français.**

1  I get on well with her.
2  I argue with them (m).
3  I look after him.
4  I am interested in them (f).
5  I confide in him.
6  We get angry with him.
7  She is interested in me.
8  They (m) look after us.

**G** *Emphatic pronouns*

These are used after prepositions like *avec*, *de* and *à*.

| | | | |
|---|---|---|---|
| *avec* **moi** | with me | *avec* **nous** | with us |
| *avec* **toi** | with you | *avec* **vous** | with you |
| *avec* **lui** | with him | *avec* **eux** | with them |
| *avec* **elle** | with her | *avec* **elles** | with them |

You can't always translate word for word from English into French. Make sure you use the correct preposition with each reflexive verb.

**6** parler **À deux. Posez les quatre questions de l'interview de l'exercice 4 et répondez-y en utilisant ces notes.**

**Personnage 1**: Adèle Barre
**Caractère**: aimable/sympathique
**Famille**: beau-père (Jérôme)/ mère (Laure)/demi-frère(Nolan)
**Rapports**: + parents − Nolan

**Personnage 2**: Boukary Bangoura
**Caractère**: fort/débrouillard
**Famille**: grand-mère (Awa)/sœur (Amina)/beau-frère (Joseph)
**Rapports**: + Awa − Amina et Joseph

**7** écrire **Inventez une nouvelle famille pour *C'est de famille!* Écrivez une description de chaque membre de la famille.**

| X est | le beau-père/la belle-mère/le frère/la demi-sœur/l'ex-mari/la femme | de Y. |
|---|---|---|
| Il/Elle est | fort(e)/extraverti(e)/introverti(e)/débrouillard(e)/têtu(e)/adorable/instable/énergique/sage/dynamique/fragile/ adopté(e)/divorcé(e)/séparé(e)/mort(e)/décédé(e). | |
| Il/Elle | s'entend bien avec/se dispute avec/se confie à/s'intéresse à/s'occupe de/ se fâche contre | sa famille/son frère/sa belle-mère/ ses parents/ses enfants. |
| Ils/Elles | s'aiment beaucoup/se chamaillent. | |

# 3 On va voir un spectacle?

**1** lire  **Reliez les messages et les sites web.**

Ce soir, je vais aller à un match de foot avec ma mère, tu veux venir? On va arriver au stade à 20h. Regarde ici: **1** _____ .

Tu es libre demain? Je vais faire les magasins en ville. Je vais aller ici: **2** _____ . Dis-moi si tu veux venir!

On va faire du patin à glace ce week-end, tu veux venir? C'est ici: **3** _____ . Après on va manger au fast-food.

Qu'est-ce que tu vas faire cet après-midi? Mes parents vont aller au cinéma. Je vais faire du skate, tu peux venir? Voici le site: **4** _____ .

Tu as des projets pour dimanche soir? On va voir ce spectacle au Palais Nikaia: **5** _____ . Ça va être top! Ce sont des acrobates franco-canadiens. Tu veux venir?

Je vais jouer à des jeux vidéo ce soir, tu veux venir chez moi? Au fait, tu veux voir mon nouveau portable? Le voilà: **6** _____ .

**a** CENTRE COMMERCIAL NICÉTOILE

**b** Ordinateurs portables dernier cri

**c** L'OGC de Nice

**d** SKATEPARK DE NICE

**e** Complexe sportif Jean Bouin

**f** CIRQUE DU SOLEIL EN FRANCE

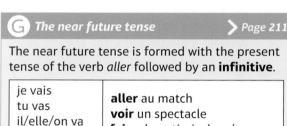

**G** *The near future tense*  〉 *Page 211*

The near future tense is formed with the present tense of the verb *aller* followed by an **infinitive**.

| je vais | **aller** au match |
| tu vas | **voir** un spectacle |
| il/elle/on va | **faire** du patin à glace/ |
| nous allons | du skate/les magasins |
| vous allez | **jouer** à des jeux vidéo |
| ils/elles vont | |

**2** écouter  **Écoutez les conversations. Notez le site pour l'activité proposée (a–f de l'exercice 1) et l'adjectif qui décrit la réaction de l'invité(e). (1–6)**

*Exemple:* **1** f, déçu

**paresseux**    **surpris**    **déçu**    **pessimiste**    **sarcastique**    **content**

**3** parler  **Décrivez vos projets pour le week-end. Utilisez l'agenda.**

*Exemple:*

> *Vendredi soir, je vais aller au bowling. Samedi matin, …*

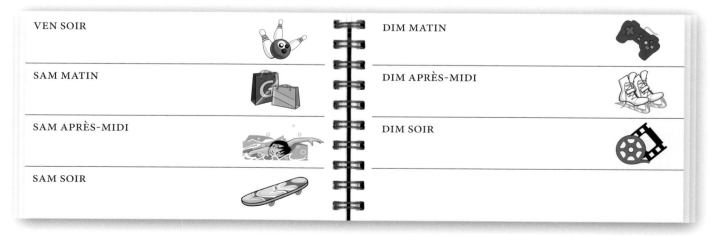

VEN SOIR

SAM MATIN

SAM APRÈS-MIDI

SAM SOIR

DIM MATIN

DIM APRÈS-MIDI

DIM SOIR

**4** lire **Lisez la conversation et choisissez le bon mot pour compléter chaque phrase.**

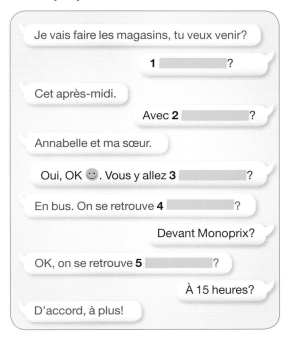

Je vais faire les magasins, tu veux venir?

**1** [_____]?

Cet après-midi.

Avec **2** [_____]?

Annabelle et ma sœur.

Oui, OK ☺. Vous y allez **3** [_____]?

En bus. On se retrouve **4** [_____]?

Devant Monoprix?

OK, on se retrouve **5** [_____]?

À 15 heures?

D'accord, à plus!

qui

à quelle heure

comment

quand

où

**5** écouter **Écoutez et répondez aux questions a–d pour chaque conversation. (1–4)**

**a** Qu'est-ce qu'ils vont faire?
**b** Quand est-ce qu'ils vont sortir?
**c** Où est-ce qu'ils vont se retrouver?
**d** À quelle heure est-ce qu'ils vont se retrouver?

*Exemple:* **1 a** Ils vont aller en boîte.

**6** parler **À deux. Utilisez ces détails pour préparer des conversations sur Skype.**

**1**

7:42
**Bloc-notes**

fête – ce soir – chez Mériem
– en bus

rendez-vous: en ville – 20h
– gare routière

**2**

9:15
**Bloc-notes**

plage – samedi ap.-midi –
à vélo

rendez-vous: Snack-bar de
la plage (près du parking)
– 15h30

**3**

11:36
**Bloc-notes**

cinéma – vendredi soir –
à pied

rendez-vous: Quick –
18h45

**7** écrire **Vous allez passer le week-end prochain à Nice avec votre famille/vos amis. Écrivez ce que vous allez faire. Utilisez les idées de l'exercice 1 et trouvez d'autres idées sur Internet, si possible.**

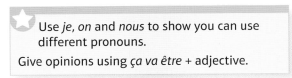

Use *je*, *on* and *nous* to show you can use
different pronouns.

Give opinions using *ça va être* + adjective.

● *Describing a night out with friends*
● *Using the perfect tense*

**1**  Lisez l'article et choisissez la bonne option pour compléter chaque phrase.

## LA PREMIÈRE RENCONTRE …♥

**Cédric**, architecte, 25 ans, a rencontré **Amélie**, professeur, 26 ans, pour un rendez-vous arrangé.

**Décrivez en trois mots la personne avec qui vous êtes sorti(e).**

**Cédric:** Amélie est belle, gentille et adorable.

**Amélie:** Cédric est égoïste, agaçant et ennuyeux.

**Qu'est-ce que vous avez fait pendant votre soirée ensemble?**

**C:** D'abord, nous avons visité le musée où il y avait une exposition fascinante. Puis nous sommes allés à un pub irlandais où j'ai vu un match de rugby. À 22 heures, nous avons mangé dans un restaurant. C'était une super soirée.

**A:** C'était une soirée totalement nulle. Je suis allée au musée avec Cédric mais l'exposition était ennuyeuse. Au pub, je suis restée dehors sur la terrasse parce que je déteste le rugby. Nous sommes entrés dans un très bon restaurant mais nous sommes sortis immédiatement parce que Cédric a décidé que c'était trop cher. Finalement, nous avons mangé dans un fast-food. Top, non?

**Qu'est-ce que vous avez mangé?**

**C:** J'ai mangé un hamburger avec des frites et j'ai bu un coca énorme. C'était délicieux.

**A:** Quand nous sommes arrivés au fast-food, il n'y avait pas de plats végétariens. J'ai refusé de manger. Je suis partie immédiatement.

**Qu'est-ce que vous avez fait à la fin de la soirée?**

**C:** C'était curieux. Amélie est montée dans le bus et elle ne m'a pas dit «au revoir».

**A:** Je suis montée très vite dans le bus et le bus est parti. Je suis rentrée à la maison. Ouf!

**Est-ce que vous allez revoir l'autre personne?**

**C:** Je vais revoir Amélie. Je pense que c'est ma femme idéale. Je suis tombé amoureux!

**A:** Je ne vais absolument pas revoir Cédric. Il est tombé amoureux … mais pas moi.

1 Cédric a rencontré Amélie **plusieurs fois** / **pour la première fois**.
2 Cédric **aime** / **n'aime pas** Amélie mais Amélie **aime** / **n'aime pas** Cédric.
3 Ils sont allés à **une exposition** / **un match de rugby**.
4 **Cédric** / **Amélie** est entré(e) dans le pub.
5 Le premier restaurant était **un restaurant cher** / **un fast-food**.
6 Amélie a trouvé le fast-food **excellent** / **nul**.
7 À la fin de la soirée, Amélie **est partie en bus** / **a embrassé Cédric**.
8 Cédric est tombé **amoureux** / **dans le bus**.
9 Pour Amélie, c'était une soirée **fabuleuse** / **désastreuse**.

**2** lire Cherchez les verbes <u>au passé composé</u> dans le texte de l'exercice 1.
Copiez et complétez le tableau.

| verbes avec *avoir* | verbes avec *être* |
|---|---|
| Cédric a rencontré | vous êtes sorti(e) |

**Ⓖ** *The perfect tense* ＞ *Page 212*

You use the perfect tense to talk about the past.
It is formed of two parts:
**1** the auxiliary verb (part of *avoir* or *être*)
**2** the past participle.

*j'ai* mangé (I ate)  *je suis* entré(e) (I entered)

For verbs with *être*, the past participle must agree with the <u>subject</u>.
<u>nous</u> sommes allé**s** (we went)

**3** écouter **Écoutez. Copiez et complétez le tableau en anglais. (1–4)**

| | what they did | reaction (P = positive, N = negative, PN = both) | why? |
|---|---|---|---|
| 1 | went to cinema with friends (new James Bond film), went home while friends went to fast-food restaurant | N | film was rubbish and doesn't like fast food |

**4** parler **Dites une phrase au passé composé pour chaque image. Utilisez *nous*.**

*Exemple:* **1**

*Nous sommes allés en ville.*

 ❶    ❷    ❸    ❹   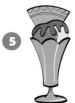 ❺

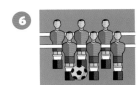 ❻    ❼    ❽    ❾    ❿

**5** parler **À deux. Parlez pendant une minute d'un rendez-vous arrangé avec un(e) ami(e). Choisissez des images de l'exercice 4. Utilisez aussi les mots du tableau.**

| time phrases | connectives | opinions |
|---|---|---|
| hier soir<br>à 20 heures<br>d'abord<br>après | puis<br>ensuite<br>mais<br>parce que<br>où | c'était … *(it was …)* |

**6** écrire **Traduisez ce texte en français.**

Look ahead to the last sentence. Is the friend here a girl or a boy?

In this sentence, you need to use a *nous* form, a *je* form and an *il/elle* form. Get them right!

Is *café* masculine or feminine? Do you need *au* or *à la*?

Last night I went out with <u>my friend</u>. First of all <u>we went</u> <u>to the cafe</u> where I ate an ice cream and my friend drank cola. Then we went to the cinema where we saw a James Bond film. It was really good. Afterwards my friend went to a restaurant with her dad but I <u>got on</u> the bus and went home.

Remember, you can't always translate word for word. In French you say 'got up into'.

 Pay special attention to your perfect tense verbs. Check that:
– each perfect tense verb has two parts: part of *avoir* or *être* + the past participle.
– for *être* verbs, the past participle agrees with the subject. This is particularly important when using the pronoun *je* if you are a girl.

**7** écrire **Écrivez une description d'une soirée parfaite ou désastreuse. Utilisez les images de l'exercice 4 ou vos propres idées.**

# 5 Il était une fois ...

● *Talking about your life when you were younger*
● *Using the imperfect tense*

**1** lire  Lisez et trouvez la bonne fin pour chaque phrase.

Quand j'étais plus jeune ...

**1** J'habitais ...

**2** J'allais ...

**3** J'avais ...

**4** J'étais ...

**5** Je jouais ...

**6** J'aimais ...

**7** Je détestais ...

**8** Je portais ...

**9** Je rêvais ...

**a** petit, gros et mignon.

**b** d'être agent de police ou footballeur.

**c** les bonbons et la glace.

**d** à l'école primaire dans mon village.

**e** à «pierre-feuille-ciseaux» ou à «cache-cache».

**f** les cheveux blonds et frisés.

**g** un short et un maillot du PSG.

**h** les carottes et les épinards.

**i** avec mon papa, ma maman et ma mémé.

**2** écouter  Écoutez et vérifiez vos réponses.

**3** écouter  Écoutez. Copiez et complétez le tableau pour chaque personne. (1–8)

| | Dans le passé, il/elle ... | Maintenant, il/elle ... |
|---|---|---|
| I | aimait la géographie | aime le dessin |

**4** parler  Comment étiez-vous quand vous étiez plus jeune? Trouvez une photo et préparez une présentation.

---

**G** **The imperfect tense**  **❯** *Page 216*

The imperfect tense is used to describe what things **were like** in the past/what **used to** happen.

To form the imperfect tense:
– take *-ons* off the present tense *nous* form of the verb, e.g. *aim~~ons~~*
– add the **imperfect endings**:

| | |
|---|---|
| *j'aim**ais*** | *nous aim**ions*** |
| *tu aim**ais*** | *vous aim**iez*** |
| *il/elle/on aim**ait*** | *ils/elles aim**aient*** |

The verb *être* has the stem **ét-**, e.g. *j'**ét**ais* (I was).

---

| Quand j'étais plus jeune, | |
|---|---|
| J'habitais | à Manchester/dans un petit village/dans une grande maison/avec mon beau-père. |
| J'allais | à l'école primaire/à la maternelle. |
| J'avais | les cheveux noirs/un petit nez/un beau sourire. |
| J'étais | mignon(ne)/adorable/sage/agaçant(e). |
| Je jouais | au foot dans le jardin/aux Lego®. |
| J'aimais | le chocolat/les animaux/les peluches/les poupées. |
| Je détestais | les légumes/les filles/les garçons/les chiens. |
| Je portais | un uniforme scolaire/une casquette/une queue de cheval. |
| Je rêvais | d'être pompier/instituteur(trice)/danseur(euse). |

**5** lire  **Lisez l'article et traduisez-le en anglais.**

**L'ENFANCE DE …** ) *Napoléon Bonaparte: ancien Empereur de France*

Quand il était petit, Napoléon habitait à Ajaccio en Corse. Il avait quatre frères et trois sœurs, et habitait avec ses parents. Il était sérieux et travailleur mais il n'avait pas beaucoup d'amis. Entre 15 et 16 ans, il était dans une école militaire en France où il aimait les mathématiques. Selon la légende, Napoléon commandait ses camarades de classe pendant les batailles de boules de neige.

**selon**   *according to*

 When translating from French to English, you have to translate <u>every word in the text</u>. Sometimes you have to work out what new words mean. Use <u>what the word looks like</u> and the <u>context</u> to help you.

**6** écrire  **Écrivez deux articles pour décrire l'enfance de ces personnes. Utilisez l'imparfait.**

*Exemple:* Quand il était petit, Victor Hugo habitait à Paris. Il …

**L'ENFANCE DE …**

**Victor Hugo:** auteur des *Misérables*
**Ville:** Paris
**Famille:** 2 frères
**Personnalité:** turbulent, intelligent, travailleur
**Passe-temps:** jouer dans le jardin avec ses frères
**Passions:** la poésie, la lecture

**L'ENFANCE DE …**

**Marie-Antoinette:** ancienne reine de France
**Ville:** Vienne, Autriche
**Famille:** 10 sœurs et 5 frères
**Personnalité:** pleine de vie, active
**Passe-temps:** danser, jouer du piano
**Passions:** la couture, la musique

**7** écouter  **Écoutez. Copiez les catégories de l'exercice 6 et complétez pour ce personnage historique.**

**8** lire  **Lisez le poème à haute voix puis mettez les images dans le bon ordre.**

**«L'épouvantail»**

Il n'avait pas de tête
Mais portait un chapeau.
Il était à la fête
Au milieu des oiseaux.
Il avait de longs bras
Mais ne s'en servait pas.
Il n'avait pas de pieds
Mais chaussait des sabots.
Il était drôle et laid.
Moi, je le trouvais beau.
Le jour où le tonnerre
Le brisa en morceaux,
On vit pleurer la terre
Et pleurer les oiseaux.
Il n'avait pas de tête.
J'ai gardé le chapeau.

*Pierre Coran*

- *Discussing role models*
- *Using the present, perfect and imperfect tenses*

**1** écouter **Écoutez. Notez: a) le nom du modèle de chaque personne, b) les adjectifs utilisés et c) les qualités mentionnées. (1–4)**

*Exemple:* **1 a** Bradley Wiggins **b** travailleur, … **c** la détermination, …

**2** lire **Lisez et identifiez la bonne photo pour chaque description.**

# Quelle personne française admires-tu le plus?

**1**
Mon modèle s'appelle Olivier Rousteing. Il est jeune, métisse, et c'est un enfant adopté, comme moi. Il a travaillé très dur dans la vie pour devenir créateur de mode, puis il est devenu responsable d'une maison de couture à un très jeune âge. Les grandes stars comme Beyoncé et Rihanna portent ses vêtements. J'aimerais bien être comme lui. **Demba**

**2**
De mon côté, mon héroïne, c'est ma grande sœur. Elle m'impressionne énormément. Elle est à la fois travailleuse et intelligente. Elle va bientôt terminer ses études en informatique. Elle est très débrouillarde. Je pense que tout le monde devrait suivre l'exemple d'une autre personne. **Annie**

**3**
Pour ma part, mon héros est un grand auteur de romans, Marc Lévy. Je trouve ses livres vraiment fabuleux. Il captive ses lecteurs et choisit des thèmes émouvants et fascinants. C'est l'auteur francophone le plus populaire au monde et je respecte ça. Pour encourager les jeunes à lire, il a publié un de ses livres sur le dos d'un paquet de céréales! J'admire sa créativité. **Alison**

**4**
Moi, j'admire Andrée Peel, ou «l'Agent Rose». C'était une héroïne de la Résistance française pendant la Seconde Guerre mondiale. Elle a sauvé la vie de 102 jeunes soldats et aviateurs et a aidé plus de 20 000 personnes. Elle a été envoyée dans un camp de concentration en 1944 mais l'armée américaine a libéré les prisonniers juste avant son exécution. Elle était courageuse face à des dangers terribles. **Markus**

**a**  **b**  **c**  **d**

*métisse* mixed-race

**3** lire **Relisez les descriptions de l'exercice 2. Qui dit ça?**

1 She hugely impresses me.
2 I would like to be like him.
3 I admire his creativity.
4 Everyone should follow the example of another person.
5 She was brave when faced with terrible dangers.
6 He worked very hard to become …

**G** *Using a variety of tenses*

Use the **imperfect tense** to say what somebody **used to do**, or what they **were** like when they were alive, e.g. *elle **était** courageuse.*

Use the **perfect tense** to say what somebody **did** or **has done**, e.g. *il **a travaillé** très dur.*

Use the **present tense** to talk about **now**, e.g. *J'**admire** sa créativité.*

**4** écrire **Traduisez ce texte en français. Utilisez les textes de l'exercice 2 pour vous aider.**

Use the present tense here …

… and the perfect tense here.

Use *pour* + the infinitive.

Do you need to use **son** or **sa** with *courage*?

For me, my hero is my dad. He really <u>impresses</u> me. He <u>worked</u> very hard <u>to become</u> a soldier and I respect that. He is <u>brave</u> when faced with terrible dangers. I admire <u>his courage</u>. I would like to be like him.

Use the masculine version of the adjective.

**5** lire  **Reliez chaque question à une ou plusieurs réponses.**

**1** Qui est-ce que tu admires?

**2** Fais-moi sa description physique.

**3** Quelle est sa personnalité?

**4** Quelle est son histoire?

**5** Pourquoi est-ce que tu admires cette personne?

**a** Elle a obtenu le prix Nobel de la paix à l'âge de dix-sept ans.

**b** Elle est assez mince et petite.

**c** Elle est née au Pakistan en 1997.

**d** Elle porte le foulard parce qu'elle est musulmane.

**e** Les talibans ont essayé de l'assassiner à la sortie de son école.

**f** Elle a lutté pour le droit des jeunes filles à l'éducation.

**g** Elle est courageuse, forte et modeste.

**h** Elle a les cheveux noirs et les yeux marron.

**i** La personne que j'admire s'appelle Malala Yousafzai.

**6** écouter  **Écoutez l'interview sur Stromae. Notez en anglais les réponses aux cinq questions de l'exercice 5.**

**7** parler  **À deux. Préparez des réponses aux cinq questions de l'exercice 5 pour une de ces photos, ou pour une personne de l'exercice 2.**

Stromae

Anne Frank

J.K. Rowling

| Moi, j'admire X parce qu' | il elle | a avait | du courage/de la créativité/ de la détermination/ de l'optimisme/de l'intelligence. |
|---|---|---|---|

**8** écrire  **Trouvez une photo d'une personne que vous admirez. Écrivez une description de cette personne.**

⭐ Use the five questions from exercise 5 to structure your writing.

**1** lire **Lis ces posts sur un forum.**

| La première sortie |
|---|
| Tout allait bien jusqu'à notre arrivée au restaurant. Il était 15 heures et ils ont refusé de nous servir. On avait faim quand on est rentrés à la maison. **Éric** |
| Je suis restée une heure devant le cinéma mais j'ai été très déçue. Pourquoi? Mon ami m'attendait devant le centre commercial. **Anna** |
| En arrivant au concert avec ma petite copine, j'ai retrouvé un groupe d'anciens amis. Ma copine a trouvé un de ces garçons super gentil et elle est partie avec lui. **Thomas** |
| Mon père m'a dit «Tu vas rester à la maison ce soir pour faire tes devoirs», mais je suis quand même allée en boîte. Il est entré dans la discothèque pour me chercher… la honte! **Hassiba** |

**Qui est la bonne personne? Choisis entre Éric, Anna, Thomas et Hassiba.**

*Exemple:* Anna attendait devant le cinéma.

**(a)** ________ n'était pas autorisé(e) à sortir.
**(b)** ________ voulait écouter de la musique.
**(c)** ________ n'a pas pu manger.
**(d)** ________ est rentré(e) à la maison sans sa petite amie.
**(e)** ________ n'a pas retrouvé son copain.

Watch out for the little words which play a crucial role, e.g.
- ***ne … pas***, which makes a sentence negative
- ***sans***, which means 'without'.

**2** lire **Read the literary extract. Doria, the narrator, is talking about her Aunt Zohra.**

*Kiffe kiffe demain* by Faïza Guène (abridged)

Vendredi. Maman et moi, on est invitées chez Tante Zohra pour manger son couscous. On a pris le train tôt le matin pour passer toute la journée chez elle.

Tante Zohra, elle a de grands yeux verts et elle rit tout le temps. C'est une Algérienne de l'Ouest, de la région de Tlemcen. En plus, elle a une histoire marrante, parce qu'elle est née le 5 juillet 1962, le jour de l'indépendance de l'Algérie. Dans son village, elle était l'enfant symbole de la liberté pendant des années. C'était le bébé porte-bonheur et c'est pour ça qu'on l'a appelée Zohra. Ça veut dire «chance» en arabe.

Je l'aime beaucoup, parce que c'est une vraie femme. Une femme forte. Son mari, il est retraité des travaux publics et il a épousé une deuxième femme là-bas au pays, alors il reste six mois là-bas et six mois en France.

**What does the extract tell us? Write down the letters of the other three correct statements.**

*Example:* A, …

**A** The narrator's aunt invited her and her mum.
**B** They had a long journey there.
**C** Aunt Zohra likes to laugh.
**D** Her birthday is on the day Algeria became independent.
**E** Her name means 'Symbol of Freedom'.
**F** The narrator doesn't get on with her aunt.
**G** Aunt Zohra is a strange woman.
**H** Aunt Zohra's husband has two wives.

**3** lire **Translate this passage into English.**

> Beaucoup de jeunes Canadiens admirent Terry Fox. Il avait dix-huit ans quand il est tombé malade. Cependant, Terry Fox était quelqu'un qui avait du courage face au cancer. Aujourd'hui, il y a des douzaines de marathons à son nom au Canada. Dans le futur, la Fondation Terry Fox va continuer à collecter de l'argent pour la recherche sur le cancer.

> ⭐ Translations may contain words you don't know. Try to translate the rest of the sentence, and use the word *BEEP* to replace the missing word. Then try to work out the word from the context.

 **1** écouter **Écoute. Luc parle de sa famille et de ses amis. Comment sont-ils? Choisis entre <u>optimiste</u>, <u>paresseux</u>, <u>gentil</u> et <u>drôle</u>. Chacun des mots peut être utilisé plusieurs fois.**

*Exemple:* Son père est gentil.

**(a)** Son petit frère, Simon, est ▬▬▬▬.
**(b)** Son grand frère, Matthieu, est ▬▬▬▬.
**(c)** Karim est ▬▬▬▬.
**(d)** David n'est pas ▬▬▬▬.
**(e)** Raphaël est ▬▬▬▬.

> ⭐ Don't expect to hear all of the adjectives used in the question in the audio. In tasks like this, you often have to pick out words or phrases that mean the same thing as words used in the questions. Can you think of any adjectives that have a similar meaning to *gentil*, for example? You may also hear antonyms (words that mean the opposite of words used in the questions) used with a negative, e.g. *Il n'est jamais pessimiste.*

**2** écouter **An older French woman is talking about herself when she was younger. What does she talk about? Listen and write down the letters of the <u>three</u> correct statements.**

**A** her family
**B** where she used to live
**C** her friends
**D** what she used to do at weekends
**E** what she does on Sundays
**F** what she used to dislike
**G** how she feels about her life

 **3** écouter **You hear a report on French radio about friendship. Answer the questions in <u>English</u>. You do not have to write full sentences.**

**(a)** Give <u>one</u> reason why some people think that online friends are not real friends.
**(b)** Give <u>one</u> detail about Patrick's friendships at school.
**(c)** What aspects of friendship are important to him? Give <u>two</u> details.
**(d)** Who is Amanda?

## A – Role play

**1** Look at the role play card and prepare what you are going to say.

---

### Topic: Who am I?

You are talking to your French penfriend about your friends and socialising. The teacher will play the role of your friend and will speak first.

You must address your friend as *tu*.

You will talk to the teacher using the five prompts below.

- Where you see – **?** – you must ask a question.
- Where you see – **!** – you must respond to something you have not prepared.

> The unprepared question usually requires a response in a past tense – the perfect or imperfect. When you have prepared your other answers, try to predict different possible questions you might be asked here, and think how you would answer them.

> Use the present tense, e.g. *je regarde/je joue/ je fais/je vais …*

**Tu parles avec ton/ta correspondant(e) français(e) de tes amis et de sorties.**

1 Activités avec tes amis
2 Qualités importantes chez un ami – opinion
3 !
4 ? Sortir demain au cinéma
5 ? Se retrouver – endroit

> You don't need a question word for this question. Just turn your statement into a question by raising your voice.

> *Endroit* means 'place'. Which question word should you use here to mean 'Where …?'

---

**2** Compare your answers with a partner and practise what you are going to say. Pay attention to your pronunciation and intonation.

> ⭐ Use rising intonation for questions, and falling intonation for statements.

**3** Using your notes, listen and respond to the teacher.

> ⭐ Listen carefully to the unprepared question. (**!**)
> You have thought about what the teacher <u>might</u> ask.
> But be sure to answer the question he/she <u>actually</u> asks.

**4** Now listen to Sam performing the role play task.

## B – Picture-based discussion

### Topic: Who am I?

Regarde la photo et prépare des réponses sur les points suivants:

- la description de la photo
- ton opinion sur les <u>familles nombreuses</u>
- comment tu étais quand tu étais petit(e)
- ce que tu vas faire avec ta famille ce week-end
- !

> There might be some unfamiliar words on the task card. Don't panic: try to work out what you think they might mean. Remember that the bullet points follow on from what is in the photo.

**Look at the photo and read the task. Then listen to Sarah's answer to the <u>first</u> bullet point.**

**1** In what order does Sarah mention the following?
(a) what they look like (b) who is in the picture (c) her opinions about them (d) where they are

**2** What reflexive verb does Sarah use to say that they look like each other?

**3** What two expressions does she use to say what they <u>seem</u> to be like?

**4** What is the main subject pronoun that she uses, and the corresponding word for 'their'?

**Listen to and read how Sarah answers the <u>second</u> bullet point.**

**1** Write down the missing word for each gap.

> À mon avis, c'est **1** _____ d'avoir beaucoup de frères et de sœurs, mais il y a aussi des **2** _____ . Si on a beaucoup de frères et de sœurs, on joue et on rit **3** _____ . Un frère ou une sœur, c'est aussi un **4** _____ copain ou une meilleure copine. On n'est jamais **5** _____ . Mais c'est très **6** _____ pour les parents, par **7** _____ quand on va au restaurant ou à un concert. Aussi, les enfants se **8** _____ souvent.

**2** Find the French for:
(a) it's good to have (b) there are also disadvantages (c) you laugh together
(d) you are never alone (e) it's very expensive for the parents (f) the children argue

**Listen to Sarah's response to the <u>third</u> bullet point.**

**1** Make a note in English of the details she gives.
**2** What tense does she <u>mostly</u> use? What other tense does she use a couple of times?

**Listen to Sarah's response to the <u>fourth</u> bullet point and look at the Answer booster on page 26. Make a note of <u>eight</u> things Sarah says to make her answer a good one.**

**Prepare your own answers to the first four bullet points. Try to predict which unexpected question you might be asked. Then listen and take part in the full picture-based discussion with your teacher.**

| Answer booster | Aiming for a solid answer | Aiming higher | Aiming for the top |
|---|---|---|---|
| Verbs | **Different tenses:** present, perfect and near future | **Different tenses and persons of the verb:** not just *je* but *il/elle/on/nous/ils/elles* **Reflexive verbs** | **Different tenses:** present, perfect, near future **and imperfect** |
| Opinions | *Je pense que …* *J'aime/Je n'aime pas … parce que …* *C'est …/C'était …/Ça va être … (super, nul, etc.)* | *À mon avis, …* *Je trouve que …* *Pour moi, …* *Moi, j'admire …* | *Pour ma part, …* *De mon côté, …* *J'aimerais … (+ infinitive)* |
| Connectives | *et, mais, aussi, parce que* | *puis, ensuite, quand, où, car* | *En plus, …* *Comme…* |
| Other features | **Qualifiers:** *très, assez, extrêmement, plutôt, vraiment* **Time phrases:** *le week-end dernier, récemment, samedi soir* | **The emphatic pronoun *moi* after prepositions e.g.** *pour moi* **Negatives:** *ne … pas, ne … jamais* | **Other emphatic pronouns after prepositions:** *avec lui, comme nous, pour eux* **Abstract nouns:** *le courage, la créativité, l'amitié* **The relative pronoun *qui*:** *Un bon ami est quelqu'un qui…* |

## A – Short writing task

**1** lire  **Look at the task. For each bullet point, make notes on:**

- the main tense you will need to use (the task will probably need you to show that you can use the **past, present** and **future!**)
- the verbs and structures you could include
- any details and extra information you could include to develop your answer.

### Les amis

Un site Internet français pour les jeunes demande ton opinion sur l'amitié.

Écris à ce site Internet.

Tu **dois** faire référence aux points suivants:

- la sorte d'ami(e) que tu préfères
- la personnalité de ton/ta meilleur(e) ami(e)
- ce que tu as fait récemment avec tes amis
- tes projets pour ce week-end avec tes amis.

Écris 80–90 mots environ en français.

**2** Look at how Emily has responded to the task. In her answer, find examples of:

**a** the different tenses and pronouns she uses
**b** opinions she expresses, and opinion phrases she includes
**c** details she adds to make her answer more interesting
**d** connectives
**e** impressive vocabulary and structures she uses.

> À mon avis, les traits de personnalité importants chez un ami sont la patience et le sens de l'humour. Je pense qu'un bon ami est quelqu'un qui voit le bon côté des choses.
>
> Ma meilleure amie, Anna, est très compréhensive. Je m'entends bien avec elle parce qu'elle n'est jamais de mauvaise humeur et parce qu'elle me fait rire!
>
> Hier, je suis allée faire les magasins à Norwich avec deux copines. Comme nous adorons faire du shopping, nous avons passé une bonne journée ensemble. Le soir, nous avons mangé dans un restaurant et c'était bien.
>
> Samedi soir, je vais sortir avec mes copains. Nous allons voir un spectacle en ville et je pense que ça va être vraiment super.

 **Make sure that you:**
- **cover all four of the bullet points**, writing a couple of sentences for each one
- vary your language – try to **showcase what you know** and **avoid repetition**
- **proofread your work:** in particular, check your verb forms and tenses.

 **3** Now write your own answer to the task. Use ideas from Emily's response and the Answer booster for help.

## B – Translation

 **1** Read the English text and Matthew's translation of it. Write down the missing verb for each gap.

> My sister, Amélie, is very kind and I get on well with her. She often goes out with her boyfriend, but last night she stayed at home and we made a pizza. Amélie used to work very hard when she was at primary school. She loves children; I think she is going to be an excellent mother one day.

> Ma sœur, Amélie, **1** [____] très gentille et je **2** [____] bien
> avec elle. Elle **3** [____] souvent avec son petit ami, mais hier soir,
> elle **4** [____] à la maison et nous **5** [____] une pizza.
> Amélie **6** [____] très dur quand elle **7** [____] à l'école
> primaire. Elle **8** [____] les enfants; je **9** [____] qu'elle
> **10** [____] une excellente mère un jour.

 **The exam translation will include a range of tenses.**

When you read through the English text, pay close attention to the **verbs**. Ask yourself:
- what tense do I need?
- how do I form the verb?

If you need …
**the present tense**, is the verb regular, irregular or maybe a reflexive verb?

**the past tense**, should you use the perfect or the imperfect? If you use the perfect, is the auxiliary *avoir* or *être*? Watch out for irregular past participles and agreement with *être* verbs!

**the near future**, use *aller* + an infinitive.

 **2** Translate the following passage into French.

> My friend Georges is very hard-working and funny and I get on well with him. He used to like football when he was little. Now he plays video games. Yesterday I went into town with Georges and we saw a film at the cinema. Tomorrow night we are going to eat in a restaurant with my family.

## La famille — Family members

| | | | |
|---|---|---|---|
| le beau-père | stepfather/father-in-law | la fille | daughter |
| la belle-mère | stepmother/mother-in-law | le fils | son |
| le beau-frère | brother-in-law | l'enfant/le petit-enfant | (grand)child |
| la belle-sœur | sister-in-law | le mari/l'ex-mari (m) | (ex)husband |
| le demi-frère | half-brother/stepbrother | la femme/l'ex-femme (f) | (ex)wife |
| la demi-sœur | half-sister/stepsister | | |

## Les adjectifs de personnalité — Personality adjectives

Il/Elle est … — He/She is …

| | | | |
|---|---|---|---|
| agaçant(e) | annoying | impatient(e) | impatient |
| aimable | likeable | jaloux/-ouse | jealous |
| amusant(e) | amusing/funny | méchant(e) | nasty/mean |
| arrogant(e) | arrogant | paresseux/-euse | lazy |
| bavard(e) | talkative/chatty | poli(e) | polite |
| charmant(e) | charming | sage | well-behaved, wise |
| drôle | funny | sensible | sensitive |
| égoïste | selfish | sérieux/-euse | serious |
| fidèle | loyal | sympa(thique) | nice |
| fort(e) | strong | têtu(e) | stubborn/pig-headed |
| généreux/-euse | generous | travailleur/-euse | hard-working |
| gentil(le) | kind | triste | sad |

## Ma description physique — My physical description

| | | | |
|---|---|---|---|
| J'ai les cheveux … | I have … hair | une barbe/une moustache | a beard/a moustache |
| courts/longs/mi-longs | short/long/mid-length | Je suis … | I am … |
| raides/bouclés/frisés | straight/curly | petit(e)/grand(e) | short/tall |
| noirs/bruns/châtains | black/brown/chestnut | de taille moyenne | of average height |
| blonds/roux/gris/blancs | blond/red/grey/white | mince/gros(se) | slim/fat |
| J'ai les yeux … | I have … eyes | beau/belle | beautiful |
| bleus/verts | blue/green | joli(e) | pretty |
| gris/marron | grey/brown | moche | ugly |
| J'ai … | I have … | Je porte des lunettes. | I wear glasses. |
| des boutons | spots | | |

## En ville — In town

| | | | |
|---|---|---|---|
| la boîte de nuit | night club | le théâtre | theatre |
| le bowling | bowling alley | dans | in |
| le café | cafe | derrière | behind |
| le centre commercial | shopping centre | devant | in front of |
| le cinéma | cinema | entre | between |
| les magasins (m) | shops | en face de | opposite |
| la patinoire | ice rink | à côté de | next to |
| la piscine | swimming pool | près de | near |
| la plage | beach | | |

## Quand? — When?

| | | | |
|---|---|---|---|
| aujourd'hui | today | ce matin | this morning |
| demain | tomorrow | cet après-midi | this afternoon |
| après-demain | the day after tomorrow | ce soir | tonight |

## L'amitié — Friendship

| | | | |
|---|---|---|---|
| Un(e) bon(ne) ami(e) est … | A good friend is … | Un(e) bon(ne) ami(e) n'est pas … | A good friend is/is not … |
| de bonne humeur | in a good mood | de mauvaise humeur | in a bad mood |
| compréhensif/-ive | understanding | déprimé(e) | depressed |
| équilibré(e) | balanced/level-headed | pessimiste | pessimistic |
| honnête | honest | prétentieux/-euse | pretentious |
| indépendant(e) | independent | vaniteux/-euse | conceited |
| modeste | modest | Il/Elle … | He/She … |
| patient(e) | patient | croit en moi | believes in me |
| sûr(e) de lui/d'elle | self-confident | dit toujours la vérité | always tells the truth |
| | | me fait rire | makes me laugh |
| | | prend soin de moi | takes care of me |
| | | voit le bon côté des choses | sees the positive side of things |

## Les traits de personnalité — Qualities

| Les traits de personnalité | Qualities | | |
|---|---|---|---|
| le sens de l'humour | a sense of humour | la fidélité | loyalty |
| la patience | patience | la modestie | modesty |
| la générosité | generosity | l'honnêteté (f) | honesty |
| la gentillesse | kindness | l'optimisme (m) | optimism |

## On décrit un(e) ami(e) — Describing a friend

| | | | |
|---|---|---|---|
| Il/Elle … | He/She … | porte un appareil dentaire | has a brace |
| mesure 1,68 mètre | is 1m 68cm tall | a l'air cool | looks cool |
| semble timide | seems shy | a des yeux qui inspirent confiance | has eyes which convey confidence |
| | | On a les mêmes centres d'intérêt. | We have the same interests. |

## Les rapports en famille — Family relationships

| | | | |
|---|---|---|---|
| se confier à | to confide in | s'occuper de | to look after |
| se disputer avec | to argue with | s'aimer | to love each other |
| s'entendre bien avec | to get on well with | se chamailler | to bicker with each other |
| se fâcher contre | to get angry with | mort(e)/décédé(e) | dead |
| s'intéresser à | to be interested in | divorcé(e)(s) | divorced |
| | | séparé(e)(s) | separated |

## On décrit sa famille — Describing family members

| | | | |
|---|---|---|---|
| adorable | adorable | extraverti(e) | outgoing |
| débrouillard(e) | resourceful | fragile | fragile |
| dynamique | lively | instable | unstable |
| énergique/plein(e) d'énergie | energetic | introverti(e) | introverted |

## On va sortir — Going out

| | | | |
|---|---|---|---|
| Je vais/Tu vas/On va… | I'm going/You're going/We're going… | Tu veux venir? | Do you want to come? |
| aller au match | to go to the match | Tu peux venir? | Can you come? |
| faire les magasins | to go shopping | On se retrouve quand? | When will we meet? |
| faire du patin à glace/du patinage | to go ice-skating | … où? | Where …? |
| manger au fast-food | to eat in a fast-food restaurant | … à quelle heure? | At what time …? |
| aller au cinéma | to go to the cinema | Tu y vas avec qui? | Who are you going there with? |
| faire du skate | to go skateboarding | … comment? | How …? |
| voir un spectacle | to see a show | D'accord. | OK. |
| jouer à des jeux vidéo | to play video games | À plus!/À plus tard! | See you later! |
| venir chez moi | to come to my house | | |

## On décrit une sortie — Describing a night out

| | | | |
|---|---|---|---|
| hier soir | last night | dit «au revoir» | said 'good-bye' |
| à 20 heures | at 8 p.m. | embrassé … | kissed … |
| d'abord | first of all | Je suis …/Il/Elle est …/Nous sommes … | I …/He/She …/We … |
| après | afterwards | allé(e)(s) à un pub | went to a pub |
| puis/ensuite | then | resté(e)(s) dehors sur la terrasse | stayed outside on the terrace |
| J'ai …/Il/Elle a …/Nous avons … | I …/He/She …/We … | entré(e)(s) dans un restaurant | went into a restaurant |
| visité le musée | visited the museum | sorti(e)(s) | went out |
| vu un match/une exposition | saw a match/an exhibition | parti(e)(s) | left |
| mangé dans un restaurant | ate in a restaurant | monté(e)(s) dans le bus | got on the bus |
| refusé de manger | refused to eat | rentré(e)(s) à la maison | went home |
| bu un coca | drank a cola | tombé(e)(s) amoureux/-euse(s) | fell in love |

## Parler de son enfance — Talking about your childhood

| | | | |
|---|---|---|---|
| Quand j'étais plus jeune, … | When I was younger, … | je jouais (à «cache-cache») | I played ('hide and seek') |
| j'habitais avec (mon papa et ma maman) | I lived with (my mum and dad) | j'aimais (les bonbons) | I liked (sweets) |
| j'allais à l'école primaire | I went to primary school | je détestais (les épinards) | I hated (spinach) |
| j'avais (les cheveux blonds) | I had (blond hair) | je portais (un maillot du PSG) | I wore (a PSG shirt) |
| j'étais (mignon(ne)) | I was (cute) | je rêvais d'être … | my dream was to be a … |

## Qui est-ce que tu admires? — Who do you admire?

| | | | |
|---|---|---|---|
| Mon modèle s'appelle … | My role model is called … | aide/a aidé … | helps/helped … |
| Moi, j'admire … | Personally I admire … | a/avait du courage/de la détermination | has/had courage/determination |
| Mon héros/mon héroïne, c'est … | My hero/heroine is … | est/était courageux/-euse face à des dangers terribles | is/was brave when faced with terrible danger |
| J'aimerais bien être comme lui/elle. | I would like to be like him/her. | lutte/a lutté pour … | fights/fought for … |
| J'admire sa créativité. | I admire his/her creativity. | a obtenu … | obtained/got … |
| Il/Elle … | He/She … | a sauvé la vie de… | saved the life of … |
| m'impressionne énormément | impresses me a lot | C'est un enfant adopté, comme moi. | He/She is adopted, like me. |
| a travaillé très dur pour devenir … | worked very hard to become … | | |
| est devenu(e) … | became … | | |

# 2 Le temps des loisirs
## Point de départ 1
● *Revising sport and music*

**1** lire  **Reliez les images et les activités.**

*Exemple:* **a** Je fais du footing.

| Qu'est-ce que tu fais pendant ton temps libre? | | |
|---|---|---|
| Je fais | du vélo/cyclisme. |
| | du roller. |
| | du footing. |
| | du patinage. |
| | du hockey sur glace. |
| | du canoë-kayak. |
| | du surf. |
| | de la musculation. |
| | de la danse. |
| | de la natation. |
| | de la boxe. |
| | de la planche à voile. |
| | de l'escalade. |
| | de l'équitation. |
| | des randonnées. |

**G The verb faire**

| **faire** (*to do/make*) |
|---|
| je fais |
| tu fais |
| il/elle/on fait |
| nous faisons |
| vous faites |
| ils/elles font |
| (*perfect tense*) **j'ai fait** |

**2** parler  **À deux. Demandez l'opinion de votre partenaire sur chaque activité.**

*Exemple:*
● *Que penses-tu <u>de la natation</u>?*
■ *Je trouve ça <u>génial</u>.*

| Je trouve ça | ☺ | ☹ |
|---|---|---|
| | super. | ennuyeux. |
| | génial. | barbant. |
| | passionnant. | nul. |
| | cool. | stupide. |
| | bien. | |

**3** lire  **Copiez et complétez les phrases avec la partie correcte du verbe *jouer* au présent. Ensuite, traduisez les phrases en anglais.**

*Exemple:* **1** Je joue de la flûte. *I play the flute.*

**1** Je ▨▨▨▨ de la flûte.
**2** Elle ▨▨▨▨ du saxophone.
**3** Nous ▨▨▨▨ de la trompette.
**4** Tu ▨▨▨▨ de la guitare?
**5** Vous ▨▨▨▨ du violon?
**6** Elles ▨▨▨▨ de l'accordéon.
**7** Il ▨▨▨▨ du piano.
**8** Ils ▨▨▨▨ quelquefois de la batterie.
**9** On ▨▨▨▨ de la clarinette.

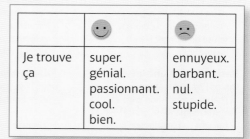

⭐ When you are talking about a sport, use ***jouer à***:
*Je **joue au** football.* (I play football.)

When you are talking about a musical instrument, use ***jouer de***: *Je **joue de** la flûte.* (I play the flute.)

**4** écouter  **Écoutez et écrivez la bonne lettre. (1–5)**

**a**

**b**

**c**

**d**

**e**

Normalement, j'écoute ma musique sur mon ordi.

Moi, j'écoute ma musique sur mon téléphone portable avec mes écouteurs.

Je crée des playlists que je partage avec mes amis sur les réseaux sociaux.

Je regarde de plus en plus de clips vidéo pour écouter ma musique.

En général, j'écoute ma musique sur une tablette.

 **5** lire  **Lisez le texte. Copiez et complétez le tableau.**

L'année dernière, je suis allée à un concert de Taylor Swift avec ma mère. Ma mère adore la musique de Taylor Swift, et moi j'aime bien aussi. L'ambiance était fantastique et on a dansé toute la soirée. Après, nous sommes allées au restaurant et j'ai mangé une pizza. Miam-miam!

Un de mes chanteurs préférés, c'est Julien Doré. Je le trouve G-É-N-I-A-L! J'ai téléchargé toute sa musique. J'aime les paroles de ses chansons et en plus, il me donne envie de danser. L'année prochaine, je vais voir Julien Doré en concert. Ça va être le top du top! Je suis impatiente!

**Alicia**

| verbes au présent | verbes au passé | verbes au futur |
|---|---|---|
| ma mère adore | | |

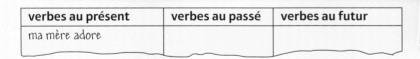

 **6** lire  **Relisez le texte. Écrivez V (vrai) ou F (faux) pour chaque phrase.**

1 L'année dernière, Alicia est allée à un concert de Taylor Swift avec son père.
2 Sa mère est fan de la musique de Taylor Swift.
3 Alicia n'aime pas trop la musique de Taylor Swift.
4 Un des chanteurs préférés d'Alicia, c'est Julien Doré.
5 La semaine prochaine, elle va aller à un concert de Julien Doré.

**7** écrire  **Quelle musique écoutez-vous? Écrivez un paragraphe en utilisant le vocabulaire à droite.**

Mon chanteur préféré, c'est … car j'aime ses paroles/ses mélodies.
Et j'aime aussi la musique de …
Ça me donne envie de …
Ça me rend …
J'ai téléchargé …
J'ai acheté …
Mais je n'aime pas du tout la musique de …
Et je déteste …
Ça me donne envie de …
Ça me rend …

**1** parler À deux. Faites le quiz.

**1** Tu préfères …
a faire des selfies avec ton portable?
b faire des vidéos avec ton portable?

**2** Tu préfères …
a jouer sur ta Xbox?
b jouer au foot?

**3** Tu préfères …
a surfer sur Internet?
b surfer sur la mer?

**4** Tu préfères …
a retrouver tes amis sur les réseaux sociaux?
b discuter avec tes copains dans un café?

**5** Tu préfères …
a regarder des vidéos sur ton ordi?
b regarder des vidéos sur ton portable?

**6** Tu préfères …
a poster des photos ou des vidéos?
b commenter des photos ou des vidéos?

**7** Tu préfères …
a envoyer des SMS?
b envoyer des e-mails?

**8** Tu préfères …
a écouter la radio?
b télécharger de la musique pour en faire des playlists?

**2** lire Que fais-tu quand tu es connecté(e)? Reconstituez ces réponses correctement.

*Exemple:* **1** Je fais beaucoup de choses.

1 fais choses Je beaucoup de.
2 achats Je fais des.
3 des fais quiz Je.
4 sites vais sur mes Je préférés.
5 Je pour des recherches devoirs mes fais.

6 sur Je blogs des vais.
7 vais des Je forums sur.
8 e-mails des J'envoie.
9 des jeux joue à Je en ligne.

**3** écouter Écoutez. Écrivez la lettre de l'opinion et du film mentionné. (1–6)

*Exemple:* **1** c, j

*Qu'est-ce que tu aimes comme films?*

a J'aime les …
b J'adore les …
c Je suis fan de …
d J'ai une passion pour les …
e Je ne suis pas fan de …
f J'ai horreur des …

**g** films de gangsters

**h** films d'action

**i** films d'arts martiaux

**4** parler À deux. Discutez des genres de films de l'exercice 3.

*Exemple:*
● *Comment trouves-tu les films d'aventure?*
■ *Je suis fan de films d'aventure. Et toi?*
● *Moi, j'ai horreur des films d'aventure.*

**j** films d'aventure

**k** films d'horreur

**l** films de science-fiction

**5** écrire **Écrivez quatre textes qui résument un avis personnel sur les différentes émissions de télévision.**

*Exemple:*

○ J'aime les jeux télévisés et aussi les
○ séries, mais je n'aime pas les émissions
○ de télé-réalité. Mon émission préférée,
○ c'est *Money Drop*.

| J'aime | les documentaires | et aussi … |
| J'adore | les jeux télévisés | mais … |
| Je préfère | les magazines | |
| Je n'aime pas | les séries | |
| | les actualités | |
| | les émissions de musique | |
| | les émissions de sport | |
| | les émissions pour la jeunesse | |
| | les émissions de télé-réalité | |
| Mon émission préférée/Une émission que je ne rate jamais, c'est … | | |

 **6** parler **Faites un sondage dans votre classe. Posez ces questions:**

**1** Qu'est-ce que tu regardes à la télé?
**2** Qu'est-ce que tu ne regardes jamais?
**3** Quelle est ton émission préférée?

**4** Est-ce que tu aimes (les séries)?
**5** Qu'est-ce que tu ne rates jamais?

 **7** lire **Lisez le texte. Copiez et complétez le tableau.**

| verbes au présent | verbes au passé composé |
| --- | --- |
| c'est | |

Hier soir, j'ai regardé un épisode de mon émission préférée, *Mentalist*, à la télé. J'ai adoré. C'est une série américaine que je ne rate jamais! Je suis fan. 😊

En ce qui concerne les films, mon acteur préféré, c'est Gad Elmaleh parce qu'il est charismatique et très intelligent.

Je n'aime pas du tout Russell Crowe. Je trouve qu'il est nul et qu'il ne joue pas bien. Quelquefois, avec ma famille, nous regardons des films, surtout des films d'action ou d'aventure car mon père aime beaucoup ce genre de films.

**Gad Elmaleh**

 **8** écrire **Écrivez un texte sur ce que vous avez fait hier soir.**

• Say what you did last night (at least <u>three</u> activities).
• Give opinions.
• Say what you did before you went to bed.

| Hier soir, | j'ai … | J'adore …, je trouve ça … |
| D'abord, | j'ai joué … | J'aime jouer …, je pense que c'est … |
| Et puis | j'ai fait … | J'adore faire …, c'est … |
| Ensuite, | | |
| Avant de me coucher, j'ai … | | |

# 1 Tu es plutôt foot, tennis ou basket?

- *Talking about sport*
- *Using depuis + the present tense*

**1** écouter **Écoutez et lisez. Copiez et complétez le tableau en anglais.**

| name | activity | length of time | opinion | extra details |
|------|----------|----------------|---------|---------------|
| Léa | | | | |

Personnellement, je préfère les sports individuels. Je fais de l'escrime depuis quatre ans. C'est un beau sport qui demande de la souplesse et une bonne coordination. C'est bon pour le corps et le mental. **Léa**

Voici mon équipe. On joue au basket ensemble depuis trois ans. C'est super sympa. Le basket, c'est un sport rapide qui demande beaucoup d'efforts et de très bons réflexes. Travailler en équipe, c'est motivant. **Arthur**

Je fais du footing tous les jours depuis un an. C'est un sport qui développe l'endurance. Cela demande une excellente forme physique. J'adore courir. Je prends l'air, je respire et je me fixe des objectifs. Ça me fait du bien. **Erwann**

| | |
|---|---|
| **oublier ses soucis** | to forget your worries |
| **décompresser** | to decompress, relax |
| **ludique** | fun |

Je pratique le trampoline depuis deux ans et ça me passionne! C'est facile et c'est ludique. Lorsque je saute, j'oublie mes soucis et je décompresse. C'est un sport qui est bon pour la concentration et aussi bon pour le cœur. **Mariam**

**G** **depuis + *the present tense*** **❯ Page 234**

Use ***depuis*** + **the present tense** to say how long something <u>has been happening</u>.

*Je joue au tennis **depuis** cinq ans.*
I have been playing tennis for five years.

**2** parler **À deux. Inventez une présentation pour chaque personne.**

**1**  **2**  **3**  **4**

| | |
|---|---|
| Je fais du/de la/de l'… Je pratique le/la/l'… | depuis x mois/ans. |
| J'aime beaucoup ça car c'est | facile/ludique/sympa/rapide/beau. |
| C'est un sport qui est bon pour | le corps/le mental/le cœur/la concentration |
| … et qui demande | une excellente forme physique/une bonne coordination/de l'endurance/de bons réflexes. |
| Ça m'aide à décompresser. Ça me fait du bien. | |

**G** ***The position of adjectives*** **❯ Page 224**

Most adjectives come <u>after</u> the noun:
*C'est un sport **rapide**.*

However, some adjectives come <u>in front of</u> the noun, e.g. ***beau*** and ***bon***:

*C'est un **beau** sport.*
*Cela demande … une **bonne** coordination.*
*de **bons** réflexes.*

Refer to page 224 for a list of other adjectives that come before the noun.

**3** écouter

**Écoutez. Complétez les phrases en français.**

**1** Noah fait du karaté …
**2** Le karaté est un sport … qui demande … et …
**3** Noah préfère … car … indépendant.
**4** Le karaté aide Noah à …
**5** Depuis un moment, la France est …

> ⭐ You may hear someone talking in the first person (the *je* form), and be required to change the verb into the third person (the *il/elle* form) in order to answer a question correctly. Look out for this!
>
> *je **fais** … → Noah **fait** …*

 **4** lire

**Lisez le texte. Écrivez les lettres des <u>trois</u> phrases qui sont vraies.**

## Le sport en France

Tout le monde sait que le Sud-Ouest est le pays du rugby, qu'en Bretagne on joue beaucoup au foot, que les Alpes et les Pyrénées produisent des champions de ski. Mais quels sont les sports les plus pratiqués en France?

Le foot est le sport national de la France. On trouve le foot partout. C'est un sport fédérateur qui unit les gens. Chaque petit village a son équipe de foot tandis qu'on joue au tennis, premier sport individuel en France, surtout dans des zones urbaines, notamment à Paris, Lyon et Bordeaux.

Le basket est le deuxième sport collectif le plus pratiqué en France. On le pratique un peu partout dans l'Hexagone.

Les événements sportifs majeurs en France sont les suivants: Roland Garros, le marathon de Paris, les 24 Heures du Mans et, bien sûr, le Tour de France.

| | |
|---|---|
| **fédérateur** | *unifying* |
| **tandis que** | *while, whereas* |

**a** Le Sud-Est est une région où on joue beaucoup au rugby.
**b** Beaucoup de champions de ski viennent de Bretagne.
**c** Le foot est le sport le plus populaire en France.
**d** On joue beaucoup au tennis dans les grandes villes.
**e** Le basket est populaire dans toute la France.
**f** Il y a très peu d'événements sportifs en France.

 **5** lire

**Traduisez en anglais le paragraphe en rouge du texte de l'exercice 4.**

 **6** écrire

**Traduisez ce texte en français.**

> What tense should you use here?

> What word will you use here?

> Use the third person (**il/elle**) verb form.

Ronan has been playing ice hockey for six years. It's a fast sport which requires good reflexes. It's fun and when he plays, he forgets his worries. Ronan likes individual sports, but he prefers team sports. It's motivating to play in a team.

> Use Arthur's text for help.

> Will you use **son**, **sa** or **ses** here?

**1** lire **Lisez les textes et répondez aux questions.**

J'adore la musique depuis toujours. C'est ma passion! J'ai créé une station de radio qui s'appelle La Reine de la Musique. Ça marche très bien et ça m'amuse. J'ai beaucoup d'abonnés et beaucoup de mentions «J'aime». L'année prochaine, je vais travailler avec ma prof de français et nous allons monter une station de radio pour notre classe. Je suis moins technophobe que ma prof mais elle est plus sérieuse et plus créative que moi. Ça va être un projet intéressant, certainement plus intéressant que les cours! **Emma**

Je suis passionnée de photographie depuis quelques années et l'an dernier, j'ai créé une page Facebook pour mes photos. J'y mets toutes les photos que j'aime et que je veux partager avec les autres. Je mets aussi mes photos sur Instagram parce que c'est plus simple à utiliser et plus professionnel que Snapchat. Je vais aussi travailler avec ma sœur sur un projet ludique car elle est plus organisée que moi. On va bien s'amuser ensemble! **Jade**

Mon meilleur ami est YouTubeur. Il a créé sa chaîne il y a six mois, mais ça ne marche pas très bien. Il n'a pas beaucoup d'abonnés, pas beaucoup de mentions «J'aime» mais il continue malgré tout 😊. Il est plus énergique, plus optimiste, plus patient et plus créatif que moi, c'est certain. Il est aussi moins arrogant et plus modeste. J'admire sa persévérance.
**Lucas**

| | |
|---|---|
| *créer* | *to create* |
| *beaucoup d'abonnés* | *lots of subscribers* |

1 Who has a Facebook page?
2 Who has lots of subscribers and lots of likes?
3 Whose friend has a YouTube channel?
4 Whose teacher is more serious and more creative than he/she is?
5 Whose friend is more energetic, more patient, more optimistic and more creative than he/she is?
6 Whose sister is more organised than he/she is?

**G** *Comparative adjectives* **> Page 226**

You use comparative adjectives to compare things:

| *plus* + **adjective** + *que* | more … than |
|---|---|
| *plus simple que* | more simple than |
| *moins* + **adjective** + *que* | less … than |
| *moins arrogant que* | less arrogant than |

**2** lire **Traduisez le texte de Lucas (exercice 1) en anglais.**

**3** écouter **Écoutez Fatimatou qui parle de son projet. Notez en anglais ce qu'elle dit à propos de: a) son projet, b) son frère et c) l'été.**

| *animation image par image* | *stop motion* |
|---|---|

**4** écrire **Traduisez ces phrases en français.**

1 I am more patient than my brother.
2 My teacher (f) is more organised than me.
3 Snapchat is more fun than Instagram.
4 My best friend (f) is more optimistic and more energetic than me.
5 My teacher (m) is less arrogant and less technophobic than me.

**G** *The relative pronoun* que **> Page 232**

*Que* means 'who', 'which' or 'that', when 'who', 'which' or 'that' is the object of a verb. It is very useful for creating longer, more complex sentences:

*J'y mets toutes les photos **que** j'aime et **que** je veux partager avec les autres.*

I put all the photos **which** I like and **which** I want to share with other people there.

**5** parler

## À deux. Préparez ces présentations.

*Exemple:* **1** Je suis passionné(e) <u>de photographie</u> depuis <u>deux ans</u>. Il y a <u>six mois</u>, j'ai…

**1**

**photographie** – 2 ans
**6 mois** – blog

☺ – 👎 👍

**cet été** – mon copain:
       + optimiste  – technophobe

**2**

**cinéma** – 5 ans
**1 an** – station de radio

☹ – 👎 👍

**cet été** – ma copine:
       + patiente  – arrogante

| Je suis passionné(e) de … depuis … <br> Il y a … j'ai créé … | | |
|---|---|---|
| Ça marche très bien./Ça ne marche pas très bien. | | |
| J'ai/Je n'ai pas beaucoup d'abonnés/beaucoup de mentions «J'aime». | | |
| L'été prochain, je vais travailler avec … | | |
| car il/elle est | plus | énergique. <br> optimiste. <br> patient(e). <br> créatif/-ive. |
| et il/elle est | moins | arrogant(e). <br> technophobe. |
| Nous allons créer … | | |

 **6** écouter

## Écoutez et choisissez la bonne fin de chaque phrase.

1 Enzo a créé sa chaîne … **a** avec ses copains. **b** avec son frère. **c** seul.
2 Enzo teste … **a** des robots. **b** des objets télécommandés. **c** des appareils électroménagers.
3 Pour les voitures, il veut savoir si un modèle est …
   **a** plus simple qu'un autre. **b** plus rapide qu'un autre. **c** plus cher qu'un autre.
4 Récemment, Enzo a testé … **a** des drones. **b** des sous-marins. **c** des avions.
5 Enzo a choisi de créer sa chaîne sur YouTube car … **a** il préfère le look.
   **b** c'est plus pratique. **c** c'est moins facile d'avoir beaucoup de vues.

 **7** écrire

## Réécrivez ce texte à la troisième personne.

*Exemple:* **1** Elle est …

**1** Je suis passionnée de généalogie depuis un an. Il y a cinq mois, **2** j'ai créé un blog qui marche très bien. **3** J'ai beaucoup d'abonnés et pas mal de mentions «J'aime». **4** Je prends plaisir à écrire **5** mon blog car **6** j'apprends beaucoup de choses. L'année prochaine, **7** je vais travailler avec **8** ma mère sur **9** mon nouveau projet.

⭐ Think carefully about how you will change the highlighted verb forms, pronouns and possessive adjectives.

 **8** parler

## À deux. Regardez la photo et préparez vos réponses aux questions.

- Qu'est-ce qu'il y a sur la photo?
- Qu'est-ce que le garçon à droite fait?
- Qu'est-ce qu'il a fait hier soir, à ton avis?
- À ton avis, est-ce qu'il aime créer des vidéos?
- Et toi? Aimes-tu créer des vidéos? Quel genre de vidéos aimes-tu regarder?
- Que fais-tu sur Internet?

- *Talking about books and reading*
- *More practice of the imperfect tense*

**1** lire  Lisez le texte. Copiez et complétez le tableau en anglais.

**Léopold, 16 ans**

Lorsque j'étais petit, mes parents lisaient des histoires avec moi tous les soirs et quand j'avais six ans, je lisais beaucoup de livres illustrés, comme *Chien bleu*. J'aimais le format et les illustrations colorées. Maintenant, je lis tout sur ma tablette ou sur Internet. Je trouve que c'est un peu dommage. Je regrette mes livres d'avant.

**Myriam, 15 ans**

Moi, j'adore les livres. À travers les livres, je découvre des mondes différents. Avant, je lisais des livres pour enfants, mais maintenant je lis surtout des biographies et des romans comme *Bonjour tristesse*. Je fais partie d'un club de lecture et chaque année, je participe au concours de lecture de mon lycée. Cette année, j'ai gagné le troisième prix. On dit que les jeunes ne lisent plus. À mon avis, ce n'est pas vrai!

**Véronique, 42 ans**

Quand j'avais l'âge de mon fils, je lisais des livres classiques. J'adorais les personnages et les histoires, c'était toute ma vie! Mais mon fils ne lit jamais. Il passe tout son temps sur la Toile à regarder des vidéos ridicules. Pour moi, c'est une perte de temps. Il n'apprend strictement rien! Ça m'énerve! À mon avis, Internet a tué les joies de la lecture.

**Jean-Pierre, 72 ans**

Avant, avec mes enfants, on lisait des livres et les journaux tous les soirs. C'était normal! Maintenant, mes petits-enfants sont tout le temps connectés et lisent énormément sur leur écran: des blogs, des textos, des tweets, etc. Dans le passé, on n'avait pas ça. Le numérique a changé notre façon de lire. Moi, je trouve que c'est bien.

| lorsque | when |
| la Toile | the web |

| | past reading habits | now | opinion |
|---|---|---|---|
| Léopold | When he was little, parents read with him every day ... | | |

**G** The imperfect tense  **>** Page 216

The imperfect tense is used to describe what things **were like** in the past or what **used to** happen.

*Avant, **je lisais** des livres, maintenant je lis sur mon écran.*

*Dans le passé, **nous lisions** les journaux, maintenant nous lisons la presse sur ordi.*

1  **Léopold**  2  **Véronique and her son**

3  **Myriam**  4  **Jean-Pierre and his grandchildren**

**2** parler  À deux. Lisez les textes de l'exercice 1 à haute voix. Repérez <u>cinq</u> phrases que vous allez réutiliser à l'oral ou à l'écrit dans les catégories ci-dessous.

**Expressions avec l'imparfait**  **Expressions avec le présent**  **Opinions**

**3** écouter  Écoutez Laure. Écrivez V (vrai) ou F (faux) pour chaque phrase.

1  Quand elle avait cinq ou six ans, ses parents lisaient avec elle tous les soirs.
2  Elle n'aimait pas du tout lire avec ses parents.
3  Maintenant, elle lit indépendamment tous les soirs.
4  Elle n'aime pas lire sur une tablette.
5  À son avis, Internet a tué les joies de la lecture.

**4** **parler** À deux. Préparez une présentation <u>d'une minute</u> sur vos habitudes de lecture.

| | |
|---|---|
| Quand j'avais x ans, je lisais … <br> J'aimais … | |
| Maintenant, je lis … | sur ma tablette. <br> sur Internet. <br> sur mon ordi. |
| Maintenant, les jeunes lisent … | |
| Je trouve ça génial. <br> Je trouve que c'est bien. <br> Je trouve que c'est un peu dommage. <br> À mon avis, Internet a tué les joies de la lecture. | |

 **5** **écouter** Écoutez l'enquête sur les jeunes et la lecture. Répondez aux questions en anglais.

1 How many books do avid readers read on average per year?
2 How many books do less enthusiastic readers read on average per year?
3 Name <u>two</u> factors which influence young people's reading habits.
4 What percentage of young people between 12 and 16 read the press each day?
5 What percentage of those young people read the press on a computer screen?
6 What type of publication interests young people most?

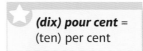

*(dix) pour cent* = (ten) per cent

 **6** **lire** Lisez le texte et complétez les phrases en anglais.

## QU'EST-CE QUE LA BANDE DESSINÉE?

Les BD sont composées d'une suite d'images dans lesquelles les personnages parlent à l'aide de bulles. Dans les BD, les images sont aussi importantes que le texte. Normalement, un scénariste collabore avec un dessinateur pour créer une BD, mais quelquefois, la même personne est à la fois scénariste et dessinateur.

La bande dessinée est en pleine expansion en France. Les BD ne sont pas simplement ludiques mais aussi éducatives. Il existe des BD historiques, fantastiques, biographiques, autobiographiques. La diversité des styles et des genres est extraordinaire!

Drôles, bien dessinées, les BD n'ont jamais été aussi créatives. Le public français est accro.

| | |
|---|---|
| *un scénariste* | scriptwriter |
| *à la fois* | both |

1 BDs are cartoon books where people speak in …
2 In BDs, the … are as important as the text.
3 To create a BD, a graphic artist collaborates with a …
4 BDs are not just fun, they are also …
5 The diversity of styles and genres is …
6 The French public is …

 **7** **écrire** Écrivez un paragraphe qui compare les habitudes de lecture de vos copains, vos parents ou vos grands-parents avec vos habitudes.

| | |
|---|---|
| Avant, mes parents/ grands-parents/copains | étaient/faisaient/lisaient/jouaient/ discutaient/regardaient … |
| Aujourd'hui, les jeunes | sont/font/lisent/jouent/ discutent/regardent … |
| Je trouve que c'est | bien/mieux/un peu dommage. |

# 4 Mes émissions préférées

**1**  **Lisez les textes et répondez aux questions en français.**

*Exemple:* **1** Yann le regarde depuis toujours.

## Qu'est-ce que tu aimes regarder à la télé?

### Yann

Mon émission préférée, c'est *D'art d'art*. C'est un magazine sur l'art. Je le regarde toutes les semaines. Je l'adore depuis toujours mais quand j'étais petit, je crois que je ne comprenais pas tout!

### Hélio

Mon émission préférée est un jeu télévisé qui s'appelle *Slam*. Je le regarde tous les jours. Je ne le rate jamais. C'est très ludique!

### Clémentine

Moi, je suis fan de *Téléfoot*. J'adore cette émission. Je la regarde tous les dimanches. J'adore les animateurs et les animatrices. Je les trouve sympa.

### Karima

Moi, j'ai horreur des émissions de télé-réalité comme *Koh-Lanta*. Je les trouve totalement nulles. Nullissimes, même!

### Honoré

Moi, j'aime regarder *Rendez-vous en terre inconnue*. C'est un docu-réalité. Je ne le manque jamais. J'aime beaucoup les documentaires. Je les trouve hyper-intéressants.

---

**G** *Direct object pronouns*　　**> Page 230**

A direct object pronoun replaces a noun that is the object in a sentence. It comes directly before the verb.

| masc ('it') | Je regarde **un documentaire**. | Je **le** regarde. |
|---|---|---|
| fem ('it') | Je regarde **une série**. | Je **la** regarde. |
| pl ('them') | J'aime **les documentaires**. | Je **les** aime. |

*Mon émission préférée est **un jeu télévisé**.*
*Je **le** regarde tous les samedis.*
My favourite TV programme is a game show.
I watch **it** every Saturday.

*J'adore **cette émission**.*
*Je **la** regarde toutes les semaines.*
I love this programme.
I watch **it** every week.

*J'ai horreur **des émissions de télé-réalité**.*
*Je **les** trouve totalement nulles.*
I hate reality TV shows.
I find **them** totally rubbish.

---

**1** Depuis combien de temps est-ce que Yann regarde *D'art d'art*?
**2** Quand est-ce qu'Hélio regarde son émission préférée?
**3** Que pense Clémentine des animateurs de *Téléfoot*?
**4** Que pense Karima des émissions de télé-réalité?
**5** Que pense Honoré des documentaires?

 Start your answers to questions 3, 4 and 5 with *Il/Elle le/la/les trouve …*

**2** **Faites un sondage dans votre classe. Posez cette question:**

*Qu'est-ce que tu aimes regarder à la télé?*

| Mon émission préférée à la télé, c'est …<br>C'est un/une … | |
|---|---|
| Je le/la regarde | toutes les semaines.<br>tous les jours.<br>tous les mois. |
| Je le/la trouve | formidable/super/génial(e). |

**3** lire **Lisez les textes. Copiez et complétez le tableau en anglais.**

**1**
Avec mon père, notre série préférée, c'est *Engrenages*. C'est une série française qui parle de la vie quotidienne au Palais de justice à Paris. Je la regarde depuis le début. Les acteurs sont excellents, surtout Audrey Fleurot! C'est une série géniale!

**3**
Une série que je n'aime pas, c'est *Section de recherches*. C'est une série policière française qui est franchement nulle! Je la déteste. Les acteurs ne sont pas crédibles et le scénario n'a aucun rapport avec la réalité. Je ne la recommande pas du tout!

**2**
Ma série préférée, c'est *Sherlock*. C'est une série anglaise qui parle des exploits du fameux détective Sherlock Holmes. Je la regarde en version originale et je vous conseille de faire la même chose. D'abord, ça va vous aider avec votre anglais et de toute manière, c'est plus authentique. Benedict Cumberbatch est super. Je l'adore!

| | name of series | subject matter | opinion | extra details |
|---|---|---|---|---|
| 1 | | | | |
| | | | | |

**4** écouter **Écoutez. Répondez aux questions en anglais pour chaque personne. (1–3)**

**a** What type of programme is mentioned?
**b** How often does the person watch it?

**c** What does the speaker think of the programme?
**d** Does the speaker recommend the programme?

**5** lire **Lisez les textes. Copiez et complétez le tableau en anglais.**

Avant, je regardais beaucoup la TNT, mais maintenant, j'ai tendance à regarder des webséries car les thèmes sont plus originaux pour la plupart. On peut les regarder gratuitement et autant de fois qu'on veut. **Benjamin**

Chez moi, nous regardions souvent nos émissions préférées en direct sur la TNT, mais maintenant, nous les regardons de plus en plus en replay car on peut décider de l'horaire. Cela donne plus de possibilités. **Mohamed**

Avant, je regardais beaucoup TF1, mais maintenant, je visionne beaucoup de choses en streaming. Il faut payer, oui, mais on peut regarder des séries complètes et j'adore faire ça. **Inès**

| | used to … | now … |
|---|---|---|
| Benjamin | | |
| | | |

*la TNT terrestrial channels*

**6** parler **À deux. Regardez les opinions des personnes de l'exercice 5. Vous êtes d'accord ou vous n'êtes pas d'accord?**

● *Tu es d'accord ou tu n'es pas d'accord avec l'avis de … ?*
■ *Je suis d'accord/Je ne suis pas d'accord avec … Comme …, avant, je … Mais maintenant, …*

**7** écrire **Traduisez ce texte en français.**

Will you use *qui* or *que*?

And here, will you use *qui* or *que*?

One series <u>that</u> I don't like is *Les Revenants*. It's a French series <u>which is about</u> zombies. I find it ridiculous. In my opinion, the story is just absurd. The actors are not credible and the script has no connection to reality. I do not recommend <u>it</u> at all.

Think about what you would say in French here. Use the models in this unit to help you.

Remember the position of direct object pronouns. Will you use *le*, *la* or *les*?

**8** écrire **Choisissez une série anglaise, française ou américaine et écrivez une description.**

**1** lire   **Lisez l'article et complétez les phrases en anglais.**

## ★ Le Festival de Cannes

**Luc Besson:** Le réalisateur le plus connu en dehors de la France.

**Marion Cotillard:** L'actrice la plus belle, la plus élégante et la plus douée.

Le Festival de Cannes, c'est le festival de cinéma le plus célèbre au monde.

Françaises et internationales, les plus grandes stars sortent leurs robes les plus originales, leur sourire le plus charmant et le reste du monde les observe ...

On y voit les plus beaux looks et les plus belles coiffures.

Les photographes se battent pour prendre les meilleures photos des stars.

Qui était la plus chic? Quel acteur avait le plus beau look? Qui portait le plus beau costume? À vous de choisir!

**1** The Cannes Film Festival is the most ...
**2** French and international stars put on their most ... and their most ...
**3** You can see the nicest ... and the most ...
**4** Photographers fight to ...
**5** Luc Besson is the best ... outside of France.
**6** Marion Cotillard is the most beautiful, the most elegant and ...

**2** écouter   **Écoutez quatre jeunes qui parlent de leur comédien/comédienne préféré(e). Copiez et complétez le tableau en anglais. (1–4)**

| | fan of ... | for how long? | he/she is ... | he/she is not ... | in past life he/she ... |
|---|---|---|---|---|---|
| 1 | Audrey Tautou | 5 years | the most elegant and intelligent extremely modest | pretentious | had a complex |

**Jamel Debbouze**

**Bérénice Bejo**

**Audrey Tautou**

**Omar Sy**

**G** *The superlative*                    **➤** *Page 226*

The superlative is formed as follows:

- the most ...   *le/la/les plus* + adjective
  l'acteur *le plus* talentu**eux**          the most talented actor
  l'actrice *la plus* élégant**e**           the most elegant actress
  les réalisateurs *les plus* connu**s**     the best known directors

- the best ...   *le meilleur/la* meilleure/**les** meilleur**s**/**les** meilleur**es**
  *les meilleures* photos    the best photos

- the least ...   *le/la/les moins* + adjective
  la série *la moins* intéressant**e**    the least interesting series

Note that the superlative comes before or after the noun, depending on where the adjective would normally come:

*le festival le* **plus célèbre**      the most famous festival
*les* **plus grandes** stars           the biggest stars

**3** écrire **Traduisez ce texte en français.**

I am a fan of cinema and I love Marion Cotillard. She is <u>the most elegant</u> and the most talented. I really like the Cannes Film Festival because it is <u>the most famous in the world</u>.

<u>You</u> see the biggest stars there, and the rest of the world watches <u>them</u>.

Use a superlative. Remember to make the adjective feminine.

Check the text in exercise 1.

Which subject pronoun will you use here?

Which object pronoun will you use here?

**4** lire **Lisez le texte et remplissez les blancs avec les mots donnés en dessous.**

*Exemple:* **1** nul

Je suis fan de cinéma mais je n'aime pas du tout Martin Lamouroux. Il est **1** _____ . C'est l'acteur le moins **2** _____ et le **3** _____ talentueux.

Chez lui, il y a très peu d'humilité. Il est **4** _____ et vaniteux. J'ai vu le film *Moi, je …* et depuis, je ne le supporte pas.

Apparemment, quand il **5** _____ jeune, il voulait déjà être comédien. Quelle blague! Je déteste ses films. Je ne **6** _____ recommande pas du tout!

| arrogant | moins | élégant | nul | les | était |

**5** parler **Choisissez un acteur ou une actrice que vous aimez et préparez une présentation.**

**6** écrire **Écrivez un profil de votre comédien/comédienne préféré(e).**

- Say you are a cinema fan.
- Say who you like and why.
- Say how long you have been a fan (use *depuis*).
- Say what the actor/actress is like (use superlatives).
- Say what the last film you saw was (use the perfect tense).
- Give your opinion (use the imperfect tense).
- Give reasons for your opinions.
- Say you love this person's films and that you recommend them.
- Say you're going to see their next film very soon.

Je suis passionné(e) de cinéma.

J'adore …
J'admire …
Je suis fan de … depuis …

| Il est le plus Elle est la plus | beau/belle. intelligent/intelligente. talentueux/talentueuse. élégant/élégante. doué/douée. |
| Chez lui/elle, il y a très peu | de prétention. de vanité. d'arrogance. |
| Il/Elle est extrêmement modeste/sincère/humble. | |
| J'ai vu le film … il y a un moment et depuis, je suis fan. Apparemment, quand il/elle était jeune … | |
| Il/Elle compte parmi les acteurs les plus connus et les plus appréciés au monde. J'adore ses films et je les recommande. Je vais voir son prochain film très bientôt. | |

**1** lire   Read what these teenagers say about privacy on the internet.

> **Protège ta vie privée sur Internet!**
>
> **Aïcha** explique qu'il est important de protéger ses données personnelles sur Internet. Elle dit: «Je fais très attention à ce que je révèle de mon identité sur Internet. Par exemple, je ne mets jamais mon nom de famille, ni ma date de naissance. Je choisis aussi avec soin mon mot de passe.»
>
> **Salim** a déjà été victime de harcèlement sur le net. Il explique ce qui s'est passé: «J'ai prévenu mes parents et la direction du collège et cela s'est réglé, mais j'étais très déprimé. Ces personnes se sont attaquées à ma personnalité. Il faut toujours signaler les provocations.»
>
> **Maude** dit qu'elle adore les réseaux sociaux: «J'apprécie de communiquer avec beaucoup de personnes. On partage et on échange. Mais je prends des précautions: je sais que les contacts en ligne ne sont pas forcément de vrais copains. Je ne publie jamais de photos compromettantes.»
>
> Selon **Lucas**, c'est bien d'être connecté mais on peut aussi quelquefois être connecté au danger. Il continue: «Moi, je ne veux pas transmettre sur Internet l'endroit où je suis avec mes amis, donc je contrôle ma géolocalisation.»

**1** What information is given in the text? Complete each sentence with the correct name: Aïcha, Salim, Maude or Lucas.

*Example:* Maude loves social media.

**A** ＿＿＿＿＿＿ is careful not to reveal their whereabouts online.
**B** ＿＿＿＿＿＿ chooses their password carefully.
**C** ＿＿＿＿＿＿ says there can be a difference between online friends and real friends.
**D** ＿＿＿＿＿＿ had to tell people about a problem they had online.

**Answer the following questions in English.**

**2** What two things does Aïcha say she never puts on the web?
**3** What point does Lucas make about being connected?

**2** lire   Translate this passage into English.

> Avant, la plupart des enfants suisses pratiquaient une activité physique. Ils ne dépendaient pas autant de leur téléphone portable ou de leur ordinateur. Les choses ont changé. Aujourd'hui, près d'un quart des enfants suisses sont en surpoids. Le manque de sport, une alimentation déséquilibrée et l'attrait des nouvelles technologies sont responsables.

**3** **Read this literary extract. Maya, the narrator, tells us about reading with her father when she was younger.**

*La Fille qui n'aimait pas les fins* by Yaël Hassan and Matt7ieu Radenac (abridged)

> Pour mes neuf ans, une copine m'avait offert un livre: *Vendredi ou la vie sauvage* de Michel Tournier. Quand je l'avais montré à Papa, ses yeux étaient devenus tout brillants …
>
> – Ce livre, Maya, est une adaptation de *Robinson Crusoé* qui était mon livre préféré quand j'étais petit. C'était mon père qui me l'avait offert. Si tu savais le nombre de fois où je l'ai lu et relu. Je devenais alors, tour à tour, explorateur, navigateur, aventurier … Il était toujours posé sur ma table de chevet et je ne pouvais m'endormir sans en lire quelques pages.
>
> Depuis que j'étais toute petite, Papa me lisait des histoires le soir. C'était notre moment à nous. Il s'installait sur un tabouret et commençait son récit de sa voix grave et posée. Je l'écoutais en frémissant de bonheur. Ce rituel a perduré même après que j'avais su lire toute seule.

**Answer the questions in English.**

**1** Who gave Maya *Vendredi ou la vie sauvage* and what was the occasion?
**2** What is the link between this book and Maya's father's favourite book?
**3** What does Maya's father say he used to become when reading this book? Give <u>one</u> example.
**4** How did Maya feel when her father used to read to her?

 **1** **You hear this advert on the radio for the historical theme park *Puy du Fou*. Listen and write the letter of the correct ending for each sentence.**

*Example:* At *Puy du Fou*, the attractions change … ▷

   **A** every month.   **B** every year.   **C** every two years.   **D** according to the season.

**1** During the summer, the park is …
  **A** open at weekends.
  **B** open every day.
  **C** closed on Mondays.
  **D** closed on Mondays and Tuesdays.

**2** In June and July, *Cinéscénie* …
  **A** begins at 10.00 p.m.
  **B** ends at 10.00 p.m.
  **C** begins at 10.30 p.m.
  **D** ends at 10.30 p.m.

**3** Spectators are asked …
  **A** to arrive an hour ahead of the start time.
  **B** to switch off their mobile phones.
  **C** not to eat and drink during the show.
  **D** not to take photos.

**4** At *Cinéscénie*, there have been more than …
  **A** 16 thousand spectators.
  **B** 6 million spectators.
  **C** 10 million spectators.
  **D** 11 million spectators.

 **2** **Listen to the interview with Martin, a French sportsman, and answer the following questions in English.**

**(a)** What was his ambition when he was little?
**(b)** What happened when he was 11?
**(c)** What does he say it is difficult to think about when you are young?
**(d)** What does he say about his life as a football player? Give <u>one</u> detail.
**(e)** How does he say about his job now? Give <u>one</u> detail.

## A – Picture-based discussion

### Topic: Leisure activities

Regarde la photo et prépare des réponses sur les points suivants:

- la description de la photo
- ton opinion sur les livres numériques
- ce que tu lisais quand tu étais petit(e)
- un projet que tu vas faire avec l'aide de la technologie
- !

**1** **Look at the picture and read the task. Then listen to Tom's answer to the <u>first</u> bullet point.**

1 In addition to describing what the girl looks like, where she is and what she is doing, what else does Tom say to expand his answer?
2 What word does Tom use for the device that the girl is holding?
3 What phrase does Tom use to say he thinks that the girl really likes reading?
4 What do you think the word *allongée* means in this context?

**2** **Listen to and read how Tom answers the <u>second</u> bullet point.**

1 Write down the missing word(s) for each gap.
2 From the context, what do you think *feuilleter les pages* and *de toute façon* mean?
3 Look at the Answer booster on page 48. Note down <u>at least four</u> things that he does to make his answer a good one.

Je **1** ▭ votre point de vue. À mon avis, c'est vraiment un **2** ▭ de tenir un livre dans les **3** ▭. Avec un livre numérique, c'est **4** ▭ de feuilleter les pages! Cependant, les livres numériques sont parfois **5** ▭ : quand on part **6** ▭, par exemple. Mon meilleur ami a une liseuse **7** ▭ quelques mois et il la trouve **8** ▭. Je vais sûrement **9** ▭ une liseuse bientôt. De toute façon, c'est **10** ▭ qui compte!

**3** _écouter_ Listen to Tom's response to the <u>third</u> bullet point.

**1** Make a note in English of the details he gives.
**2** What tense does he start off using?
**3** What <u>two</u> other tenses does he take the opportunity to use?

**4** _écouter_ Listen to Tom's response to the <u>fourth</u> bullet point. Note down examples of how he <u>justifies</u> what he says.

>  Listen for phrases with _parce que_ and _car_ (because), _alors_ and _donc_ (therefore, so) and _comme_ (as), which Tom uses to justify his opinions.

**5** _parler_ Prepare your own answers to the first four bullet points. Try to predict which unexpected question you might be asked. Then listen and take part in the full picture-based discussion with your teacher.

## B – General conversation

**1** _écouter_ Listen to Hannah introducing her chosen topic. In what order does she mention the following things?

**A** what instrument she used to play
**B** what sort of music she likes listening to
**C** how she feels when she plays
**D** who her favourite singer is
**E** what instrument she plays
**F** what she and a friend are going to do next year

**2** _écouter_ The teacher then asks Hannah: «Qu'est-ce que tu aimes, comme films?» Listen to how she develops her answer. What 'hidden questions' does she also answer?

_Example:_ What makes a good film for you?

> A good way of developing your answer is to think about what 'hidden questions' you could also respond to in order to give a full, well developed answer.

**3** _écouter_ Listen to how Hannah answers the next question: «Quel est ton sport préféré?» Look at the Answer booster on page 48. Write down <u>six</u> examples of what she does to give her best possible answer.

**4** _parler_ Prepare answers to these questions. Then practise with your partner.

**1** Est-ce que tu joues d'un instrument?
**2** Qu'est-ce que tu aimes, comme films?
**3** Quel est ton sport préféré?
**4** Que fais-tu quand tu es connecté(e)?
**5** Quelles sont tes habitudes de lecture?
**6** Parle-moi de la dernière fois que tu es allé(e) à un concert.
**7** Est-ce que tu aimes les réseaux sociaux?

| Answer booster | Aiming for a solid answer | Aiming higher | Aiming for the top |
|---|---|---|---|
| Verbs | **Different tenses:** past (perfect or imperfect), present, near future | **Different tenses and persons of the verb:** not just *je* but *il/elle/on/nous/vous* | **Different tenses:** present, perfect, near future **and imperfect** |
| Opinions and reasons | *J'aime/J'adore …*<br>*Je n'aime pas/Je déteste/*<br>*Je préfère …*<br>  *parce que …*<br>*C'est/c'était/ça va être …* | *À mon avis, …*<br>*Je crois que …*<br>*Personnellement, …*<br>*Pour ma part, …*<br>*Je suis passionné(e) de …*<br>*J'ai horreur de(s) …* | **Comparatives:**<br>*X est plus/moins intéressant(e)/*<br>*sympa/ludique que Y.*<br>**Superlatives:**<br>*C'est la meilleure actrice/c'est*<br>*l'acteur le plus talentueux.* |
| Connectives | *et, mais, aussi, parce que, quand* | **More variety:** *car, où, lorsque, donc, alors* | *Par contre*<br>*C'est pour ça que …* |
| Other features | **Negatives:** *ne … pas*<br>*ne … jamais*<br>**Qualifiers:** *très, un peu, assez, vraiment*<br>**Frequency phrases:** *tous les soirs, deux fois par semaine, parfois, toujours* | ***depuis*** **+ the present tense:**<br>*Je joue au tennis depuis toujours/ un an.* | **The relative pronoun** ***qui*****:**<br>*C'est un sport qui m'intéresse.*<br>**The relative pronoun** ***que*****:**<br>*C'est une émission que j'aime.*<br>**Direct object pronouns:**<br>*Je le/la/les trouve formidable(s)/ intéressant(e)(s).* |

## A – Short writing task

 **1**

**Look at the task. For each bullet point, make notes on:**

- which tense(s) you will need to use (you will need to make reference to <u>three</u> time frames: **past**, **present** and **future**)
- the structures and vocabulary you could use
- any details and extra information you could include to improve your answer.

### La télé

Ton ami(e) français(e) t'a envoyé un e-mail pour demander ton opinion sur la télé.

Écris une réponse à ton ami. Tu **dois** faire référence aux points suivants:

- le genre d'émissions que tu préfères et pourquoi
- ce que tu as regardé hier soir
- pourquoi tu aimes regarder la télévision ou non
- ce que tu vas faire demain soir.

Écris 80–90 mots environ en français.

**2**

**Read Connor's answer on the next page and answer the questions below.**

1. How many different persons of the verb does he use?
2. Which tense does he use in addition to the present, perfect and near future tenses?
3. What extra information does he give to extend his writing?
4. What structures does he use to really impress?

Je suis fan de séries américaines depuis longtemps. Une série que je ne rate jamais, c'est *The Big Bang Theory*. Je la trouve très marrante, mais malheureusement, mon père ne la supporte pas!

Hier soir, ma famille et moi avons regardé une série policière qui parlait d'un meurtre en Écosse. Pour moi, l'histoire n'était pas du tout crédible.

Personnellement, j'aime bien regarder la télévision parce que ça m'aide à décompresser. Cependant, je ne regarde pas la télé tous les jours. Il est important d'avoir d'autres passe-temps, à mon avis.

Demain soir, je vais aller au centre de loisirs avec un ami. Nous allons faire de la musculation. Ça va être sympa. Je vais être moins paresseux qu'hier!

**3** écrire **Now write your own answer to the question. Use ideas from Connor's response and the Answer booster for help.**

- Make sure you structure your answer logically in paragraphs.
- Give opinions and reasons.
- Don't be afraid to use language in new contexts, but make sure that you use it accurately! For example, Connor has used *ça m'aide à décompresser*, which you learnt in Unit 1 (on the subject of sport), to talk about TV.

## B – Translation

**1** lire **Read the English text. Look at the phrases that are numbered and compare them with the French translation. What structures do you need to use in French to translate each of them?**

*Example:* **1** Use 'depuis ...' plus the present tense.

I <u>have been</u> a rock music fan <u>for years</u>! When I was <u>younger</u> I <u>used to like</u> to sing, but now I prefer to play the guitar. Last week I <u>went</u> to a concert with my friends and <u>we danced</u> all evening. The band was great but the singer was <u>the most talented</u> member. Tomorrow <u>I'm going to post</u> some photos of the concert.

Remember, translation into French is a test of your knowledge of grammar. As you are reading, try to work out what structures the translation is testing you on, e.g. different tenses, different persons of the verb, the comparative, the superlative, etc.

Je suis fan de musique rock depuis des années! Quand j'étais plus jeune, j'aimais chanter, mais maintenant, je préfère jouer de la guitare. La semaine dernière, je suis allé à un concert avec mes amis et on a dansé toute la soirée. Le groupe était génial mais le chanteur était le membre le plus talentueux. Demain, je vais poster des photos du concert.

**2** écrire **Translate the following passage into French.**

When I was little, I used to like watching TV, but now I prefer to watch films. I've been a fan of Romain Duris for a long time. I think he's the most original actor of the moment. Last week, I went to the cinema with my brother and we saw a great film. Tomorrow I'm going to write an article for my blog.

## Le sport — *Sport*

Je fais … — *I do/go …*
- du canoë-kayak — *canoeing/kayaking*
- du footing — *jogging*
- du hockey sur glace — *ice hockey*
- du patinage — *skating*
- du roller — *roller skating*
- du vélo/cyclisme — *cycling*
- de la boxe — *boxing*
- de la danse — *dancing*
- de la musculation — *weight-lifting*
- de la natation — *swimming*
- de la planche à voile — *wind-surfing*
- de la voile — *sailing*
- de l'escalade — *climbing*
- de l'équitation — *horse-riding*
- des randonnées — *for walks*

Je trouve ça … — *I think it's …*
- bien/cool — *good/cool*
- génial/super — *great/super*
- passionnant — *exciting*
- barbant/ennuyeux — *boring*
- nul/stupide — *rubbish/stupid*

## La musique — *Music*

Je joue … — *I play …*
- du piano — *the piano*
- du saxophone — *the saxophone*
- du violon — *the violin*
- de la batterie — *drums*
- de la clarinette — *the clarinet*
- de la flûte — *the flute*
- de la guitare — *the guitar*
- de la trompette — *the trumpet*
- de l'accordéon — *the accordion*

Mon chanteur/Ma chanteuse préféré(e), c'est … — *My favourite singer is …*
- car j'aime ses paroles/ses mélodies — *because I like his/her lyrics/tunes*

J'aime aussi la musique de … — *I also like …'s music.*
Ça me donne envie de … — *It makes me want to …*
Ça me rend … — *It makes me …*
J'ai téléchargé/acheté … — *I downloaded/bought …*
Je n'aime pas du tout la musique de … — *I don't like …'s music at all.*
Je déteste … — *I hate …*

## La technologie — *Technology*

Je fais … — *I do …*
- beaucoup de choses — *lots of things*
- des quiz/des recherches pour mes devoirs — *quizzes/research for my homework*

Je fais des achats. — *I buy things/make purchases.*

Je vais sur mes sites préférés/des blogs/des forums. — *I go on my favourite sites/blogs/forums.*
J'envoie des e-mails/mails. — *I send emails.*
Je joue à des jeux en ligne. — *I play games online.*

## Films et télé — *Films and TV*

J'aime/J'adore les … — *I like/love …*
Je (ne) suis (pas) fan de … — *I am (not) a fan of …*
Je n'aime pas … — *I don't like …*
J'ai une passion pour les … — *I am passionate about …*
J'ai horreur des … — *I hate/can't stand …*
- films de gangsters/d'action — *gangster/action films*
- films d'aventure/d'horreur — *adventure/horror films*
- films d'arts martiaux — *martial arts films*
- films de science-fiction — *science-fiction films*

Je préfère … — *I prefer …*
- les documentaires — *documentaries*
- les jeux télévisés — *game shows*
- les magazines — *magazine programmes*
- les séries — *series*
- les actualités — *current affairs programmes*
- les émissions de musique/de sport/de jeunesse/de télé-réalité — *music/sports/youth/reality TV programmes*

Mon émission préférée, c'est … — *My favourite programme is …*
Je trouve ça … — *I find it …*
Je pense que c'est … — *I think that it's …*

## Parler de sport — *Talking about sport*

Je fais de l'escrime/du footing depuis (quatre ans). — *I've been doing fencing/jogging for (four years).*
Je pratique le trampoline depuis (trois mois). — *I've been trampolining for (three months).*
On joue au basket ensemble depuis (trois ans). — *We've been playing basketball together for (three years).*
J'aime beaucoup ça car c'est … — *I like it a lot because it's …*
- élégant/facile — *elegant/easy*
- ludique/sympa — *fun/nice*
- rapide/beau — *fast/pleasant*

C'est un sport qui est bon pour … — *It's a sport that is good for …*
- le corps/le cœur — *the body/the heart*
- le mental/la concentration — *the mind/concentration*

… et qui demande … — *… and which requires …*
- une excellente forme physique — *excellent physical condition*
- une bonne coordination — *good coordination*
- de l'endurance — *endurance*
- de bons réflexes — *good reflexes*

Ça m'aide à décompresser. — *It helps me to relax.*
Ça me fait du bien. — *It does me good.*
Je préfère les sports individuels. — *I prefer individual sports.*
Je respire. — *I breathe.*
Je me fixe des objectifs. — *I set goals for myself.*
J'oublie mes soucis. — *I forget my worries.*

## Ma vie d'internaute

Je suis passionné(e) de …
  photographie/cinéma/musique
Il y a (deux mois), j'ai créé …
  une page Facebook
  une chaîne YouTube
  une station de radio
  un blog
Ça (ne) marche (pas) très bien.
J'ai beaucoup d'abonnés et de mentions
  « J'aime ».

## My life online

I am passionate about/a huge fan of …
  photography/cinema/music
(Two months) ago, I created …
  a Facebook page
  a YouTube channel
  a radio station
  a blog
It's (not) working very well.
I have lots of subscribers and likes.

Je vais travailler avec mon ami/ma sœur/
  mon prof …
  car il/elle est plus/moins … que moi

  arrogant(e)/créatif/-ive
  modeste/patient(e)
  optimiste/organisé(e)
  sérieux/-euse/technophobe
Nous allons créer …

I'm going to work with my friend/
  sister/teacher …
  because he/she is more/less …
    than me
  arrogant/creative
  modest/patient
  optimistic/organised
  serious/technophobic
We're going to create …

## La lecture

Quand j'avais X ans, je lisais …
J'aimais …
Avant, avec mes enfants, on lisait …
  des histoires/des romans
  des livres illustrés/classiques
  des livres pour enfants/des journaux
Maintenant, je lis …
  sur ma tablette/mon ordi
  sur Internet

## Reading

When I was X years old, I read …
I liked …
In the past, I read … with my children.
  stories/novels
  illustrated books/classics
  children's books/newspapers
Now I read …
  on my tablet/my computer
  on the internet

Maintenant/Aujourd'hui, les jeunes …
  lisent des blogs/des textos/des tweets
  passent tout leur temps sur leur
    portable
Je trouve ça génial.
Je trouve que c'est bien/mieux/un peu
  dommage.
À mon avis, Internet a tué les joies de
  la lecture.

Now/Today, young people …
  read blogs/texts/tweets
  spend all their time on their mobile

I find that great.
I find that it's good/better/a bit of
  a shame.
In my opinion, the internet has killed
  the joy of reading.

## Mes émissions préférées

Mon émission de télé préférée, c'est …
C'est (un docu-réalité) qui parle de …
Je le/la regarde …
  toutes les semaines
  tous les jours/mois
Je le/la trouve formidable/super/génial(e).
Je ne le rate/manque jamais.
Je ne le/la regarde jamais.
Je le/la trouve débile/vulgaire.
J'adore les animateurs/animatrices.

## My favourite TV programmes

My favourite TV programme is …
It's (a reality documentary) about …
I watch it …
  every week
  every day/month
I find it amazing/fantastic/great.
I never miss it.
I never watch it.
I find it idiotic/crude.
I love the presenters.

Les acteurs sont excellents/ne sont
  pas crédibles.
Le scénario n'a aucun rapport avec
  la réalité.
Je le/la regarde en version originale.
Avant, je regardais/nous regardions …
Maintenant, j'ai tendance à regarder …
  en direct sur la TNT
  en replay/streaming

The actors are excellent/not credible.

The script has no connection to reality.

I watch it in the original language.
Before, I/we used to watch …
Now, I tend to watch …
  live on terrestrial TV
  on catch-up/streamed

## Le cinéma

Je suis passionné(e) de cinéma.
J'adore …
J'admire …
Je suis fan de … depuis …
Il est le plus …
Elle est la plus …             .
  beau/belle
  intelligent(e)
  talentueux/-euse
  élégant(e)
  doué(e)
  célèbre
  chic
Chez lui/elle, il y a très peu …
  de prétention

## Cinema

I'm passionate/mad about cinema.
I love …
I admire …
I'm a fan of … since …
He is the most …
She is the most …
  good-looking, beautiful
  intelligent
  talented
  elegant
  gifted, talented
  famous
  chic
With him/her, there is very little …
  pretentiousness

  de vanité
  d'arrogance
Il/Elle est extrêmement modeste/
  sincère/humble.
J'ai vu le film … il y a un moment et
  depuis, je suis fan.
Apparemment, quand il/elle était
  jeune …
X compte parmi les acteurs les plus
  connus et les plus appréciés au
  monde.
J'adore ses films et je les recommande.

Je vais voir son prochain film très
  bientôt.

  vanity
  arrogance
He/she is extremely modest/sincere/
  humble.
I saw the film … some time ago and
  since then, I've been a fan.
Apparently, when he/she was young …

X is one of the best-known and
  most popular actors in the world.

I love his/her films and I recommend
  them.
I'm going to see his/her next film
  very soon.

## Les mots essentiels

normalement
quelquefois
souvent
tous les jours
hier soir
récemment
depuis un moment
lorsque
d'abord
ensuite
à mon avis
personnellement
car
cependant

## High-frequency words

normally, usually
sometimes
often
every day
yesterday evening
recently
for a while
when
first(ly)
next
in my opinion
personally
because, as
however

apparemment
en général
de toute manière
surtout
en ce qui concerne
autant de
de plus en plus
en dehors de
ensemble
notamment
partout
pas du tout
pour la plupart
tandis que

apparently
in general, generally
in any case
especially
with regard to
so many
more and more
outside (of)
together
notably
everywhere
not at all
mostly
while, whereas

# 3 Jours ordinaires, jours de fête

## Point de départ 1

*Talking about food and meals*

 **1** À deux. Identifiez chaque image. Attention à la prononciation!

*Exemple:* Numéro <u>trois</u>, c'est <u>du lait</u>.

 **2** Écoutez et vérifiez la prononciation. (1–18)

> **du** beurre/fromage/lait/pain/poisson/poulet/yaourt
> **de la** confiture/glace/viande
> **de l'**eau (minérale)
> **des** bananes/fraises/œufs/poires/pommes/
> pommes de terre/pêches

> **G** *The partitive article ('some', 'any')*
>
> You use the partitive article (**de** + the definite article) to say 'some':
>
> de + le → **du**  de + l' → **de l'**
> de + la → **de la**  de + les → **des**
>
> But after a negative, or with containers and quantities, just use **de/d'**:
>
> *Je ne mange pas **de** viande.*
> *un kilo **de** bananes/une bouteille **d'**eau*

**3** Trouvez la fin de chaque phrase et copiez la phrase complète.

1 D'habitude, pour le petit-déjeuner, …
2 Parfois, je prends du pain grillé avec …
3 À midi, je mange à la cantine. Mon plat préféré, …
4 Ensuite, je mange un fruit: …
5 Le soir, je dîne avec ma famille. D'abord, …
6 Ensuite, on mange souvent …
7 Ma sœur, qui est végétarienne, …
8 Comme dessert, on mange de la …

a on prend de la soupe ou des crudités.
b mousse au chocolat ou de la tarte au citron.
c je mange des céréales et je bois du café.
d du poulet avec du riz. En général, on boit de l'eau.
e c'est le steak haché avec des haricots verts.
f prend des nouilles ou des pâtes.
g une pêche, une poire ou une banane.
h de la confiture ou du miel.

**4** Préparez une courte présentation sur vos repas.

*Exemple:*

D'habitude, pour le petit-déjeuner, je prends …

À midi, normalement, je mange … mais aujourd'hui, j'ai mangé … J'ai bu…

Le soir, je dîne avec … D'abord, on … Ensuite, … Comme dessert, …

Cet après-midi, à la sortie du collège, je vais manger …

> **G** *The irregular verbs **boire** and **prendre*** **>** *Page 208*
>
> | **boire** (*to drink*) | **prendre** (*to take*)* |
> |---|---|
> | je bois | je prends |
> | tu bois | tu prends |
> | il/elle/on boit | il/elle/on prend |
> | nous buvons | nous prenons |
> | vous buvez | vous prenez |
> | ils/elles boivent | ils/elles prennent |
> | (*perfect tense*) j'ai bu | (*perfect tense*) j'ai pris |
>
> * French people often use *prendre* with food or drink, to mean 'have':
>
> *Parfois, je **prends** du pain grillé.* Sometimes, I **have** toast.

**5** écrire

**Votre cousin Maxime va vous rendre visite!
Lisez le SMS de sa mère et faites deux listes.**

Mon petit Maxime n'aime pas les fruits,
à part les fraises et les framboises. Il a
horreur des légumes, surtout des carottes
et du chou-fleur, mais de temps en temps,
il mange des petits pois. Il refuse de manger
des œufs et il est allergique au fromage et
aux champignons. En revanche, il adore le
jambon et le saucisson.

| Il faut acheter … | Il ne faut pas acheter … |
|---|---|
| des fraises, … | |

**G** Il faut…  **❯ Page 220**

You use **il faut** to say 'I/you/we need to' or 'must'.
It is normally followed by the infinitive:
**Il faut** acheter du jambon.
I/You/We need to buy some ham.

**6** écrire

**Faites une liste de provisions pour un pique-nique. Utilisez vos propres idées.**

*Exemple:* deux baguettes, un kilo de…

| | |
|---|---|
| un paquet de … | a packet of … |
| un kilo de … | a kilo of … |
| une bouteille de … | a bottle of … |
| un pot de … | a jar/pot of … |
| cinq cents grammes de … | 500 grams of … |
| quatre tranches de … | four slices of … |
| un morceau de … | a piece of … |
| un litre de … | a litre of … |
| une boîte de … | a tin/can of … |

**7** parler

**À deux. Regardez la liste de votre partenaire. Où faut-il aller pour faire les courses?
Il n'y a pas de supermarché!**

*Exemple:* Deux baguettes. Pour ça, il faut aller à la boulangerie.

| | |
|---|---|
| la boucherie | butcher's |
| la boulangerie | baker's |
| la charcuterie | deli/pork butcher's |
| la pâtisserie | cake shop |
| l'épicerie | grocer's |
| le marché | market |

⭐ Remember, *à + le = **au**:
**au** marché  at/to the market

**8** écouter

**Écoutez et complétez la conversation au marché.**

● *Bonjour. Vous désirez?*
■ *Bonjour. Avez-vous des 1* ___?
● *Ah non, je regrette. Je n'en ai plus.*
■ *Alors, je prends 2* ___ *grammes de*
   *3* ___*, s'il vous plaît.*
● *Et avec ça?*
■ *Les 4* ___ *sont mûres?*   **mûr(e)**  ripe
● *Ah oui, elles sont bien mûres.*
■ *J'en prends 5* ___*, s'il vous plaît.*
● *Voilà. C'est tout?*
■ *C'est tout, merci. Ça fait combien?*
● *Ça fait quatre euros 6* ___*.*

**1** écouter

**Écoutez et lisez. Reliez les descriptions et les images.**

**1** un polo, un short multicolore, un petit chapeau et des lunettes de soleil

**2** une robe, un manteau, un collant, une écharpe et des gants en laine

**3** un costume foncé avec une chemise blanche, une cravate en soie, des chaussures et des chaussettes de couleur vive

**4** un pull, un pantalon en coton avec une ceinture en cuir et une veste habillée

**5** une mini-jupe avec un blouson en cuir, des bottes et un petit sac à main

**6** un tee-shirt avec un sweat à capuche, un jean moulant, une casquette et des baskets de marque

| | |
|---|---|
| (en) coton/cuir/ laine/soie | *(made of) cotton/ leather/wool/silk* |
| rayé(e) | *striped* |
| à carreaux | *checked* |
| de marque | *designer* |
| habillé(e) | *smart* |

**2** lire

**Traduisez en anglais chaque description de l'exercice 1.**

**3** écouter

**Écoutez les interviews et complétez le tableau en anglais. (1–4)**

| | clothes | colours/other details (pattern, fabric, etc.) |
|---|---|---|
| 1 | | |

**G** **Adjectives of colour** **>** **Page 224**

Adjectives of colour go **after the noun**. Most follow the same patterns of agreement as other adjectives.

But remember that *blanc* is irregular:
*blanc**he*** (fem sg)
*blanc**s*** (masc pl)
*blanc**hes*** (fem pl)

*Marron* and *orange* are invariable (never change).

If you add *foncé* (dark) or *clair* (light), the adjective does not agree:
*une jupe vert foncé* (a dark green skirt)
*des gants bleu clair* (light blue gloves)

⭐ When you add **-e** or **-es** after a final **s** or **t**, you pronounce the consonant.

**4** **parler** À deux. Discutez. Qu'est-ce que vous portez normalement, le week-end?
Et pour les occasions spéciales ci-dessous?

*Exemple:*
- ● *Qu'est-ce que tu portes normalement, le week-end?*
- ■ *D'habitude, je porte un jean moulant avec …*
- ● *Qu'est-ce que tu vas mettre/tu as mis pour aller au barbecue sur la plage?*
- ■ *Je vais mettre/J'ai mis un short à carreaux et …*

> **G** The verbs porter and mettre   **> Pages 236 and 239**

|  | **porter** (to wear) | **mettre** (to put/put on) |
|---|---|---|
| present tense | *je porte* | *je mets* |
| perfect tense | *j'ai porté* | *j'ai mis* |
| near future tense | *je vais porter* | *je vais mettre* |

**le barbecue sur la plage**

**le mariage de ta cousine**

**la fête d'anniversaire de ton copain/ta copine**

**la journée *sans uniforme* au collège**

 **5** **lire** Lisez et complétez le rôle du client/de la cliente.
Choisissez des phrases à droite.

- ● *Bonjour, je peux vous aider?*
- ■ **1**
- ● *De quelle couleur?*
- ■ **2**
- ● *Vous faites quelle taille?*
- ■ **3**
- ● *Voilà. Vous voulez l'essayer?*
- ■ **4**
- ● *Elles sont là-bas, à gauche.*

  (un peu plus tard)
- ● *Il vous va bien!*
- ■ **5**
- ● *Oui, bien sûr. Voici la même chose en petit. Ça va?*
- ■ **6**

**a**  Noir ou rouge, s'il vous plaît.

**b**  Il est trop grand pour moi. Avez-vous quelque chose de plus petit?

**c**  Je voudrais un tee-shirt, s'il vous plaît.

**d**  Une taille moyenne, je crois.

**e**  Oui, ça va, merci. Je le prends.

**f**  Oui, merci. Où sont les cabines d'essayage?

 **6** **écouter** Écoutez et vérifiez.

★ When you are buying shoes, the word for 'size' is *la pointure*.

> **G** Subject and object pronouns (it, they, them)  **> Pages 206 and 230**

|  | subject | object |
|---|---|---|
| **masculine** | *Il* est trop petit. | Je *le* prends. |
| **feminine** | *Elle* est trop petit**e**. | Je *la* prends. |
| **plural** | *Ils/Elles* sont trop petit(**e**)**s**. | Je *les* prends. |

 **7** **parler** À deux. Au magasin de vêtements: faites le jeu de rôle.

**Le vendeur/La vendeuse**
- ● Ask whether you can help the customer.
- ● Ask what size he/she wants.
- ● Ask what colour he/she prefers.

- ● Say they are over there, on the right.
- ● Offer the same item in a different size.

**Le client/La cliente**
- ■ Greet the assistant and say what you would like to buy.
- ■ Say what size you want (small, medium or large).
- ■ Say what colour you prefer and ask whether they have any changing rooms.
- ■ Say it's too big/small.
- ■ Say you will take the item. ◄——— Use a direct object pronoun here. Do you need **le**, **la** or **les**?

- *Describing your daily life*
- *Using pouvoir and devoir*

**1**  **Écoutez et lisez. Mettez les photos dans le bon ordre.**

| | |
|---|---|
| **le lycée** | secondary school (from 15 years old) |
| **ASSR** | Attestation Scolaire de Sécurité Routière (school road safety certificate) |

### Ma vie quotidienne

Je m'appelle Olivia, j'ai quinze ans et je vais au lycée à Rouen. J'ai cours tous les jours sauf le dimanche.

Les jours d'école, je dois me lever tôt, à sept heures. Je prends vite mon petit-déjeuner et je quitte la maison. Je vais au lycée en scooter, parce que chez nous on peut rouler en scooter à quatorze ans, mais on doit avoir son ASSR, bien sûr!

Le soir, je fais mes devoirs, puis je mange avec ma famille. Si j'ai le temps, je regarde un peu la télé, mais d'habitude je suis trop fatiguée pour ça.

Le mercredi et le samedi après-midi, je n'ai pas cours (youpi!), alors je peux me détendre un peu. Normalement, je retrouve mes copains en ville. On traîne, on bavarde, on rigole … Ça me déstresse.

Le samedi soir, si j'ai de l'argent, je sors avec mes copains. Sinon, je dois rester chez moi et on se retrouve en ligne!

Le dimanche, c'est mon jour préféré parce que je peux rester au lit. Souvent, je fais la grasse matinée jusqu'à dix heures!

> ⭐ **Chez** can refer to someone's home, or someone's country.
> *Je reste **chez** moi.* I stay at home.
> ***Chez** nous, on parle français.* In my country, we speak French.

**2**  **Traduisez en anglais le deuxième paragraphe du texte de l'exercice 1.**

**3** **Traduisez ces phrases en français.**

1. I must do my homework.
2. She can go to school by scooter.
3. On Sundays we (*on*) can have a lie in.
4. They (*ils*) have to stay at home.
5. In the evening, you (*tu*) can watch TV.
6. On Wednesdays, we (*nous*) have to go to school.

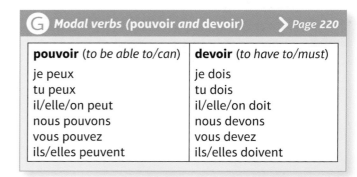

**G** *Modal verbs (pouvoir and devoir)* **> Page 220**

| **pouvoir** (*to be able to/can*) | **devoir** (*to have to/must*) |
|---|---|
| je peux | je dois |
| tu peux | tu dois |
| il/elle/on peut | il/elle/on doit |
| nous pouvons | nous devons |
| vous pouvez | vous devez |
| ils/elles peuvent | ils/elles doivent |

**4** écouter

**Écoutez Youssef, qui habite au Sénégal, en Afrique. Choisissez la bonne fin de chaque phrase.**

**1** Youssef va à l'école …
**a** tous les jours.  **b** le samedi.  **c** cinq jours par semaine.
**d** tous les jours sauf le dimanche.

**2** Youssef et sa sœur doivent aller à l'école …
**a** à pied.  **b** en bus.  **c** en scooter.  **d** en voiture.

**3** Le week-end, Youssef …
**a** reste au lit.  **b** joue avec sa sœur.  **c** fait ses devoirs.
**d** doit aider son père.

**4** S'il a le temps, il …
**a** joue au football.  **b** mange chez un copain.
**c** regarde la télé.  **d** va en ville.

⭐ Listen carefully for negatives and words like *sauf* (except) – they can change the whole meaning of a sentence!

| aider | to help |
| dans les champs | in the fields |

**5** parler

**À deux. Formulez des questions en utilisant le tableau à droite, puis posez-les à votre partenaire.**

**1** Tu as cours …
**2** Les jours d'école, …
**3** Comment …
**4** Qu'est-ce que …
**5** Quel est …

**a** tu vas au lycée?
**b** ton jour préféré et pourquoi?
**c** quels jours de la semaine?
**d** tu fais, le soir?
**e** tu dois te lever à quelle heure?

---

Ⓖ **Asking questions**  ❯ *Page 210*

The simplest way to ask questions is to turn a statement into a question, by making your voice go up at the end of the sentence:

*Tu te lèves tôt?*  Do you get up early?

You can add these words to the beginning <u>or</u> the end of the question:

| *Comment?* | How? | *À quelle heure?* | At what time? |
| *Où?* | Where? | *À quel âge?* | At what age? |
| *Quand?* | When? (day or date) | *Pourquoi?* | Why? |

*Qu'est-ce que …?* (What…? followed by a verb) and *Quel(le)(s) …?* (Which/What …? followed by a noun) can only go at the <u>beginning</u> of a question.

---

**6** écrire

**Écrivez un paragraphe sur votre vie quotidienne.**

Mention:
• which days you go to school
• what your routine is like on school-day mornings
• what you do in the evenings after school
• how your life is different at the weekend.

| J'ai cours | (cinq) jours par semaine. |
| Les jours d'école, Le week-end, | je dois me lever tôt. je prends mon petit-déjeuner. je quitte la maison. je peux rester au lit/faire la grasse matinée. |
| Le soir, | je dois faire mes devoirs. je mange avec ma famille. je regarde un peu la télé. |
| Le samedi après-midi, Le week-end, | je peux me détendre un peu. je sors avec mes copains. je reste à la maison. je dois aider ma mère/mon père. |

# 2 Regarde ce que je mange!

- Talking about food for special occasions
- Using the pronoun en

**1** lire **Lisez. Reliez les messages et les photos.**

**1** Voici notre repas de Noël! De la dinde, bien sûr (on en mange tous les ans), suivie de … devine quoi? Une bûche de Noël! C'est pareil chez toi? Tu as eu beaucoup de cadeaux? #Joyeux_Noël!

**2** Coucou! Je suis à la crêperie avec ma famille pour fêter la Chandeleur. Ça, c'est ma troisième crêpe! Dedans, il y a des bananes, du chocolat et du sucre glace. Tu en veux?????

**3** Regarde mon gâteau d'anniversaire! C'est un gâteau au chocolat avec de la crème dedans: trop bon! Ne t'en fais pas, j'en garde une tranche pour toi!

**4** Coucou! On est en train de chercher les œufs en chocolat que Papa a cachés dans le jardin. J'en ai déjà trouvé trois! #Joyeuses_Pâques!

**5** On fête le réveillon du jour de l'An à la maison! Voici notre buffet froid: assortiment de charcuterie, saumon fumé, salades composées, et comme dessert, mini-gâteaux et verrines! #Bonne_année!

**6** On appelle ça une galette des Rois! C'est ce qu'on mange ici le 6 janvier, pour la fête des Rois. Vous fêtez ça en Angleterre aussi? On met une fève dedans et si tu la trouves, tu deviens le roi ou la reine!

| | |
|---|---|
| **la fève** | token, lucky charm |
| **le roi/la reine** | king/queen |

**2** lire **Relisez les textes. Notez en français de quelle fête il s'agit dans chaque texte.**

*Exemple:* **1** Noël

**3** écouter **Écoutez Louis qui parle de Noël chez lui. Écrivez V (vrai) ou F (faux) pour chaque phrase.**

1 Sa fête préférée est Pâques, parce qu'il adore ce qu'on mange.
2 Dans sa famille, on fait un grand repas le vingt-quatre décembre.
3 Ils commencent le repas par des pâtes, suivies d'une dinde rôtie.
4 Il y a aussi des légumes, tels que des pommes de terre vapeur, des carottes, des choux de Bruxelles et des haricots verts.
5 La famille finit le repas avec une bûche au chocolat et aux poires.
6 Après, ils s'offrent des cadeaux et ils admirent le sapin de Noël que son père a décoré.

**G** **The pronoun en** 〉 *Page 230*

The pronoun *en* is often used to replace a partitive article. It can mean 'some', 'of it' or 'of them'. It goes in front of the verb.

*On mange **du** gâteau. J'**en** garde une tranche pour toi.*
We're eating cake. I'm keeping a slice (of it) for you.

*Il y a **des** champignons dedans. Tu **en** veux?*
There are mushrooms in it. Do you want some?

| | |
|---|---|
| **la veille de Noël** | Christmas Eve |
| **donner un coup de main** | to give a hand |
| **le sapin de Noël** | Christmas tree |

**4** parler **À deux. Préparez votre réponse aux questions suivantes. Puis interviewez votre partenaire.**

- Quelle est ta fête préférée et pourquoi?
- Comment est-ce que tu la fêtes et avec qui?
- Qu'est-ce que vous mangez et buvez?
- Qui prépare le repas/la nourriture?

Ma fête préférée est Noël/le 5 novembre/Hanoukka/
  Aïd-el-Fitr/Diwali … parce que j'adore …
D'habitude, je la fête en famille/chez nous/chez
  mon/ma/mes …/avec …
On fait/décore/se souhaite …
D'abord on mange/boit … suivi(e)(s) de/d' …
Dedans, il y a …
C'est mon/ma/mes … qui prépare(nt) …
Après le repas, on se donne/admire/chante/danse …

 **5** lire **Lisez le texte et répondez aux questions en anglais.**

Chez nous, le 14 juillet, c'est la fête nationale et puisque je suis en vacances, j'aime préparer un grand repas pour toute la famille. Comme c'est une fête qui a lieu en été, souvent je fais un barbecue.

Le matin, je me rends au marché afin d'acheter des légumes, des fruits et des grillades telles que des saucisses ou des biftecks. Je sers aussi une salade verte, accompagnée d'une sauce vinaigrette, c'est-à-dire de la moutarde, du vinaigre, de l'huile, du sel et du poivre. L'après-midi, je prépare une salade de fruits comme dessert. Je coupe des pommes, des fraises, des bananes et des pêches en petits morceaux. J'y ajoute également du raisin et des framboises.

Comme boisson, je sers juste de la limonade. Pour faire vraiment fête nationale, j'ajoute du colorant bleu, blanc et rouge à la limonade (ce sont les couleurs du drapeau français) dans des bouteilles séparées. Et voilà, mon repas du 14 juillet est prêt! **Najoua**

*ajouter   to add*

1 Why does Najoua have time to prepare a meal on 14th July?
2 How does the time of year affect what food she prepares on that day?
3 Name <u>two</u> types of meat she buys for the meal.
4 Which one of the following ingredients does she **not** put into her dessert:
  grapes, strawberries, raspberries, pears, peaches, apples, bananas?
5 What is special about the lemonade Najoua serves for the 14th July celebration?

 **6** écrire **Traduisez ce texte en français.**

Use **pour** or **afin de** + the infinitive.

Put a direct object pronoun in front of the infinitive. Will you use **le**, **la** or **les**?

Use the partitive article with each item of food.

In France, the second of February is *la Chandeleur*. <u>To celebrate it</u>, Najoua likes to prepare pancakes for the whole family. First of all, she goes to the supermarket in order to buy <u>eggs, milk, chocolate, bananas and strawberries</u>. Then she makes the pancakes and adds the fruit and the chocolate. Usually, she makes six <u>of them</u>. There you are, her pancakes are <u>ready</u>!

Think adjectival agreement! Pancakes are feminine and plural.

Use **en** before the verb.

# 3 On peut se tutoyer?

**1** Écoutez et lisez. Léo est invité chez sa petite copine pour la première fois. Trouvez dans le texte l'équivalent français de chaque phrase.

1 Pleased to meet you.
2 You shouldn't have!
3 Dinner's ready!
4 Enjoy your meal!
5 I must be polite.
6 You can call me *tu*.

**2** Formulez ces questions au présent. Écrivez chaque question deux fois: a) en utilisant *tu* et b) en utilisant *vous*.

*Exemple:* **1 a** Aimes-tu la musique rock?
       **b** Aimez-vous la musique rock?

1 (*Aimer*) la musique rock?
2 Depuis quand (*habiter*) ici?
3 Quel genre de livres (*lire*)?
4 D'habitude, où (*aller*) en vacances?
5 Que (*vouloir*) boire: de l'eau ou du vin rouge?
6 Que (*faire*) normalement, le samedi soir?

**3** À deux. Imaginez que vous êtes Léo et que vous posez des questions au père ou à la mère de Sarah. Utilisez vos questions de l'exercice 2. Inventez les réponses.

*Exemple:*
- *Quel genre de livres lisez-vous, monsieur/madame?*
- *Tu peux me tutoyer si tu veux. Je lis …*
- *Que fais-tu …?*

> **G** *Forming questions in the* > *Page 210* **tu** *and* **vous** *forms*

- Use **vous** with people you don't know well or with more than one person.
- Use **tu** with younger people, or when someone invites you to call them **tu**.

You can use inversion to form questions: put the verb before the subject pronoun, with a hyphen in between:

*Que **fais-tu** pendant ton temps libre?*
What do you in your spare time?

With *il/elle* questions, if the verb ends with a vowel, put **t** in between:

*A-**t**-il des tatouages?*
Does he have tattoos?

⭐ Ask the questions in any order. Start by using the **vous** form, then switch to **tu** when Sarah's father/mother invites you to do so.

**4** lire Lisez le texte et complétez les phrases en anglais avec les bons mots de l'encadré.

# L'ALIMENTATION EN FRANCE
*Selon un sondage …*

Les Français restent attachés aux trois repas traditionnels: À 8h00, treize pour cent des Français prennent leur petit-déjeuner. À 13h00, la moitié des Français prend son déjeuner. À 20h15, un tiers des Français prend son dîner.

Malgré cela, vingt-neuf pour cent des jeunes déclarent grignoter très souvent à d'autres moments. Les Français prennent souvent leurs repas devant la télévision: une personne sur dix regarde la télévision en mangeant le matin. Une personne sur quatre regarde la télévision en mangeant le soir.

Mais le repas est pour les Français un des moments les plus agréables. Les repas pris en famille sont les plus appréciés. Les personnes âgées apprécient le plus ces moments de la journée.

| **grignoter** | to snack |
|---|---|
| **en mangeant** | while eating |

1 At 1.00 p.m., _____ of French people have their lunch.
2 At 8.15 p.m., _____ of French people have their dinner.
3 29% of _____ people say they snack at other times.
4 One in _____ people watches TV while eating in the morning.
5 _____ people appreciate family meals the most.

⭐ Understanding figures in French:

| *un quart de* | a quarter of |
|---|---|
| *la moitié de* | half of |
| *un tiers de* | a third of |
| *trois quarts de* | three quarters of |
| *une personne sur (cinq)* | one person out of (five) |

Percentages: *dix **pour cent*** 10%

**5** écouter Écoutez cette interview d'un père de famille. Identifiez les <u>quatre</u> phrases qui sont vraies.

1 Du lundi au vendredi, il prend le petit déjeuner à 7h00.
2 Le week-end, il prend son petit déjeuner plus tard.
3 Il prend toujours son déjeuner à 13h00.
4 Il ne grignote jamais en dehors des repas.
5 D'habitude, dans sa famille, on ne regarde pas la télé en mangeant.
6 Ses enfants n'aiment pas manger à table mais il insiste.

**6** écrire Écrivez un paragraphe sur l'alimentation et les repas chez vous.

Include the following:
• when you have breakfast, lunch and dinner (*je prends …*)
• whether you snack at other times (*je grignote …*)
• whether you watch TV while eating any of your meals (*je … en mangeant …*)
• how often you eat together as a family and whether you like doing this (*on … en famille …*).

# 4 Félicitations!

**1** écouter **Écoutez et lisez. Trouvez la bonne photo pour chaque message.**

**1** Je suis devenu oncle! Ma sœur vient d'avoir son premier bébé. Il s'appelle William et il est adorable!

**2** Je vais fêter mes seize ans dimanche prochain! Tu veux venir à ma fête?

**3** Je suis à la mairie! Mon frère et son compagnon viennent de se pacser! Félicitations, Nathan et Hugo!

**4** Ma cousine Zohra va se marier avec son fiancé, Nassim, en juin. Je vais être témoin. Trop cool!

**5** Samedi dernier, mes grands-parents ont fêté leurs noces d'argent. Ils sont mariés depuis vingt-cinq ans!

**6** Je vais avoir une belle-mère! Mon père et sa compagne se sont fiancés hier. Il a choisi la bague tout seul! Comme c'est romantique!

a

b

c

d

e

f

| | |
|---|---|
| ***se pacser*** | *to become civil partners (Pacs = Pacte civil de solidarité)* |
| ***le témoin*** | *witness* |

**2** lire **Relisez les messages. C'est quand? Écrivez PR (présent), PA (passé) ou F (futur) pour chaque occasion spéciale.**

**3** écouter **Écoutez Gabriel et choisissez la bonne option.**

**1** Gabriel was born in …
 **a** spring. **b** summer. **c** autumn. **d** winter.

**2** On his last birthday, he was …
 **a** thirteen. **b** fourteen. **c** fifteen. **d** sixteen.

**3** His birthday celebration did not include …
 **a** food. **b** dancing. **c** presents. **d** games.

**4** Gabriel's best friend …
 **a** lives next door. **b** did not like the music. **c** could not be there. **d** is going to Tunisia.

**5** Next year, Gabriel is going to celebrate his birthday …
 **a** at home. **b** abroad. **c** with his friends. **d** in the mountains.

**6** If the weather is too hot, they will …
 **a** eat in the garden. **b** go to a restaurant. **c** go swimming. **d** buy ice creams.

**G** **venir de +** *infinitive* ❭ *Page 228*

You use the present tense of ***venir*** + ***de*** + an infinitive to say what has **just** happened:

*Je **viens de** fêter mon anniversaire.*
I've just celebrated my birthday.

*Ils **viennent de** se marier.*
They've just got married.

To see *venir* in full, refer to page 239.

| | |
|---|---|
| ***le voisin/la voisine*** | *neighbour* |
| ***supporter le bruit*** | *to put up with the noise* |

**parler** 4 **Préparez une courte présentation sur votre dernier anniversaire.**

Je suis né(e) en …
Je viens de fêter …/Il y a (trois) mois, j'ai fêté …
C'était mon quatorzième/quinzième anniversaire …
J'ai reçu beaucoup de …
J'ai invité … à un barbecue/une fête chez moi.
Je suis allé(e) au …/à la … avec …
On a mangé/écouté/dansé/joué/fait/vu …
C'était …
Pour fêter mon prochain anniversaire, je vais …

> ⭐ *Il y a* can mean 'there is/are' or 'ago':
> *Il y a six mois, j'ai fêté mon anniversaire.*
> Six months **ago**, I celebrated my birthday.
> Note that when it means 'ago', it goes <u>before</u> the number of days/years, etc.

**lire** 5 **Lisez le texte et répondez aux questions en français.**

> 🇫🇷 **Point culture**
> In France, you have to have a civil wedding ceremony, usually at *la mairie* (town hall). Some people also opt for a religious ceremony.

un croquembouche

Il y a deux ans, quand j'avais treize ans, je suis allée au mariage de mon cousin. Ça s'est passé à la mairie. Mon cousin portait un costume bleu foncé avec une chemise et une cravate blanches, tandis que la mariée était en robe traditionnelle blanche. Il y avait beaucoup d'invités: toute notre famille et les amis des mariés étaient présents.

À la fin de la cérémonie, quand les mariés sont sortis de la mairie, nous avons lancé des pétales, selon la tradition. Ensuite, tout le monde est allé dans une salle louée pour l'occasion. D'abord, on a participé au vin d'honneur. Mon frère et moi avons bu du coca, mais nos parents ont bu du champagne. On a aussi pris beaucoup de photos du couple marié.

Après le vin d'honneur, nous avons mangé. Il y avait de nombreux plats, y compris un énorme croquembouche traditionnel. C'était tellement bon que j'en ai mangé une deuxième portion! Entre les plats, il y a eu des discours et des jeux.

À la fin du repas, les mariés ont ouvert le bal par un slow et tout le monde a dansé jusqu'à tard dans la nuit. C'était une excellente soirée! **Noémie**

1 Noémie a quel âge maintenant? (*Elle a …*)
2 Le mariage était une cérémonie civile ou religieuse? (*C'était …*)
3 Pourquoi a-t-on lancé des pétales? (*Parce que c'est …*)
4 Où est-ce que le vin d'honneur s'est passé? (*Dans une …*)
5 Combien de portions de gâteau Noémie a-t-elle mangé? (*Elle en a mangé …*)
6 Qu'est-ce que les invités ont fait après le repas? (*Ils ont …*)

| | |
|---|---|
| *se passer* | to take place |
| *lancer* | to throw |
| *louer* | to hire |

 **écrire** 6 **Écrivez la description d'une fête familiale.**

Mention:
• where and when the celebration took place
• what you or other people wore
• what you and others did as part of the celebration
• your opinion of the celebration.

> ⭐ Use the perfect tense for single, completed actions in the past and the imperfect tense to say 'was/were/used to …' (see page 216). The imperfect of *il y a* is *il y avait* (there was).

# 5 C'est la fête!

- *Describing festivals and traditions*
- *Using a combination of tenses*

---

**1** lire  Lisez le texte et traduisez en anglais les mots en mauve. Utilisez un dictionnaire, si nécessaire.

## 🇫🇷 LES FÊTES EN FRANCE

### janvier

**1er janvier: le jour de l'An** (*jour férié*)

**6 janvier: la fête des Rois/l'Épiphanie**
C'est l'occasion de manger la galette des Rois!

### février

**2 février: la Chandeleur**
C'est la fête des crêpes! Bon appétit!

**14 février: la Saint-Valentin**
La fête de l'amour: les amoureux s'envoient des cartes et des fleurs.

### février/mars

**Mardi gras:** il y a plusieurs carnavals en France, dont le plus célèbre est à Nice, avec des défilés de chars fleuris et une bataille de fleurs.

### avril

**1er avril**
Attention! Les enfants vont essayer de te coller un poisson dans le dos: **Poisson d'avril!**

**Pâques**
Un jour férié: le lundi de Pâques.

### mai

**1er mai: la fête du Travail** (*jour férié*)
On s'offre du muguet en geste d'amitié.

Le dernier dimanche du mois, c'est **la fête des Mères**: on donne un cadeau à sa maman, pour la remercier.

### juin

**21 juin: la fête de la Musique**
Il y a de nombreux concerts gratuits où on peut écouter de la musique de toutes sortes.

### juillet

**14 juillet: la fête nationale** (*jour férié*)
À Paris, on célèbre l'anniversaire de la Révolution française avec un défilé militaire sur les Champs-Élysées, suivi d'un discours fait par le président de la République. La journée se termine par un immense feu d'artifice près de la tour Eiffel. Certaines villes organisent aussi un bal.

### août

Les entreprises sont parfois fermées. La circulation est souvent dense, parce que beaucoup de Français partent en vacances en même temps.

### septembre

Quel dommage! C'est la rentrée scolaire!

### octobre

Le premier samedi du mois, c'est **la Nuit blanche**. Beaucoup de musées et de galeries d'art restent ouverts toute la nuit et … c'est gratuit!

### novembre

**1er novembre: la Toussaint** (*jour férié*)
C'est le jour où on pense aux membres de sa famille et aux amis qui sont morts.

### décembre

**25 décembre: le jour de Noël** (*jour férié*)

**31 décembre: la Saint-Sylvestre**
On fête la fin de l'année. Allez, c'est presque minuit! Dix, neuf, huit, sept …

| **le muguet** | *lily of the valley* |

---

**2** lire  Relisez le texte et expliquez en anglais les fêtes suivantes:

**1** la Chandeleur    **2** Mardi gras    **3** le 1er avril    **4** le 1er mai
**5** le 14 juillet    **6** la Nuit blanche    **7** la Toussaint    **8** la Saint-Sylvestre

---

**3** écouter  Écoutez. On parle de quelle fête? (1–5)

 To refer to a <u>whole</u> day, morning, evening or year, use: *la journée, la matinée, la soirée, l'année.*

**4** À deux. Imaginez que vous parlez avec un(e) ami(e) français(e). Discutez des différences entre les fêtes en France et les fêtes dans votre pays.

*Exemple:*
- ● *Quelles fêtes françaises existent aussi chez toi?*
- ■ *La fête des Mères, ça existe chez nous et …*
- ● *Il y a des traditions qui sont différentes chez toi?*
- ■ *Oui, chez nous, à Pâques, on ne …*
- ● *Il y a des fêtes qui n'existent pas en France?*
- ■ *Oui, chez nous, le cinq novembre, c'est …*

 Giving dates:
**le premier** *(avril)* the 1st (of April)
For all other dates, just say the number:
le **deux** mai, le **quatorze** juillet, etc.

 **5** Écoutez et complétez le texte en français.

## Le Carnaval en Guadeloupe

Je m'appelle Emmanuel et j'habite en Guadeloupe, une belle île francophone aux Antilles. Ici, il y a deux mois de carnaval, du 6 janvier jusqu'à trois semaines avant **1** _____! Pendant cette période, il y a de nombreux défilés et partout, on **2** _____ et on **3** _____ dans la rue. Je trouve ça génial! La plupart des gens se déguisent avec des costumes élaborés et fantastiques qu'on commence à créer au début de l'année précédente.

D'habitude, ma famille et moi aimons regarder les **4** _____. Quand j'étais petit, je sortais souvent déguisé moi aussi (en clown ou en pirate). Mais **5** _____ que je suis plus grand, je préfère tout filmer et le mettre en ligne sur YouTube. L'année prochaine, ma petite sœur va participer au grand défilé pour la **6** _____ fois et bien sûr, toute ma famille va aller la regarder! Elle est déjà en train de préparer son déguisement, mais le thème, c'est un secret!

**7** _____ dernier, j'ai eu la chance d'aller à Paris en échange scolaire et j'ai vu le défilé militaire et les **8** _____ du 14 juillet. C'était impressionnant! J'ai pris plein de photos que j'ai partagées sur Instagram.

**se déguiser** *to wear fancy dress*

 **6** Écrivez la description d'une fête dans votre pays.

Mention:
- when the festival takes place
- what you normally do to celebrate it
- what you did to celebrate it when you were younger
- how you are going to celebrate it next time.

 Use:
- the **present tense** to say what you usually do
- the **imperfect tense** to say what you used to do
- the **near future tense** to say what you are going to do
- the **perfect tense** to refer to something that happened in the past.

Remember also to include some **opinions**.

**1**  **Read the comments on the forum. Answer the questions in English.
You do not need to write in full sentences.**

### Est-il important d'avoir une fête nationale?

**Enzo:** Pour moi, la fête nationale, c'est l'occasion de montrer que je suis fier de mon pays. Quand j'étais petit, j'habitais en Angleterre et il n'y a pas de fête nationale là-bas, je trouve ça triste.

**Samira:** Ce que j'apprécie le plus est d'avoir une journée sans cours! Un jour férié donne l'occasion d'être en famille ou entre amis. Nous ne manquons jamais les feux d'artifice sur la place de la ville.

**Caspar:** À mon avis, la fête nationale n'a plus d'importance aujourd'hui. Beaucoup de gens qui habitent en France ne sont pas nés ici. Moi-même, je viens de Pologne. Il est plus important pour moi de fêter la culture de mon pays natal.

**(a)** Who was not born in France?
**(b)** Who thinks you should show you are proud of your country?
**(c)** Who likes having a day off school?
**(d)** What does Samira say she never misses?
**(e)** What is Enzo's opinion on some countries not having a national day?

> Always read the text thoroughly. Don't jump to conclusions. For question (a), for example, more than one person talks about a country other than France!

**2**  **Read the literary extract. Nicolas describes a visit by his granny to his home.**

*Le Petit Nicolas, c'est Noël!* by Jean-Jacques Sempé and René Goscinny (abridged)

Il y avait des tas de bonbons dans le sac de mémé, des en chocolat et des en caramel. Elle est vraiment chouette, mémé. J'aime bien papa et maman, mais ils ne me donnent jamais autant de bonbons. […]

Comme c'était l'heure du dîner, papa est redescendu dans le salon. Moi, j'avais fini les bonbons, et, c'est drôle, […] j'avais la bouche toute sucrée et un peu mal au ventre.

– Le dîner est servi, a dit maman.

Nous nous sommes mis à table dans la salle à manger. Maman avait préparé un repas terrible avec des tas de hors d'œuvre et de la mayonnaise, que j'aime beaucoup. Mais là, je ne sais pas pourquoi, je n'avais plus faim. […]

– Allons, mange un petit peu pour faire plaisir à mémé, a dit mémé.
– Il ne faut pas le forcer, a dit papa. […]

Quand le dîner s'est terminé, maman m'a envoyé me coucher tout de suite, et j'ai été très malade. Très, très malade.

**Answer the questions in English.**

**(a)** What was in Nicolas's granny's bag?
**(b)** How does Nicolas feel about his granny?
**(c)** How does Nicolas feel when they sit down to dinner?
**(d)** What does Nicolas's mother do at the end of the meal?

> Always start by reading the questions. As well as telling you what information you have to find, the questions will help give you an idea what the text is about. What information about the text do these questions give you?

**3**  **Translate this passage into English.**

> Aujourd'hui, beaucoup de Français font leurs courses alimentaires sur Internet. On peut commander en ligne et choisir la livraison à la maison. Ou, si vous avez le temps, vous pouvez aller chercher les choses que vous avez déjà commandées. Cependant, certaines personnes disent qu'elles préfèrent se rendre au supermarché pour voir elles-mêmes ce qu'il y a dans les rayons.

> ⭐ Don't translate word for word – make your translation sound natural. But be careful not to miss out small, 'incidental' words like *déjà* and *elles-mêmes*.

**1**  **You hear this radio advert for a cheese centre called *Le Temple du Fromage*.**
**Listen to the recording and write the letter of the correct ending for each sentence.**

*Example: Le Temple du Fromage* is in … *C*

   **A**  the north of France.      **C**  the east of France.
   **B**  the south of France.     **D**  the west of France.

**1**  The <u>first</u> thing to visit is …
    **A**  the restaurant.
    **B**  the shop.
    **C**  the museum.
    **D**  the lake.

**2**  You can learn about cheese-making from …
    **A**  a guided tour.
    **B**  a video presentation.
    **C**  a lesson.
    **D**  a guidebook.

**3**  As well as cheese, the shop sells …
    **A**  fruit and vegetables.
    **B**  cold meats.
    **C**  fish.
    **D**  sweets and chocolate.

**4**  The restaurant has …
    **A**  a self-service buffet.
    **B**  air conditioning.
    **C**  a vegetarian menu.
    **D**  a view of the lake.

> ⭐ You may not yet have met all the vocabulary you hear, but use the context, common sense and your knowledge of French grammar to work out what any unfamiliar words mean.

**2**  **You hear this report on TV about the popularity of pancakes in France.**
**Listen to the report and answer the questions in English.**

**Part 1**
**(a)**  What shows that pancakes are very popular in France? Give <u>one</u> detail.
**(b)**  According to the report, why are pancakes popular? Give <u>two</u> details.
**(c)**  What do you learn about the ingredients of *une crêpe complète*? Give <u>two</u> details.

**Part 2**
**(a)**  Apart from *la Chandeleur*, how do the French celebrate their love of pancakes?
**(b)**  Why does this event take place in Brittany?
**(c)**  What kind of competition is mentioned?
**(d)**  What was significant about 2015?

## A – Role play

 **1** Match up the sentence halves and translate these phrases for returning an item of clothing to a shop.

> **1** Je voudrais échanger …
> **2** Il y a un trou dedans et …
> **3** Je l'ai acheté …
> **4** Avez-vous le …
> **5** Je voudrais …

> **a** hier.
> **b** une tache dessus.
> **c** un remboursement.
> **d** ce tee-shirt.
> **e** ticket de caisse?

 **2** Look at the role play card and prepare what you are going to say.

### Topic: Daily life

You are in a clothes shop in France. You want to return an item of clothing that you bought recently. The teacher will play the role of the shop assistant and will speak first.

You must address the shop assistant as *vous*.

You will talk to the teacher using the five prompts below.

- Where you see – **?** – you must ask a question.
- Where you see – **!** – you must respond to something you have not prepared.

Use the correct word for 'this'. Is the item of clothing masculine (*ce*), feminine (*cette*) or plural (*ces*)? With masculine nouns, use *cet* before a vowel or *h*.

How do you say 'the same thing in …' + a colour or size? Look back at page 55.

> **Vous êtes dans un magasin de vêtements. Vous voulez échanger un article que vous avez acheté récemment. Vous parlez avec le vendeur/la vendeuse.**
>
> **1** Échange de l'article – raison
>
> **2 !**
>
> **3** Taille
>
> **4 ?** Autre couleur
>
> **5 ?** Remboursement

 **3** With a partner, practise what you have prepared. Give each other feedback on pronunciation, intonation and accuracy.

> ⭐ • Correct intonation includes making questions sound like questions (voice rising at the end of the sentence).
> • Accuracy includes gender, adjectival agreement, verb endings and tenses.

**4** écouter Using your notes, listen and respond to what the teacher says or asks.

**5** écouter Now listen to Julie doing the role play and compare her answers with yours. Is there anything you could do differently to improve your performance?

## B – General conversation

**1** écouter Listen to Sayed introducing his chosen topic and make notes on the following:

- what subject he talks about
- which tenses he uses
- details, including the adjectives he uses and any opinions he gives.

> ⭐ When talking about a topic that involves a lot of similar vocabulary, such as food or clothes, it's important to avoid what you say sounding repetitive, or like a list. How does Sayed avoid this?

**2** écouter Next, the teacher says to Sayed: «Parle-moi de ta vie quotidienne.»

**1** With your partner, brainstorm all the things you think he might mention.
**2** Listen and note down what he says. How does he develop his answer? (See the tip, below.)
**3** Jot down in French any useful words or expressions you could use to answer the same question.

> ⭐ It's important to develop your answers. This means not just giving a basic reply, but volunteering information and adding extra details.

**3** écouter Look at the Answer booster on page 70. Listen to how Sayed answers the next question: «Comment préfères-tu fêter ton anniversaire?» Write down five examples of what he says to make his answer a good one.

**4** parler Prepare answers to the following questions. Then practise with your partner.

**1** Quels vêtements aimes-tu porter?
**2** Parle-moi de ta vie quotidienne.
**3** Comment préfères-tu fêter ton anniversaire?
**4** Décris-moi un repas type chez toi.
**5** Parle-moi d'un événement spécial que tu as fêté en famille.
**6** Quelles fêtes et traditions existent en France qui n'existent pas dans ton pays?

> ⭐ All the questions can be answered using what you have learnt in this module. Look back through the units for ideas and use the Answer booster on page 70 to maximise your performance.

| Answer booster | Aiming for a solid answer | Aiming higher | Aiming for the top |
|---|---|---|---|
| Verbs | **Different tenses:** present, perfect and near future<br>**Modal verbs:** *pouvoir, devoir* | **Different persons of the verb:** not just *je* but *il/elle/on/nous/ils/elles*<br>***Il faut* + infinitive** | **Different tenses:** perfect, present, near future **and imperfect**<br>***venir de* + infinitive:** *Je viens de …* |
| Opinions and reasons | *C'est mon/ma … préféré(e)*<br>*J'aime/J'adore …*<br>  *parce que c'est …* | **Use more variety:**<br>*À mon avis, …*<br>*Je crois que …*<br>*Je pense que …* | **Opinions in different tenses:**<br>*J'ai beaucoup/surtout aimé …*<br>*J'ai adoré …*<br>*C'était …*<br>*Ça va être* (+ adjective) |
| Connectives | *et, mais, aussi, ou, parce que, quand* | **Add variety:** *où, car, donc, alors, puisque, comme, pourtant* | **Use interesting structures:**<br>*Si … sinon, …*<br>*suivi(e)(s) de/d' …* |
| Other features | **Sequencers:** *d'abord, ensuite, puis, après, finalement*<br>**Time and frequency phrases:** *d'habitude, tous les ans, parfois, cette année, il y a deux ans* | ***chez* + emphatic pronoun:** *Chez moi/Chez nous, on …*<br>**The relative pronoun *qui*:** *… avec mes grands-parents, qui habitent à …* | **The pronoun *en*:** *J'en mange trois.*<br>*On en mange tous les ans.*<br>**Direct object pronouns:** *On le/la fête …/Je les invite …* |

## A – Extended writing task

 **1** **Look at the task. For each bullet point, make notes on:**

- whether you need to use the present, the perfect or the near future
- which verbs and other structures you could use
- how you could add detail and extra information to your answer.

### Les fêtes traditionnelles

Vous avez lu un article dans un magazine sur les fêtes en France.

Écrivez un article pour ce magazine français pour intéresser les lecteurs à une fête dans votre pays.

Vous **devez** faire référence aux points suivants:

- comment on célèbre cette fête chez vous
- ce que vous avez aimé la dernière fois que vous avez célébré cette fête
- votre opinion sur l'importance des fêtes traditionnelles
- vos projets pour une autre fête dans le futur.

Justifiez vos idées et vos opinions.

Écrivez 130–150 mots environ en français.

**2** **Read Nathan's answer on the next page. Find:**

**1** which tenses and persons of the verb he uses
**2** examples of how he expresses opinions, in different tenses
**3** examples of other grammatical structures and phrases he uses to add interest to his writing.

Je viens de fêter Pâques avec ma famille. C'est une de mes fêtes préférées! Chez nous, le dimanche de Pâques, on s'offre des œufs en chocolat, et ensuite, on mange ensemble. D'habitude, on prépare de l'agneau rôti avec des légumes, suivis d'une tarte aux fruits. Après le repas, s'il fait beau, on fait une promenade ensemble. Sinon, on joue à des jeux de société ou on regarde un bon film à la télé.

Cette année, ma mère est allée à l'église, mais comme je ne suis pas croyant, je suis resté à la maison et j'ai aidé mon père à préparer le déjeuner. C'était très bon! J'ai surtout aimé passer du temps avec mes grands-parents et j'ai adoré jouer au Scrabble, puisque j'ai gagné!

À mon avis, c'est important de célébrer les fêtes traditionnelles parce que c'est l'occasion d'être en famille et de se détendre un peu.

Cette année, je vais fêter Noël chez mon oncle et ma tante qui habitent en Écosse. Ça va être génial, surtout s'il y a de la neige!

**croyant** religious

- Remember to justify your opinions (give reasons).
- Show you can use different parts of the verb: refer to other people: il/elle/ils/elles/on …
- Check your spelling, accents and grammatical accuracy.

**3** écrire

**Now write your own answer to the question. Borrow or adapt ideas from Nathan's answer and use the Answer booster to aim as high as possible.**

## B – Translation

**1** écrire

**Read the English text and Mina's translation of it. Write down the missing word for each gap.**

Usually, my sister has to get up early, but at the weekend, she can stay in bed, then she goes out with her friends. Yesterday, she went to a restaurant where she ate chicken, followed by strawberry ice cream. She loves desserts and she often eats two of them! Next Saturday, she is going to my uncle's wedding and she is going to wear a blue dress.

D'habitude, ma sœur **1** ▢▢▢▢▢ se lever tôt, mais le week-end, elle **2** ▢▢▢▢▢ rester au lit, puis elle **3** ▢▢▢▢▢ avec ses copines. Hier, elle **4** ▢▢▢▢▢ allée au restaurant où elle a mangé **5** ▢▢▢▢▢ poulet, suivi d'une glace à la fraise. Elle adore les desserts et souvent, elle **6** ▢▢▢▢▢ mange deux! Samedi prochain, elle **7** ▢▢▢▢▢ aller au mariage de mon oncle et elle va porter une robe **8** ▢▢▢▢▢.

The exam translation will test you on different tenses:
- Make sure you know the third person (*il/elle*) verb endings, especially in the present tense.
- Remember, some verbs take *être* in the perfect tense and the past participle must agree.

You may also be tested on:
- Adjectives: masculine or feminine? Singular or plural? Does it go before or after the noun?
- The partitive article: do you need *du, de la, de l'* or *des*?
- Pronouns, such as *en*: make sure you know where they go, in different tenses.

**2** écrire

**Translate the following passage into French.**

Every evening, my brother has to do his homework, but on Saturday afternoons, he can go out with his friends. Last weekend, he went to the shopping centre, where he bought a white shirt and black trousers. Tomorrow, he is going to eat pasta at a friend's house, but he also loves pizzas and sometimes he eats two of them!

## Repas et nourriture / Meals and food

| | |
|---|---|
| Je bois/mange/prends … | I drink/eat/have … |
| du café/lait/jus d'orange | coffee/milk/orange juice |
| du pain grillé/beurre | toast/butter |
| du yaourt/miel | yogurt/honey |
| du poulet/jambon/poisson | chicken/ham/fish |
| du saucisson/fromage | sausage/cheese |
| du pain/riz | bread/rice |
| du chou-fleur/raisin | cauliflower/grapes |
| de la confiture/glace | jam/ice cream |
| de la soupe/viande | soup/meat |
| de la mousse au chocolat/tarte au citron | chocolate mousse/lemon tart |
| de l'eau (minérale) | (mineral) water |
| des fruits (m)/bananes (f) | fruit/bananas |
| des fraises (f)/pêches (f) | strawberries/peaches |
| des pommes (f)/poires (f) | apples/pears |
| des légumes (m)/petits pois (m) | vegetables/peas |
| des champignons (m)/haricots verts (m) | mushrooms/green beans |
| des carottes (f)/pommes de terre (f) | carrots/potatoes |
| des céréales (f)/pâtes (f) | cereal/pasta |
| des crudités (f)/œufs (m) | crudités/eggs |

| | |
|---|---|
| Je ne mange pas de viande. | I don't eat meat. |
| Je suis végétarien(ne). | I'm vegetarian. |
| un paquet de … | a packet of … |
| un kilo de … | a kilo of … |
| une bouteille de … | a bottle of … |
| un pot de … | a jar/pot of … |
| cinq cents grammes de … | 500 grams of … |
| quatre tranches de … | four slices of … |
| un morceau de … | a piece of … |
| un litre de … | a litre of … |
| une boîte de … | a tin/can of … |
| Il faut aller … | You need to go … |
| à la boucherie | to the butcher's |
| à la boulangerie | to the baker's |
| à la charcuterie | to the deli/pork butcher's |
| à la pâtisserie | to the cake shop |
| à l'épicerie (f) | to the grocer's |
| au marché | to the market |

## Les vêtements / Clothes

| | |
|---|---|
| D'habitude, je porte … | Usually I wear … |
| Je vais mettre … | I'm going to put on … |
| J'ai mis … | I put on … |
| un blouson | a jacket |
| un chapeau | a hat |
| un collant | tights |
| un costume | a suit |
| un jean moulant | skinny jeans |
| un manteau | a coat |
| un pantalon | trousers |
| un polo | a polo shirt |
| un pull | a sweater |
| un sac à main | a handbag |
| un short | shorts |
| un sweat à capuche | a hoody |
| un tee-shirt | a T-shirt |
| une casquette | a cap |
| une ceinture | a belt |
| une chemise | a shirt |
| une cravate | a tie |
| une écharpe | a scarf |
| une mini-jupe | a mini-skirt |
| une robe | a dress |
| une veste | a jacket |
| des baskets (f) | trainers |

| | |
|---|---|
| des bottes (f) | boots |
| des chaussettes (f) | socks |
| des chaussures (f) | shoes |
| des gants (m) | gloves |
| des lunettes de soleil (f) | sunglasses |
| blanc(he)(s) | white |
| bleu(e)(s) | blue |
| gris(e)(s) | grey |
| jaune(s) | yellow |
| kaki | khaki |
| marron | brown |
| mauve(s) | purple |
| noir(e)(s) | black |
| orange | orange |
| rose(s) | pink |
| rouge(s) | red |
| vert(e)(s) | green |
| en coton/cuir/laine/soie | (made of) cotton/leather/wool/silk |
| rayé(e) | striped |
| à carreaux | checked |
| de marque | designer |
| habillé(e) | smart |
| de couleur vive | brightly coloured |
| multicolore | multi-coloured |
| clair(e) | light |
| foncé(e) | dark |

## La vie quotidienne / Daily life

| | |
|---|---|
| J'ai cours … | I have lessons … |
| tous les jours sauf … | every day except … |
| (cinq) jours par semaine | (five) days a week |
| Je vais au lycée … | I go to school … |
| en bus/en scooter/en voiture/à pied | by bus/by moped/by car/on foot |
| Les jours d'école, … | On school days … |
| je dois me lever tôt | I have to get up early |
| je prends mon petit-déjeuner | I have my breakfast |
| je quitte la maison | I leave the house |
| Le dimanche, … | On Sundays … |
| je peux rester au lit/faire la grasse matinée | I can stay in bed/have a lie in |

| | |
|---|---|
| Le soir, … | In the evening … |
| je dois faire mes devoirs | I have to do my homework |
| je mange avec ma famille | I eat with my family |
| je regarde un peu la télé | I watch a bit of TV |
| Le mercredi/samedi après-midi, … | On Wednesday/Saturday afternoon … |
| je peux me détendre un peu | I can relax a bit |
| je reste à la maison/chez moi | I stay at home |
| Le week-end, … | At the weekend … |
| je sors avec mes copains | I go out with friends |
| je dois aider ma mère/mon père | I have to help my mum/dad |
| je vais au cinéma/au bowling | I go to the cinema/bowling alley |

## Les repas de fêtes

Ma fête préférée est …
  Noël/le 5 novembre/
  Hanoukka/Aïd el-Fitr/Divali
parce que j'adore …
D'habitude, je le/la fête …
  en famille/chez nous
  chez mon/ma/mes …/avec …
On fait/décore/se souhaite …

## *Food for special occasions*

*My favourite festival is …*
  *Christmas/5 November/*
  *Hanukkah/Eid al-Fitr/Diwali*
*because I love …*
*I usually celebrate it …*
  *with my family/at home*
  *at my …'s house/with …*
*We do/decorate/wish each other …*

D'abord, on mange/boit … suivi(e)(s) d' …
  une dinde
  une bûche de Noël
Dedans, il y a …
C'est mon/ma/mes … qui prépare(nt) …
Après le repas, on …
  s'offre (des cadeaux)
  admire (le sapin de Noël)
  chante/danse

*First we eat/drink …, followed by …*
  *turkey*
  *a Yule log*
*Inside, there is …*
*My … prepare(s) …*
*After the meal we …*
  *give each other (presents)*
  *admire the (Christmas tree)*
  *sing/dance*

## Les repas à la maison

Du lundi au vendredi, je prends
  le petit-déjeuner à … heures.
Le week-end, je prends mon
  petit-déjeuner plus tard.
Je grignote après l'école.

## *Meals at home*

*From Monday to Friday I have*
  *breakfast at …*
*At the weekend I have my breakfast*
  *later.*
*I have a snack after school.*

Je ne grignote jamais en dehors des repas.
Je regarde la télé en mangeant le soir.
Dans ma famille, on ne regarde pas la
  télé en mangeant.
On dîne en famille tous les jours.

*I never snack between meals.*
*I watch TV while eating in the evening.*
*In my family, we don't watch TV while*
  *eating.*
*We have dinner as a family every day.*

## Félicitations!

Je suis né(e) en …
Je viens de fêter …
Il y a (trois) mois, j'ai fêté …
C'était mon quatorzième/quinzième
  anniversaire …
J'ai reçu beaucoup de …
J'ai invité … à un barbecue/une fête
  chez moi.

## *Congratulations!*

*I was born in …*
*I have just celebrated …*
*(Three) months ago I celebrated …*
*It was my fourteenth/fifteenth birthday.*

*I received lots of …*
*I invited … to a barbecue/party at*
  *my house.*

Je suis allé(e) au mariage (de mon cousin)
  à la mairie avec toute ma famille.
On a mangé/écouté/dansé/
  joué/fait/vu …
C'était une excellente soirée!
Pour fêter mon prochain anniversaire,
  je vais …

*I went to (my cousin's) wedding at the*
  *town hall with all my family.*
*We ate/listened to/danced/played/*
  *did/saw …*
*It was an excellent evening!*
*To celebrate my next birthday,*
  *I'm going to …*

## Les fêtes en France

le jour férié
le jour de l'An
la fête des Rois/l'Épiphanie
la Chandeleur
la Saint-Valentin
Mardi gras
le 1er avril
Pâques
la fête du Travail

## *Festivals in France*

*public holiday*
*New Year's Day*
*Twelfth Night/Epiphany*
*Candlemas*
*St Valentine's Day*
*Shrove Tuesday*
*April Fool's Day*
*Easter*
*May Day/Labour Day*

la fête des Mères
la fête de la Musique
la fête nationale
la Nuit blanche


la Toussaint
le jour de Noël
la Saint-Sylvestre

*Mother's Day*
*music festival in France on 21 June*
*Bastille Day, 14 July*
*first Saturday of October, when*
  *many museums and art galleries*
  *stay open all night*
*All Saints' Day*
*Christmas Day*
*New Year's Eve*

## Les mots essentiels

à part
bien sûr
chez (moi)
d'habitude
de temps en temps
en revanche
ensuite
jusqu'à
parfois
sauf

## *High-frequency words*

*apart from*
*of course*
*at (my) house*
*usually*
*from time to time*
*on the other hand*
*next, then*
*until*
*sometimes*
*except*

si
sinon
tôt
vite
la moitié de
trois quarts de
un quart de
un tiers de
une personne sur (cinq)

*if*
*if not*
*early*
*quickly*
*half of*
*three quarters of*
*a quarter of*
*a third of*
*one person out of (five)*

**1** lire **Reliez les phrases. Ensuite, traduisez chaque phrase en anglais.**

*Exemple:* **1** e    I live in the countryside, in … Here, you can …

1 J'habite à la campagne, dans un petit village.
2 J'habite au bord de la mer.
3 On habite au centre-ville, alors il y a beaucoup de choses à faire.
4 Ma famille et moi habitons à la montagne.
5 J'habite dans une ville historique et touristique.

a C'est super parce qu'en hiver, on peut faire du ski, et en été, on peut faire de l'escalade.
b J'adore ça parce qu'on peut se baigner dans la mer ou se détendre sur la plage.
c Ici, on peut visiter les monuments, les musées, le château ou la cathédrale.
d On peut faire les magasins, aller au cinéma ou au théâtre.
e Ici, on peut faire des promenades à pied, à vélo ou à cheval.

---

**G** *How to say 'in'*

**J'habite …** (I live …)

**dans** *une ville/un village*
(in a town/village)
**au** *centre-ville* (in the town centre)
**en** *ville* (in town)
**à la** *campagne/montagne*
(in the countryside/mountains)
NB: **au** *bord de la mer* (at the seaside).

Feminine countries (e.g. *Angleterre, Écosse, Irlande*): use **en**.

Masculine countries (e.g *le pays de Galles*): use **au**.

Plural countries (e.g. *les États-Unis*): use **aux**.

Towns and cities (e.g. *Paris*): use **à**.

Points of the compass (e.g. *l'est*): use **dans**.

---

**2** écouter **Écoutez et écrivez les deux bonnes lettres pour chaque personne. (1–4)**

*Dans ma région, il y a …*

des vignobles

des collines

un port de pêche

des forêts

un lac

des fermes et des champs

des stations de ski

une rivière/un fleuve

**un fleuve**    *a river that flows into the sea*
**une rivière**    *a river that flows into another river*

---

**3** parler **À deux. Posez des questions et répondez-y à tour de rôle.**

● *Où habites-tu?*
■ *J'habite (dans un petit village/au bord de la mer) …*
● *Qu'est-ce qu'il y a dans ta région?*
■ *Dans ma région, il y a …*
● *Qu'est-ce qu'on peut faire?*
■ *On peut …*

⭐ Include an opinion (plus a reason) about your region, or what you can do there.

*C'est super/J'adore ça parce que …*

**4** écouter · Écoutez. Quel temps fait-il? Écrivez la (les) bonne(s) lettre(s) pour chaque dialogue. (1–6)

**a** Il fait beau.
**b** Il fait chaud.
**c** Il fait froid.
**d** Il fait mauvais.
**e** Il y a du soleil.
**f** Il y a du brouillard.

**g** Il y a du vent.
**h** Il y a un orage.
**i** Il pleut.
**j** Il neige.
**k** Il gèle.

**5** lire · Lisez. Pour chaque texte, notez ces détails en anglais:

**a** the geographical location   **b** what the climate is like   **c** the weather in different seasons

**1** J'habite à Dieppe, dans le nord-ouest de la France, près de la Manche. Ici, le climat est humide: en hiver, il pleut beaucoup et il y a souvent du vent. Quelquefois, il y a aussi du brouillard, surtout en automne.

**3** J'habite à Strasbourg, dans l'est de la France. Ici, le climat est doux et il ne fait pas trop chaud en été. Par contre, en hiver, il fait très froid et il neige souvent, ce qui est parfait pour les sports d'hiver.

**2** Moi, j'habite à Marseille, dans le sud de la France. En général, le climat est sec et il peut faire très chaud en été. Mais au printemps, il y a parfois un vent froid très fort qui s'appelle le Mistral.

le nord
le nord-ouest · le nord-est
l'ouest · l'est
le sud-ouest · le sud-est
le sud

**6** écouter · Écoutez et complétez les textes avec les bons moyens de transport de l'encadré.

Moi, j'habite en Guadeloupe, aux Antilles. Je vais au collège à **1** _____. Je n'ai pas le choix. Il n'y a pas de **2** _____!

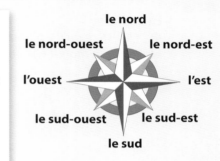

J'habite à Paris. Ici, les transports en commun sont bons, alors je peux aller au lycée en **3** _____ ou en **4** _____.

J'habite à Bordeaux, dans le sud-ouest de la France. Quand il fait beau, je vais au collège à **5** _____, mais quand il pleut, ma mère m'emmène en **6** _____.

J'habite au Maroc, en Afrique du Nord. Je prends le **7** _____ de ramassage scolaire pour aller au lycée. C'est assez rapide.

bus   train   pied   car   voiture   vélo   métro

*les Antilles*  the West Indies

**7** écrire · Dans quel pays habitez-vous? Comment est le climat? Comment allez-vous au collège et pourquoi allez-vous au collège comme ça? Écrivez un paragraphe de 100 mots.

**1** écouter **Écoutez. Qu'est-ce qu'il y a (✓) et qu'est-ce qu'il n'y a pas (✗) dans chaque ville ou village? Copiez et complétez le tableau en anglais. (1–4)**

| un/le (l') | une/la (l') | des/beaucoup de (d') |
|---|---|---|
| centre de loisirs | bibliothèque | hôtels |
| château | église | magasins |
| marché | gare (SNCF) | |
| musée | mosquée | |
| parc/jardin public | poste (un bureau | |
| stade | de poste) | |
| supermarché | | |
| théâtre | | |

| | ✓ | ✗ |
|---|---|---|
| 1 | castle, ... | |

★ Remember:
- there is a …
  *il y a un/une …*
- there are some …
  *il y a des …*
- there isn't a/there aren't any …
  *il n'y a pas de …*

**2** parler **À deux. Parlez de chaque ville en utilisant les images.**

*Exemple:*
- *Qu'est-ce qu'il y a dans ta ville?*
- *Il y a …, mais il n'y a pas de …*

**3** écouter **Écoutez et notez en anglais: a) où ils veulent aller et b) les directions. (1–4)**

*Où est le/la/l' …?*

*Où sont les …?*

*Pour aller au/à la/à l'/aux …?*

| Va/Allez | ↑ | tout droit. |
|---|---|---|
| Tourne/Tournez | ↱ | à droite. |
| | ↰ | à gauche. |
| Prends/Prenez | | la première rue à droite. |
| | | la deuxième rue à gauche. |

**G** *The imperative*

You use the imperative form to give instructions.

Take the **tu** or **vous** form of the verb in the present tense and drop the pronoun:
*Tu prends* (You take) → *Prends …* (Take …)
*Vous prenez* (You take) → *Prenez …* (Take …)

Drop the final '**s**' from **-er** verbs in the **tu** form:
*Tu vas* (You go) → *Va …* (Go …)
*Tu tournes* (You turn) → *Tourne …* (Turn …)

**4** écouter **Écoutez, lisez et regardez le plan. Trouvez l'équivalent français des phrases anglaises.**

**1**
– Excusez-moi. Où est l'arrêt de bus, s'il vous plaît?
– C'est assez loin. Descendez cette rue et traversez le pont. C'est sur votre gauche.

**3**
– Excusez-moi, madame. Est-ce qu'il y a un distributeur de billets près d'ici?
– Va tout droit jusqu'aux feux. Il y a un distributeur au coin de la rue.

**2**
– Pardon, monsieur, est-ce qu'il y a une pharmacie par ici?
– Allez jusqu'au carrefour, puis tournez à gauche. Il y en a une à côté de la cathédrale.

**4**
– Pardon, où sont les toilettes publiques, s'il te plaît?
– Elles sont tout près. Traversez la place, les toilettes publiques sont en face de la mairie.

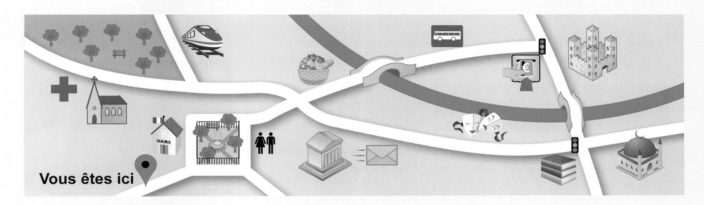

**Vous êtes ici**

1 Where is the bus stop?
2 Is there a chemist nearby?
3 Go down this road and cross the bridge.
4 Cross the square, the toilets are opposite the town hall.

5 Go to the crossroads, then turn left.
6 There's a cash machine on the corner of the street.
7 It's quite far away.
8 Go straight on as far as the lights.

**5** parler **À deux. Inventez un dialogue en utilisant le plan de l'exercice 4.**

*Exemple:*
● *Pardon. Est-ce qu'il y a un(e) …?/Pour aller au/à la/ à l' …, s'il te plaît?*
■ *Ce n'est pas loin. Va/Prends …*

| Est-ce qu'il y a un/une/des … près d'ici/par ici? | |
|---|---|
| Va/Allez Continue/Continuez | jusqu'au carrefour. jusqu'aux feux. |
| Traverse/Traversez | la place/le pont. |
| Descends/Descendez | la rue. |
| C'est | (assez) loin/tout près. sur ta/votre droite. au coin. |

**6** écrire **Vous écrivez un message pour un(e) ami(e) français(e). Traduisez ce texte en français.**

*au*, *à la*, *à l'* or *aux*?

You are writing to a friend. Which form of the imperative should you use?

Use *pour aller*.

To get to the town centre, go down the road and turn left at the lights. Go to the crossroads and go straight on. Cross the bridge and take the first road on the right. The ice rink is on the corner, opposite the museum.

What happens to *de* in front of *le*?

- *Describing a region*
- *Using the pronoun y*

**1** écouter **Écoutez et lisez. Mettez les photos dans le bon ordre.**

**Enzo** Au secours! Mes parents viennent de me dire qu'on va déménager dans l'ouest de la France, en Bretagne! Je ne veux pas y aller! Qu'est-ce que je peux faire?? 😦

**Yasmine** Ne t'en fais pas! Je connais bien la Bretagne: on y va tous les ans en vacances. Tu vas adorer! Il y a plein de belles plages et de jolis ports de pêche sur la côte.

**Thomas** Yasmine a raison. Tu peux y faire de la voile, de la planche à voile … Tu peux même apprendre à faire du ski nautique. C'est c-o-o-l!

**Chloé** À part la mer, il y a la campagne: le paysage est magnifique! Des champs, des fermes, des forêts … On peut y faire des randonnées à vélo.

**Enzo** Oui, oui, je sais, mais les sports nautiques, ce n'est pas tellement mon truc. Faire des randonnées non plus.

**Thomas** Tu aimes aller voir des matchs? Les Bretons sont fans de foot! Ils ont trois équipes en Ligue 1: le FC Lorient, le Stade Rennais et l'EA Guingamp.

**Chloé** Il y a également un festival de musique, La Route du Rock, à Saint-Malo, en août. J'y suis allée l'année dernière. C'était génial!

**Yasmine** En plus, tu connais la chanteuse Nolwenn Leroy? Elle est née en Bretagne.

**Enzo** Hmm … les plages, les matchs de foot, un festival de rock … Peut-être que la Bretagne ne va pas être si nulle que ça! 🙂

**déménager**  to move (home)
**pas tellement mon truc**  not really my thing

**2** lire **Relisez le texte et complétez la fiche en anglais.**

| Name of region: | Brittany |
|---|---|
| Location: | west of France |
| Geographical features: | |
| Outdoor activities: | |
| Most popular sport: | |
| Cultural activities: | |
| Celebrity from here: | |

**G** **The pronoun y** > *Page 230*

The pronoun *y* means 'there'. It replaces *à* + a noun.

- In the present tense, *y* goes in front of the verb:
  *On **y** va tous les ans.*  We go **there** every year.
- If the verb is followed by an infinitive, *y* goes in front of the infinitive:
  *Tu peux **y** faire de la voile.*  You can go sailing **there**.
- In the perfect tense, *y* goes in front of the part of *avoir* or *être*:
  *J'**y** suis allée l'année dernière.*  I went **there** last year.

**3** écouter **Écoutez Manon qui décrit la région de l'Alsace. Complétez la fiche de l'exercice 2 en anglais.**

**4** parler

**À deux. Imaginez que vous êtes Samir ou Alexia. Préparez une courte présentation sur votre région.**

*Exemple:*
Une région que je connais bien, c'est (l'Aquitaine), dans le ... de la France.

**Samir**

Region: *l'Aquitaine*
Lived there for 8 years.
Coast, beaches, forests, castles.
Surfing, hiking, sailing.
Garorock festival in June.

**Alexia**

Region: *la Normandie*
Goes there on holiday every year.
Countryside, fields, farms, fishing ports.
Cycling, horse-riding, historical towns.
Footballer Emmanuel Petit born here

Ma région/Une région que je connais bien, c'est ...
C'est dans le nord/sud/est/ouest/nord-est (etc.) de ...
    près de la Manche/la frontière allemande.
J'y habite depuis .../J'y vais ...
Le paysage/La côte est vraiment magnifique.
Il y a .../On peut y faire/visiter/voir ...
La région est connue pour ...
Une personne célèbre qui est née en ..., c'est ...

 **5** lire

**Lisez la page web et trouvez les <u>quatre</u> phrases en anglais qui sont vraies. Ensuite, corrigez les phrases qui sont fausses.**

PROVENCE.COM vous propose son regard sur la **Provence**

La **Provence** est une région exceptionnelle sur le plan touristique: un climat superbe, des villages de caractère, des collines, des paysages et des plages qui ont fait sa réputation dans le monde entier.

Visitez nos villes et villages au bord de la Méditerranée ou dans les Alpes. Détendez-vous dans nos célèbres stations balnéaires. Découvrez nos traditions et notre cuisine, nos sardines grillées et nos herbes de Provence! Visitez les parfumeries de Grasse, le vignoble de Bandol, les îles d'Or ou le vieux port de Marseille, les musées de Saint Paul de Vence ou les poteries de Vallauris Golfe-Juan.

À ne pas manquer en **Provence**:

• La Côte d'Azur et ses plages de renommée internationale, de Cassis à Menton, en passant par la principauté de Monaco.

• Les gorges du Verdon, un panorama exceptionnel et des activités nature pour tous: on peut y faire du canyoning, du rafting, de la baignade, du saut à l'élastique ou de simples randonnées.

1 The climate in Provence is not good.
2 The beaches have a worldwide reputation.
3 You can relax in the famous seaside resorts.
4 Grilled salmon is a regional speciality.
5 They make pottery in the town of Grasse.

6 If you want to see grapes growing, visit Bandol.
7 You can't go swimming in the Verdon gorge.
8 The Verdon gorge is a good place for bungee-jumping.

 **6** écrire

**Écrivez la description d'une région que vous connaissez bien, dans votre pays, ou ailleurs.**

Mention:
• the location of the region and why you know it
• what the geography/landscape is like

• what you can see and do there
• any famous people who come from the region.

- *Talking about your town, village or district*
- *Using negatives*

**1** *lire* **Lisez les tweets. Trouvez l'équivalent français des phrases anglaises.**

**Votre ville ou village est parfait(e) ou nul(le)? Il/Elle mérite combien d'étoiles? Dites-nous pourquoi!**

**1** ★☆☆☆☆ Mon quartier n'est jamais calme. Il y a plusieurs boîtes de nuit, qui mettent la musique trop fort. En plus du bruit, c'est sale: il y a toujours des déchets par terre. C'est déprimant.

**2** ★★★★☆ Mon village est tout petit: il n'y a qu'une seule rue et un seul magasin, donc il n'y a pas grand-chose à faire. Pour moi, c'est parfait, mais pour d'autres, c'est trop tranquille. Le dimanche, on ne voit personne dehors!

**3** ★☆☆☆☆ La ville où j'habite est complètement nulle. Plusieurs entreprises ont fermé, donc il y a peu de travail. D'ailleurs, il n'y a plus de cinéma. C'est vraiment triste.

**4** ★★☆☆☆ J'habite en banlieue et il n'y a rien pour les jeunes: il n'y a ni parc ni aire de jeux où les enfants peuvent jouer. Et il y a peu de transports en commun pour aller en ville.

**5** ★★★☆☆ J'habite en plein centre-ville et c'est très animé: il y a plusieurs cafés et quelques restaurants et aussi un centre commercial. Par contre, il y a trop de circulation et il n'y a aucune zone piétonne.

> **G** **Negatives** **〉** *Page 222*
>
> Most negative expressions are in two parts and go **around** the verb:
> *ne … rien* (nothing)
> *ne … jamais* (never)
> *ne … personne* (nobody, not anyone)
> *ne … plus* (no longer, not any more)
> *ne … que* (only)
> *ne … aucun(e)* (no, not any, not a single …)
> NB: *aucun* agrees with the noun.
> *ne … ni … ni …* (neither … nor …) is in three parts: put a noun after each *ni*.

**a** My district is never calm.
**b** There's only one street.
**c** There's not much to do.
**d** On Sundays, you don't see anyone outside.
**e** There's no longer a cinema.
**f** There's nothing for young people.
**g** There's neither a park nor a play area.
**h** There's no pedestrian precinct.

**2** *lire* **Trouvez l'équivalent anglais de ces expressions. Utilisez un dictionnaire, si nécessaire.**

**1** le bruit    **2** des déchets par terre    **3** plusieurs entreprises ont fermé
**4** en banlieue    **5** peu de transports en commun    **6** trop de circulation

**3** *écouter* **Écoutez. Écrivez P (positive), N (négative), ou PN (positive et négative) pour chaque opinion. Notez aussi la raison en anglais. (1–6)**

**4** *parler* **À deux. Regardez les images et faites la description de chaque ville.**

*Exemple:*
Dans la ville où j'habite, il y a plusieurs/quelques … mais il y a trop de … Il n'y a plus de/ni … ni …

**a**

**b**

**5**  **Reliez les phrases qui ont le même sens. Utilisez un dictionnaire, si nécessaire.**

1 Il y a beaucoup de monde.
2 Il y a tellement de bruit!
3 Il y a trop de circulation.
4 Il n'y a pas assez de magasins.
5 Il n'y a aucun parc.
6 Le bowling et le ciné ont fermé.
7 C'est sale.
8 Il y a peu de travail.

a Ce n'est pas propre.
b Il y a beaucoup de voitures.
c Il y a trop de gens.
d Il n'y a pas assez d'espaces verts.
e Il y a tellement de gens au chômage.
f Ce n'est jamais tranquille.
g Il y a peu de commerces.
h Il n'y a plus de divertissements.

**6**  **Écoutez Malik et choisissez la bonne fin de chaque phrase.**

1 Dans le quartier où Malik habite, les transports en commun …
   **a** sont bons. **b** sont mauvais.
2 Au centre-ville, il y a … **a** beaucoup de circulation. **b** peu de voitures.
3 Le samedi, en ville, … **a** il y a peu de commerces. **b** ce n'est pas propre.
4 La nuit, dans sa ville, … **a** il y a trop de bruit. **b** c'est trop tranquille.
5 Dans sa ville, il n'y a plus de … **a** cinéma. **b** bowling.

> ⭐ In tasks like this, you often have to listen for **synonyms**: words which mean the same as other words in the questions. Also remember to listen carefully for negatives, which can change the whole meaning of a sentence.

**7**  **Lisez l'opinion de Florence sur sa ville et notez en anglais: a) trois choses positives, b) trois choses négatives et c) son opinion générale sur sa ville.**

J'habite à Montréal depuis toujours. C'est une grande ville de la province du Québec, au Canada. Ce qui me plaît ici, c'est qu'en été, il y a plusieurs festivals de musique, de théâtre et de danse. Ce n'est jamais difficile de trouver quelque chose à faire! En hiver, quand il fait très froid et quand il neige, beaucoup de gens se rendent à la campagne afin de faire du ski ou de la luge. Ceux qui préfèrent regarder plutôt que participer peuvent aller voir un match de hockey (sur glace, bien sûr!), car c'est le sport officiel du Québec.

Pourtant, Montréal n'est pas une ville parfaite. Il y a trop de circulation sur les routes et les transports en commun ne sont pas suffisamment développés. De plus, il y a souvent beaucoup de vent, ce qui est désagréable. Enfin, la ville attire tellement de touristes! Ils viennent pour les grands événements culturels et parfois, on ne peut presque plus bouger, surtout dans les petites rues du vieux quartier. Mais, en général, je suis très contente de ma ville et je ne voudrais pas habiter ailleurs. **Florence**

**8**  **Écrivez un paragraphe sur ce qui est positif et négatif dans votre ville, quartier ou village.**

J'habite à … C'est un petit village/une grande ville dans …
J'habite en banlieue/dans un quartier de …
Ce qui me plaît ici, c'est qu'il y a …/En été/hiver, on peut …
Le problème, c'est qu'il y a trop de/il n'y a pas assez de …
Il n'y a plus de/Il n'y a ni … ni …/Il n'y a aucun(e) …
Je trouve ça triste/déprimant/affreux/nul/désagréable …
En général, je (ne) suis (pas) content(e) de mon village/quartier/ma ville.
Je ne voudrais pas habiter ailleurs.

- *Discussing what to see and do*
- *Asking questions using* quel/quelle/quels/quelles

**1** écouter **Écoutez. Baptiste et sa famille sont en vacances à Dinan, en Bretagne. Qui dit quoi? Écrivez B (Baptiste), P (son papa), M (sa maman) ou S (sa sœur).**

**IDÉES BALADES:**
Randonnées à pied ou à vélo, balades en bateau, ...

**IDÉES LOISIRS:**
festivités, expositions, loisirs nature et ludiques, ...

**IDÉES VISITES:**
Dinan, Léhon, châteaux et musées, ...

1 J'ai téléchargé l'appli de l'office de tourisme.

2 Je veux absolument visiter l'aquarium de Saint-Malo.

3 J'ai envie de faire une promenade en bateau sur le canal.

4 C'est moins cher de louer un bateau soi-même.

5 Il y a une exposition sur les films d'animation en 3D que je ne veux pas manquer.

6 Je tiens à monter à la Tour de l'Horloge.

7 Il y a un panorama magnifique et je veux me servir de mon nouvel appareil photo.

8 Il ne faut pas rater le spectacle son et lumière au château.

| **le requin** | shark |
|---|---|
| **la Tour de l'Horloge** | *Clock Tower* |

**2** lire **Traduisez les phrases de l'exercice 1 en anglais.**

**3** parler **À trois ou à quatre. Discutez de ce que vous voulez faire à Dinan. Utilisez les images.**

*Exemple:*
- ● *Qu'est-ce qu'on va faire à Dinan?*
- ■ *Moi, je veux absolument ... Et toi?*
- ▲ *Ça ne me dit rien. Moi, j'ai envie de ...*

| Je veux absolument<br>J'ai envie de<br>Ça m'intéresse de<br>Je tiens à<br>Je voudrais<br>J'aimerais bien | visiter/voir/faire/<br>aller/monter à ... |
|---|---|
| Je ne veux pas rater/manquer | le/la/l'/les ... |
| ☺<br><br>Bonne idée. Pourquoi pas?<br>Je veux bien faire ça aussi.<br>D'accord. Ça m'est égal. | ☹<br><br>Ça ne me dit rien.<br>Je n'en ai pas tellement envie.<br>Ça a l'air nul! |

**4** écouter

**Écoutez et lisez. On parle de quelle publicité: a, b, ou a _et_ b? (1–6)**

**a**

## Jaman V
## Promenades en bateau

### Promenade commentée

**Durée:** 1 heure environ
**Accessible aux personnes handicapées**
**Du 2 avril au 30 septembre**
Départs tous les jours sauf le lundi
• 11h   • 14h30   • 16h   • 17h30

### Tarifs

Adulte: 13€
Enfant (-12 ans): 3,50€
Gratuit enfants de -2 ans
Nos amis les chiens sont acceptés.

**b**

# La Cité des télécoms

Juillet–août: ouvert tous
les jours de 10h à 19h

### Tarifs

Adulte (à partir de 18 ans): 7,50€

Tarif reduit: 4,50€
(jeune 12–17 ans, étudiant,
demandeur d'emploi, handicapé)

Enfant (-12 ans): Gratuit

Famille (2 adultes + 2 jeunes): 19,50€

**Parking:** 200 places

**Tables** de pique-nique

**Cafétéria** en juillet-août

**Boutique**

**Interdit aux animaux**

*le dépliant*   leaflet

---

**5** lire   **Trouvez la fin de chaque question et copiez la question complète.**

1 Vous êtes ouverts quels …
2 Quels sont …
3 Les promenades durent …
4 Est-ce que les chiens …
5 Quel est le …
6 Est-ce que c'est accessible …
7 Quelles sont les options …

a les horaires d'ouverture?
b combien de temps?
c sont admis?
d pour manger?
e aux personnes handicapées?
f prix d'entrée?
g jours de la semaine?

**G** **Asking questions** 〉 *Page 210*
**using quel**

To ask 'which …?' or 'what …?',
use the adjective **quel** …?

It must agree with the subject of
the sentence.

| masc sg | *quel* |
|---------|--------|
| fem sg | *quelle* |
| masc pl | *quels* |
| fem pl | *quelles* |

 **6** parler   **À deux. Inventez un dialogue en vous inspirant des publicités de l'exercice 4. Utilisez ou adaptez les questions de l'exercice 5.**

*Exemple:*
● *Bonjour. Pouvez-vous me donner des renseignements, s'il vous plaît?*
■ *Que désirez-vous savoir, monsieur/madame?*
● *C'est combien le prix d'entrée? Nous sommes deux adultes et …*

⭐ Make your speaking sound more authentic
by using expressions like:

*Tant mieux!*  So much the better!/That's good!
*Tant pis!*  Too bad!/What a shame!
*Ce n'est pas la peine.*  It's not worth it.
*Ça ne fait rien.*  It doesn't matter./Never mind.
*Je vous en prie.*  It's a pleasure.

# 4 Il fera beau demain?

**1** écouter **Écoutez. Copiez et complétez le tableau avec les bonnes lettres. (1–4)**

| | météo | activité |
|---|---|---|
| 1 | d | |

> *Quel temps fera-t-il?*

> *Qu'est-ce qu'on fera?*

**a** Il fera beau.

**b** Il fera chaud.

**c** Il y aura du vent.

**d** Il y aura de la pluie.

**e** On ira pique-niquer dans le parc. Ce sera génial!

**f** Je resterai à la maison. Je regarderai un film.

**g** On ne fera pas de barbecue. On mangera dans un restaurant marocain.

**h** J'irai à la piscine en plein air. Tu viendras?

---

**G** **The future tense** **> Page 218**

You use the **future tense** to say 'will' or 'shall' do something.

To form this tense, use the **future stem** plus the appropriate ending.

For **-er** and **-ir** verbs, the future stem is the infinitive.

| | |
|---|---|
| *je rester**ai*** (I will stay) | *nous rester**ons*** (we will stay) |
| *tu rester**as*** (you will stay) | *vous rester**ez*** (you will stay) |
| *il/elle/on rester**a*** (he/she/we will stay) | *ils/elles rester**ont*** (they will stay) |

Some key verbs have irregular future stems, but use the same endings as above:

*aller – j'**ir**ai* (I will go)
*avoir – j'**aur**ai* (I will have)
*être – je s**er**ai* (I will be)
*faire – je f**er**ai* (I will do)
*venir – je **viendr**ai* (I will come)

---

**2** lire **Traduisez ce texte en anglais.**

Voici mes projets pour les vacances: samedi, il fera un peu froid, alors je visiterai l'aquarium. Par contre, dimanche, il y aura du soleil, donc je ferai peut-être une randonnée à la campagne. Lundi matin, selon la météo, il y aura des averses mais l'après-midi il fera beau, donc je crois que j'irai au lac. Je louerai un bateau. Ce sera génial! Malheureusement, le lendemain, le temps sera orageux et il y aura beaucoup de vent, alors je resterai chez moi et je jouerai à des jeux vidéo. Tant pis!

---

**3** parler **À deux. Parlez de la météo et de ce que vous ferez. Utilisez les idées dans les cases.**

*Exemple:*
● *Quel temps fera-t-il <u>lundi</u>?*
■ *Selon la météo, <u>il y aura du soleil</u>.*
● *Qu'est-ce que tu feras, alors?*
■ *<u>J'irai à la plage</u>. Ça t'intéresse?*
● *Oui! Ce sera <u>génial/amusant/agréable</u>.*

Monday: sun
Tuesday: rain
Wednesday: wind
Thursday: hot
Friday: cold

cinema
picnic
beach
TV
football
swimming pool

**4** écouter

**Écoutez les prévisions météo à la radio. Notez en anglais le temps qu'il fera dans chaque région sur la carte.**

| Il y aura … (*There will be …*) |
| du tonnerre (*thunder*) |
| de la grêle (*hail*) |
| de la pluie (*rain*) |
| des averses (*showers*) |
| des éclairs (*lightning*) |
| des éclaircies (*sunny intervals*) |

| Il fera … (*It will be …*) |
| chaud/froid/frais (*hot/cold/cool*) |

| Le temps sera … (*The weather will be …*) |
| brumeux (*misty*) |
| ensoleillé (*sunny*) |
| nuageux (*cloudy*) |
| orageux (*stormy*) |
| variable (*changeable*) |

| Le ciel sera … (*The sky will be …*) |
| bleu/gris/couvert (*blue/grey/overcast*) |

| Les températures seront … |
| (*The temperatures will be …*) |
| en baisse/en hausse (*going down/going up*) |

**5** écrire

**Un(e) ami(e) français(e) va venir passer une semaine chez vous. Écrivez-lui un message pour expliquer ce que vous ferez chaque jour.**

*Exemple:* Lundi, selon la météo, il fera/il y aura/le temps sera …
Alors, on ira/fera/restera … Mardi, …

**6** lire

**Lisez le texte et répondez aux questions en anglais.**

## Le changement climatique: quelles seront les conséquences en France?

**Selon les scientifiques, la température mondiale augmentera de 2 à 6°C au cours du XXIème siècle.**

En France, une des conséquences du changement climatique sera qu'on aura plus de pluie en hiver, mais moins de pluie en été. Il y aura plus de «canicules» ou vagues de chaleur. Enfin, il y aura moins de neige et les stations de ski situées à moins de 1 500 mètres d'altitude seront obligées de fermer leurs pistes.

Ailleurs dans le monde, les conséquences seront encore plus graves. Il y aura plus de tempêtes tropicales comme le cyclone Pam, un très violent ouragan qui a frappé les petites îles du Vanuatu, dans le Pacifique Sud, le 14 mars 2015. Il a causé d'énormes destructions et fait plusieurs morts.

Que ferons-nous pour arrêter le changement climatique?

| **augmenter** | *to increase* |

1 According to scientists, what will happen during the course of the 21st century?
2 How will this affect the rainfall in France? Give <u>two</u> details.
3 What other type of weather will there be more of in France?
4 What will some ski resorts have to do and why?
5 What were the effects of cyclone Pam in Vanuatu? Give <u>two</u> details.

**1** écouter **Écoutez et lisez. Dans les textes, trouvez l'équivalent français des expressions anglaises.**

Il n'y avait rien pour les jeunes dans mon village, donc mes amis et moi avons décidé de créer un foyer pour les jeunes dans un vieux bâtiment. D'abord, nous avons collecté de l'argent: nous avons vendu nos vieux jeux et jouets sur eBay et nous avons lavé des voitures. Puis nous avons acheté de la peinture, des posters, des meubles, etc. Le week-end prochain, nous irons là-bas pour ramasser les déchets, nettoyer la salle et repeindre les murs. Notre foyer sera bientôt ouvert et ce sera génial!

**Antonin**

| *la peinture* | paint |

Dans ma rue, la circulation est très dense, surtout pendant l'heure de pointe. Souvent, les conducteurs ne respectent pas la limitation de vitesse, donc c'est très dangereux. Alors j'ai lancé une pétition en ligne et j'ai obtenu presque 2 000 signatures! J'ai aussi écrit un article dans notre journal local et ... victoire! La semaine prochaine, on finira d'installer un passage piéton et un panneau indiquant que la vitesse maximum est trente km/h!

**Sonia**

| 1 | an old building | 2 | furniture | 3 | to pick up rubbish |
| 4 | the rush hour | 5 | speed limit | 6 | a pedestrian crossing |

**2** lire **Relisez les textes de l'exercice 1, puis copiez et complétez le tableau en anglais.**

| | problem | what they've done about it | what will happen next |
|---|---|---|---|
| Antonin | | | |

### Ⓖ *The present, perfect and future tenses*

Make sure you know how to form different types of verbs across key tenses:

| verb type | infinitive | present | perfect | future |
|---|---|---|---|---|
| regular **-er** | collect**er** | je collect**e** | j'ai collect**é** | je collecter**ai** |
| regular **-ir** | fin**ir** | je fin**is** | j'ai fin**i** | je finir**ai** |
| regular **-re** | vend**re** | je vend**s** | j'ai vend**u** | je vend**rai** * |
| key irregulars | aller | je **vais** | je **suis allé(e)** | j'**ir**ai |
| | avoir | j'**ai** | j'ai **eu** | j'**aur**ai |
| | être | je **suis** | j'ai **été** | je **ser**ai |
| | faire | je **fais** | j'ai **fait** | je **fer**ai |

\* In the future tense, **-re** verbs drop the final '**e**' from the infinitive before adding the future endings: *vend**re** → je vend**rai**, tu vend**ras**, il/elle/on vend**ra**,* etc.

**3** écouter **Écoutez. Que dit Kassem? Complétez les phrases en français.**

1  Dans mon quartier, il y avait ▭▭▭, mais il était en mauvais état.
2  Le week-end dernier, mes amis et moi avons ramassé ▭▭▭ et nous avons planté ▭▭▭.
3  Ensuite, j'ai ▭▭▭ que j'ai envoyées au journal local et un reporter a ▭▭▭ sur notre initiative.
4  Bientôt, je ▭▭▭ pour acheter des poubelles pour le parc.
5  Si j'obtiens assez d'argent, ▭▭▭ aussi des tables de pique-nique. Ce sera ▭▭▭!

**4** parler
Préparez une présentation sur un projet local auquel vous avez participé.
Utilisez ces idées ou vos propres idées.

 *Dans ma ville …*

 *Alors, j'ai …*

 *1 000 signatures!*

 *Victoire! Demain, on finira de construire …*

 *Le week-end prochain, mes amis et moi …*

  *Bientôt, je …*  *pour …*

**5** lire
Lisez le texte et répondez aux questions en français.

**SERVICE CIVIQUE®**
DES VALEURS, UN ENGAGEMENT

# Qu'est-ce que le Service Civique?

Si vous avez entre seize et vingt-cinq ans, vous pouvez faire votre «Service Civique». Ça consiste en une mission de volontariat de six à douze mois, en France ou à l'étranger. On peut choisir, selon ses centres d'intérêt, parmi des centaines de missions dans des domaines différents: par exemple, culture et loisirs, éducation, santé, sports, environnement … Pour certains, c'est un tremplin pour trouver un emploi. Pour d'autres, il s'agit de vouloir rendre service à la société. Voici le témoignage de Laura, dix-sept ans:

«Je ferai mon Service Civique l'année prochaine parce que j'ai envie de montrer que les jeunes peuvent améliorer la vie en communauté. Mon amie Olivia a fait son Service Civique auprès de personnes âgées dans une maison de retraite. Elle s'occupait des résidents, leur lisait le journal, discutait avec eux, etc. Elle a vraiment aimé faire ça.

Cependant, ma mission à moi sera d'être au contact d'élèves qui viennent d'un milieu défavorisé, et de leur faire découvrir les lieux culturels où ils n'ont pas l'habitude d'aller, par exemple le théâtre, les musées, la bibliothèque … J'espère que ce sera une expérience qui profitera à la communauté et qui me plaira aussi.»

**1** Quel âge faut-il avoir pour faire le Service Civique?
**2** Quelle est la durée du Service Civique?
**3** Où peut-on faire son Service Civique?
**4** Pourquoi Laura a-t-elle envie de faire ça?
**5** Quel genre de «mission» son amie Olivia a-t-elle accompli? (Donnez <u>deux</u> détails.)
**6** Que fera Laura lors de son Service Civique? (Donnez <u>deux</u> détails.)

> ⭐ Give short answers to questions 1 and 2. In questions where you need to use a verb to answer, remember that you may have to change the person of the verb from the one used in the text (e.g. questions 4 and 6).

**6** écrire
Traduisez ce texte en français.

> Use the perfect tense.

My friend Medhi <u>did</u> his civic service last year in a primary school and he really loved doing it. He <u>read</u> books to the children and <u>played</u> <u>with them</u>. Next year, he will raise money for a hospital. He will wash cars and sell cakes to his friends and <u>his family</u>. He wants to improve community life and do something useful to society.

> What pronoun do you need here? Look back at page 13.

> Use the imperfect here

> You need to repeat 'to' here.

**1** lire **Read the text. In this story, the little prince is visiting another planet.**

*Le Petit Prince* by Antoine de Saint-Exupéry

La sixième planète était une planète dix fois plus vaste. Elle était habitée par un vieux monsieur qui écrivait d'énormes livres.
– Tiens! Voilà un explorateur! s'écria-t-il, quand il aperçut le petit prince.
Le petit prince s'assit sur la table et souffla un peu. Il avait déjà tant voyagé!
– D'où viens-tu? lui dit le vieux monsieur.
– Quel est ce gros livre? dit le petit prince. Que faites-vous ici?
– Je suis géographe, dit le vieux monsieur.
– Qu'est-ce qu'un géographe?
– C'est un savant qui connaît où se trouvent les mers, les fleuves, les villes, les montagnes et les déserts.
– Ça c'est bien intéressant, dit le petit prince. Ça c'est enfin un véritable métier! Et il jeta un coup d'œil autour de lui sur la planète du géographe. Il n'avait jamais vu encore une planète aussi majestueuse.

> ⭐ There will be some verb forms in this text that you won't recognise. Many French literary texts use a tense called the simple past, or *le passé simple*. Don't panic! You do not need to understand this tense in order to answer the questions.

**Write the letter of the correct answer for each question.**

**1** What does the old man think the little prince is?
  **A** an expert  **B** an explorer  **C** a prince  **D** a geographer

**2** What does the old man ask the little prince?
  **A** Where have you just been?    **C** Where are you from?
  **B** Where do you live?         **D** What are you doing here?

**3** Which geographical feature does the old man <u>not</u> mention?
  **A** seas  **B** towns  **C** rivers  **D** villages

**4** How does the little prince feel when looking at the planet?
  **A** impressed  **B** disappointed  **C** bored  **D** worried

**2** lire **Read what teenagers say about climate change and answer the questions on the next page.**

### Le changement climatique

**Coralie** dit qu'à cause de l'augmentation des gaz à effet de serre, la température moyenne sur la Terre a augmenté de presque un degré en un siècle. Elle explique que ce changement climatique affecte la nature, les animaux et les personnes. Il y a de plus en plus de vagues de chaleur et de tempêtes. Tout ça peut abîmer ou détruire les maisons, les champs ou les routes.

**Malik** explique que puisqu'il fait plus chaud, les glaciers fondent plus vite. Or quand la glace fond, elle se transforme en eau qui coule jusqu'à la mer. Résultat: le niveau de la mer monte.

**Yanis** continue: le changement climatique perturbe les animaux. Ceux qui aiment la chaleur voyagent vers des endroits nouveaux parce qu'il y fait plus chaud, et ceux qui aiment le froid sont obligés de quitter leur habitat.

**Sophie** ajoute qu'à cause de la sécheresse (manque de pluie) ou des inondations (trop de pluie), certaines personnes n'ont pas assez à manger. En France, quand l'été est trop sec, on a moins de maïs, par exemple, ou alors les clémentines perdent de leur goût et sont moins colorées.

*le maïs*   corn

**1 What information is given in the text? Complete each sentence with the correct name: Coralie, Malik, Yanis or Sophie.**

*Example:* Coralie says that greenhouse gases have increased.

**A** ________ says that due to global warming animals have to migrate.
**B** ________ says that climate change can destroy houses, fields and roads.
**C** ________ says that due to droughts and flooding some people don't have enough to eat.
**D** ________ says that because it is hotter the ice caps are melting more quickly.

Don't worry if, for example, you don't know the French for 'ice caps'. When you read the text, you will find other words relating to water and ice that should help you make a guess.

**Answer the following questions in English.**

**2** By how much has the average temperature changed during the last hundred years?
**3** How is the harvest in France affected during a dry summer? Give one detail.

**1** écouter

**Écoute. Gabriel parle de sa ville. Complète les phrases en choisissant un mot ou des mots dans la case. Il y a des mots que tu n'utiliseras pas.**

| | | | |
|---|---|---|---|
| tranquille | au cinéma | ~~bons~~ | plages |
| propre | mauvais | bruyant | sale |
| événements sportifs | à la piscine | | |

*Exemple:* Dans la ville de Gabriel, les transports en commun sont bons.

**(a)** La ville est ________.
**(b)** Gabriel aime aller ________.
**(c)** Le soir, c'est ________.
**(d)** Les touristes viennent à sa ville pour les ________.

Before you listen, read through the sentences that you need to complete and think about which of the words from the box would make sense in the gaps. There will probably be two possible options for each sentence. Then listen carefully to decide between them. As always, be wary of negatives!

**2** écouter

**Lucie is comparing her old town with her new town. What does she talk about? Listen and write down the letters of the three correct statements.**

**A** what her old town was famous for
**B** the weather where she used to live
**C** what there was in the town where she used to live
**D** how she used to get to school
**E** what the traffic is like where she lives now
**F** her opinion on where she used to live
**G** facilities for young people where she lives now

**3** écouter

**You hear this news report and interview on French radio. Answer the following questions in English. You do not have to write full sentences.**

**(a)** When is the festival of St Vincent?
**(b)** How many people attend the festival?
**(c)** What two things are done to successfully manage the number of visitors to the town?
**(d)** What two negative things does Alex say about the festival?

## A – Role play

 **1** Look at the role play card and prepare what you are going to say.

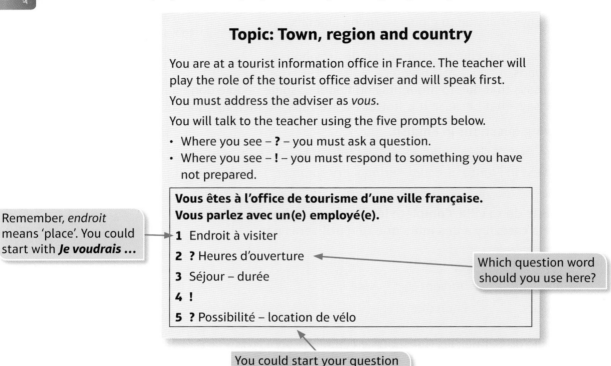

### Topic: Town, region and country

You are at a tourist information office in France. The teacher will play the role of the tourist office adviser and will speak first.

You must address the adviser as *vous*.

You will talk to the teacher using the five prompts below.

- Where you see – **?** – you must ask a question.
- Where you see – **!** – you must respond to something you have not prepared.

**Vous êtes à l'office de tourisme d'une ville française.**
**Vous parlez avec un(e) employé(e).**

**1** Endroit à visiter

**2 ?** Heures d'ouverture

**3** Séjour – durée

**4 !**

**5 ?** Possibilité – location de vélo

Remember, *endroit* means 'place'. You could start with **Je voudrais …**

Which question word should you use here?

You could start your question with **Est-ce que je …**

 **2** Compare your answers with a partner and practise what you are going to say.

- Pay attention to your pronunciation and intonation.
- Speak clearly without too much hesitation, but don't rush!

 **3** Using your notes, listen and respond to the teacher.

Listen carefully to the unprepared question (**!**) and respond appropriately. For the other bullet points, don't get distracted by what the teacher says – stick to what you have prepared!

**4** Now listen to Bill performing the role play task.

## B – General conversation

**1** Listen to Lydia introducing her chosen topic. Which <u>two</u> of these things does she <u>not</u> mention?

**A** the location of the region
**B** a famous person from this region
**C** its geographical features
**D** the most popular sport in the region
**E** the climate
**F** how often she goes there
**G** what she did last weekend
**H** what the weather was like last time she went there

**2** The teacher then asks Lydia: «Où habites-tu?» Listen to how she develops her answer. What 'hidden questions' does she also answer?

*Example:* How long have you lived there?

> ⭐ A good way of developing your answer is to think about how you can introduce different tenses. Refer to things that have happened in the past and things that are going to happen in the future as well as using the present tense. You should find 'hidden questions' in different tenses in Lydia's answer.

**3** The teacher then asks Lydia: «Comment est ta maison ou ton appartement?» Listen and look at the transcript. What do the words in bold mean?

> J'habite un grand appartement dans **un immeuble moderne**. Notre appartement est **au quatrième étage**, donc nous avons une belle vue sur **les alentours**. Ce qui me plaît, c'est que nous avons **une cuisine bien équipée** (mon père fait très bien la cuisine!) et **un grand salon confortable** avec trois **canapés**. Il n'y a pas de jardin mais nous avons **un petit balcon** où nous pouvons nous reposer ensemble en été. Cependant, ce que je n'aime pas, c'est que **je dois partager une chambre** avec ma petite sœur. Avant, quand nous habitions dans un village, nous avions une plus grande maison et **j'avais ma propre chambre**.

**4** Listen to how Lydia answers the next question: «Qu'est-ce qu'il y a à faire à Newton?» Look at the Answer booster on page 92. Write down <u>six</u> examples of what she does to give her best possible answer.

**5** Prepare answers to these questions. Then practise with your partner.

**1** Parle-moi de ta ville/ton village.
**2** Comment est ta maison ou ton appartement?
**3** Qu'est-ce qu'il y a à faire dans ta région?
**4** Qu'est-ce que tu feras ce week-end dans ta ville/ton village?
**5** Parle-moi d'une région que tu connais bien.
**6** Est-ce que tu as participé à un projet local?
**7** Que penses-tu du Service Civique?

| Answer booster | Aiming for a solid answer | Aiming higher | Aiming for the top |
|---|---|---|---|
| Verbs | **Three time frames:** present, past, future | **Different persons of the verb**<br>**The conditional of *aimer* and *vouloir*** (*j'aimerais* and *je voudrais*) | **Different tenses to talk about the past** (the perfect and imperfect tenses)<br>**The future tense** |
| Opinions and reasons | *Je pense que …*<br>*À mon avis, …*<br>*Pour moi, …*<br>  *parce que …* | **More variety:** *Je trouve que, …*<br>*Personnellement, …*<br>*Pour moi, … mais pour d'autres …*<br>**More sophisticated phrases:**<br>*Ce qui me plaît ici, c'est …* | **Comparatives:**<br>*La ville est plus belle …*<br>**Superlatives:**<br>*C'est la meilleure ville/C'est le plus beau village.* |
| Connectives | *et, mais, aussi, parce que, quand* | **More variety:** *car, où, lorsque, donc, alors* | *cependant*<br>*c'est pour ça que …* |
| Other features | **Negatives:** *ne … pas, ne … jamais, ne … rien*<br>**Qualifiers:** *très, un peu, assez, vraiment, trop, presque* | **More negatives:** *ne … personne, ne … plus, ne … aucun(e), ne … que, ne … ni … ni …*<br>**The pronoun *y*:** *J'y vais …*<br>**The relative pronoun *qui*:**<br>*Une personne célèbre qui est née en … c'est …* | **The relative pronoun *que*:**<br>*Une région que je connais bien, c'est la Bretagne.*<br>**Direct object pronouns:**<br>*Je le/la/les trouve intéressant(e)(s).*<br>**The pronoun *y*:**<br>*On peut y faire de la voile.* |

## A – Extended writing task

**Look at the task. For each bullet point, make notes on:**

- which tense(s) you will need to use (for the third bullet point, you will need to use *je voudrais* or *j'aimerais*)
- the structures and vocabulary you could use
- any details and extra information you could include to improve your answer.

### Je participe!

Un magazine français cherche des articles sur des jeunes qui participent à la transformation de leurs villes pour son site Internet.

Écrivez un article sur un projet local auquel vous participez.

Vous **devez** faire référence aux points suivants:

- pourquoi vous participez à ce projet local
- ce que vous avez déjà fait pour améliorer la situation
- ce que vous voudriez avoir dans votre ville/village
- pourquoi la participation aux projets locaux est important pour les jeunes.

Justifiez vos idées et vos opinions. Écrivez 130–150 mots environ en français.

**2**  **Read Katie's answer. What do the phrases in bold mean?**

Dans la ville où j'habite **il y avait toujours des déchets par terre** parce qu'il n'avait qu'une seule poubelle! De plus, **la ville avait l'air triste** parce qu'il n'y avait ni parc ni fleurs. **C'était déprimant**! Donc j'ai décidé de faire quelque chose.

D'abord, mes amis et moi avons collecté de l'argent. Ensuite, nous avons ramassé les déchets et nous avons installé trois nouvelles poubelles. En plus, nous avons planté des fleurs près de l'arrêt de bus. Maintenant, notre ville, c'est vraiment **une ville fleurie** et je la trouve plus belle.

Personnellement, j'aimerais bien avoir un lieu culturel dans la ville parce que le cinéma a fermé il y a un an. La semaine prochaine, j'écrirai un article pour mon journal local et **j'aimerais aussi lancer une pétition en ligne**.

Je pense que c'est important de montrer que **les jeunes peuvent rendre service à la société**. C'est une expérience qui me plaît et qui profite à la communauté. Pour d'autres, ça peut être **un tremplin pour trouver un emploi** dans le futur.

**3**  **Look at the Answer booster. Note down <u>eight</u> examples of language that Katie uses to write a really impressive answer.**

**4** **Now prepare your own answer to the question.**

- Look at the Answer booster and Katie's text for ideas.
- Organise your answer in paragraphs.
- Write your answer and then check carefully what you have written.

> ⭐ Don't be afraid to use language in new contexts (but be careful to use it accurately!). For example, Katie uses the imperfect tense to describe her town before the project: *il y avait* and *c'était*. She also uses the conditional to say what she would like to see: *j'aimerais bien voir*.

## B – Translation

**1** **Read the English text and compare it with the French translation. Correct the <u>nine</u> mistakes in the French translation.**

I live in Marseille, in the south of France. It's a big lively city by the sea. For me, there's always too much noise, which is unpleasant. But for others, it's never difficult to find something to do! A famous person who was born in Marseille is Samir Nasri. Tomorrow it will be windy so I will visit the aquarium.

J'habite à Marseille, dans le nord de la France. C'est une grande ville ennuyeuse au bord de la mer. Pour moi, il y a toujours trop de circulation, ce qui est désagréable. Mais pour moi, ce n'est jamais difficile de trouver quelque chose à voir! Une personne sympathique qui est née à Marseille, c'est Samir Nasri. La semaine prochaine, il y aura de la pluie alors je visiterai le zoo.

**2**  **Translate the following passage into French.**

I live in Metz, near the German border. What I like about here is the old quarter. You can visit the cathedral there, it's magnificent! However, my town isn't clean and there is not one park. A famous person born in Metz is Hugo Becker. This weekend it will be nice weather so I will go for a walk in the countryside.

## Où j'habite / Where I live

| | |
|---|---|
| J'habite … | I live … |
| Ma famille et moi habitons … | My family and I live … |
| On habite … | We live … |
| dans une ville historique/touristique | in an historic/touristy town |
| dans un petit village | in a small village |
| au bord de la mer | at the seaside |
| au centre-ville | in the town centre |
| à la campagne/montagne | in the countryside/mountains |
| en ville | in town |
| en Angleterre/Écosse/Irlande (du Nord)/ Afrique | in England/Scotland/(Northern) Ireland/Africa |
| au Maroc/pays de Galles | in Morocco/Wales |
| aux Antilles | in the West Indies |
| à Paris/Birmingham | in Paris/Birmingham |
| dans le nord-est du/de la/de l'/des … | in the north-east of … |
| le nord/le nord-est | north/north-east |
| l'est/le sud-est | east/south-east |
| le sud/le sud-ouest | south/south-west |
| l'ouest/le nord-ouest | west/north-west |
| Dans ma région, il y a … | In my region there is/are |
| des vignobles/stations de ski | vineyards/ski resorts |
| des collines/forêts | hills/forests |
| des fermes/champs | farms/fields |
| un port de pêche | a fishing port |
| un lac | a lake |
| C'est super parce qu'en hiver/en été, on peut (faire du ski/de l'escalade). | It's great because in winter/summer, you can (go skiing/climbing). |

## Le temps / Weather

| | |
|---|---|
| Il fait beau/mauvais. | The weather's good/bad. |
| Il fait chaud/froid. | It's hot/cold. |
| Il y a du soleil. | It's sunny. |
| Il y a du brouillard/du vent. | It's foggy/windy. |
| Il y a un orage. | There's a storm. |
| Il pleut/neige/gèle. | It's raining/snowing/icy. |
| Ici, le climat est humide/sec. | Here, the climate is wet/dry. |
| Il peut faire très chaud/froid/doux. | It can be very hot/cold/mild. |
| Il ne fait pas trop chaud/froid … | It's not too hot/cold … |
| au printemps | in spring |
| en été/automne/hiver | in summer/autumn/winter |

## Les transports / Transport

| | |
|---|---|
| Je vais/peux aller au collège … | I go/can go to school … |
| à pied/vélo | on foot/by bike |
| en train/métro/car/ voiture/bus | by train/underground/coach/ car/bus |
| Les transports en commun sont bons. | The public transport is good. |

## En ville / In town

| | |
|---|---|
| Il y a … | There is/are … |
| un château | a castle |
| un centre de loisirs | a leisure centre |
| un marché | a market |
| un musée | a museum |
| un parc/jardin public | a park |
| un stade | a stadium |
| un supermarché | a supermarket |
| un théâtre | a theatre |
| une bibliothèque | a library |
| une cathédrale | a cathedral |
| une église | a church |
| une gare (SNCF) | a (train) station |
| une mairie | a town hall |
| une mosquée | a mosque |
| une pharmacie | a chemist |
| une poste (un bureau de poste) | a post office |
| des hôtels | hotels |
| beaucoup de magasins | lots of shops |
| Il n'y a pas de … | There isn't a/aren't any … |
| Est-ce qu'il y a un/une/des … près d'ici/ par ici? | Is/Are there a/some … near here/ round here? |
| Va/Allez tout droit. | Go straight on. |
| Tourne/Tournez à droite/gauche. | Turn right/left. |
| Prends/Prenez la première/deuxième rue à droite/gauche. | Take the first/second road on the right/left. |
| Continue/Continuez jusqu'au carrefour/ jusqu'aux feux. | Continue as far as the crossroads/ traffic lights. |
| Traverse/Traversez la place/le pont. | Cross the square/bridge. |
| Descends/Descendez la rue. | Go down the road. |
| C'est … | It's … |
| (assez) loin/tout près | (quite) a long way/very close |
| sur ta/votre droite/gauche | on your right/left |
| au coin | on the corner |
| en face (du/de la/de l'/des) | opposite |
| à côté (du/de la/de l'/des) | next to |

## Ma région / My region

| | |
|---|---|
| Ma région/Une région que je connais bien, c'est … | My region/A region that I know well is … |
| C'est dans le (nord/sud) de … | It's in the (north/south) of … |
| près de la Manche/la frontière allemande/espagnole | near the English Channel/ the German/Spanish border |
| J'y habite depuis …/J'y vais … | I have lived there since …/I have been going there … |
| Le paysage/La côte est vraiment magnifique/impressionnant(e). | The landscape/coast is really wonderful/impressive. |
| On peut y faire/visiter/voir … | You can do/visit/see … there. |
| La région est connue pour … | The region is known for … |
| Une personne célèbre qui est née en …, c'est … | A famous person who was born in … is … |

## Les renseignements / Information

| | |
|---|---|
| Qu'est-ce qu'on va faire à …? | What are we going to do in …? |
| Je veux absolument (faire une promenade en bateau). | I definitely want to (go on a boat trip). |
| J'ai envie de (louer un bateau). | I feel like (hiring a boat). |
| Ça m'intéresse de voir … | I'm interested in seeing … |
| Je tiens à (visiter l'aquarium). | I'm keen on (visiting the aquarium). |
| Je voudrais aller au/à la/à l'/aux … | I would like to go to … |
| J'aimerais bien monter à la/au … | I would like to go up … |
| Je ne veux pas rater/manquer (l'exposition sur) … | I don't want to miss (the exhibition on) … |
| Bonne idée. Pourquoi pas? | Good idea. Why not? |
| Je veux bien faire ça aussi. | I want to do that too. |
| D'accord. Ça m'est égal. | OK. I don't mind. |
| Ça ne me dit rien. | I don't fancy that. |
| Je n'en ai pas tellement envie. | I don't really feel like it. |
| Ça a l'air nul! | That sounds rubbish! |

## Ville de rêve ou ville de cauchemar?

| | |
|---|---|
| J'habite à… | *I live in …* |
| C'est un petit village/une grande ville dans … | *It's a small village/big town in …* |
| J'habite dans la banlieue/un quartier de … | *I live in the suburbs/a district of …* |
| Ce qui me plaît ici, c'est qu'il y a … | *What I like is that …* |
| En été/hiver, on peut … | *In summer/winter, you can …* |
| Le problème, c'est que/qu' … | *The problem is that …* |
| il n'y a pas assez de (magasins/ espaces verts) | *there is/are not enough … (shops/ green spaces)* |
| il n'y a plus de (cinéma) | *there is/are no longer (a cinema)* |
| il n'y a ni (parc) ni (aire de jeux) | *there is neither (a park) nor (a playground)* |
| il n'y a aucun (bowling) | *there isn't a (single) (bowling alley)* |
| il n'y a aucune (zone piétonne) | *there isn't a (single) (pedestrian area)* |
| il n'y a qu'un seul (magasin) | *there is only one (shop)* |
| il n'y a qu'une seule (rue) | *there is just one (street)* |
| il n'y a rien pour les jeunes | *there is nothing for young people* |
| il n'y a pas grand-chose à faire | *there's not a lot to do* |

### Dream town or nightmare town?

| | |
|---|---|
| Il y a … | *There is/are …* |
| beaucoup de monde/de voitures | *lots of people/cars* |
| trop de circulation/de gens | *too much traffic/too many people* |
| tellement de bruit/de gens au chômage | *so much noise/so many people out of work* |
| peu de travail/de transports en commun/commerces | *not much work/public transport/ not many businesses* |
| toujours des déchets par terre | *always litter on the ground* |
| plusieurs boîtes de nuit/cafés/ restaurants | *several nightclubs/cafés/ restaurants* |
| Le bowling a fermé. | *The bowling alley has closed down.* |
| C'est sale/(trop) tranquille/très animé. | *It's dirty/(too) quiet/very lively.* |
| Ce n'est jamais tranquille. | *It's never quiet.* |
| Je trouve ça triste/déprimant/affreux/ nul/désagréable. | *I find that sad/depressing/awful/ rubbish/unpleasant.* |
| En général, je (ne) suis (pas) content(e) de mon village/quartier/ma ville. | *In general, I am (not) happy with my village/district/town.* |

## Les projets / *Plans*

| | |
|---|---|
| Qu'est-ce qu'on fera? | *What shall we do?* |
| On ira pique-niquer dans le parc. | *We'll have a picnic in the park.* |
| Ce sera génial! | *That will be great!* |
| Je resterai à la maison. | *I will stay at home.* |
| Je regarderai un film. | *I will watch a film.* |
| Je jouerai à des jeux vidéo/au football. | *I will play video games/football.* |
| On ne fera pas de barbecue. | *We won't have a barbecue.* |
| On mangera dans un restaurant. | *We will eat in a restaurant.* |

## Quel temps fera-t-il? / *What will the weather be like?*

| | |
|---|---|
| Il y aura … | *There will be …* |
| du vent | *wind* |
| du soleil | *sun* |
| du tonnerre | *thunder* |
| de la grêle | *hail* |
| de la pluie | *rain* |
| des averses | *showers* |
| des éclairs | *lightning* |
| des éclaircies | *sunny intervals* |
| Il fera … | *It will be …* |
| beau/chaud/froid/frais | *fine/hot/cold/cool* |
| Le temps sera … | *The weather will be …* |
| brumeux/ensoleillé | *misty/sunny* |
| nuageux/orageux | *cloudy/stormy* |
| variable | *changeable* |
| Le ciel sera bleu/gris/couvert. | *The sky will be blue/grey/overcast.* |
| Les températures seront en baisse/ en hausse. | *The temperatures will be going down/ going up.* |

## En pleine action! / *Taking action*

| | |
|---|---|
| J'ai/Nous avons … | *I/We have …* |
| collecté de l'argent | *collected money* |
| vendu nos vieux jeux et jouets | *sold our old games and toys* |
| lavé des voitures | *washed cars* |
| acheté (de la peinture) | *bought (paint)* |
| planté des arbres | *planted trees* |
| lancé une pétition en ligne | *launched a petition online* |
| obtenu presque 2 000 signatures | *obtained nearly 2,000 signatures* |
| écrit un article dans le journal local | *written an article in the local newspaper* |
| Le week-end prochain, nous irons là-bas pour … | *Next weekend, we will go there to …* |
| ramasser les déchets | *pick up litter* |
| nettoyer la salle | *clean the room* |
| repeindre les murs | *repaint the walls* |
| La semaine prochaine, on finira d'installer/de construire … | *Next week, we will finish installing/ building …* |
| un passage piéton | *a pedestrian crossing* |
| un panneau | *a sign* |
| une aire de jeux | *a playground* |

## Les mots essentiels / *High-frequency words*

| | |
|---|---|
| ailleurs | *elsewhere* |
| ne … aucun(e)(s) | *not any, not a single* |
| ne … jamais | *never* |
| ne … ni … ni … | *neither … nor …* |
| ne … personne | *nobody, not anyone* |
| ne … plus | *no longer, no more* |
| ne … que | *only* |
| ne … rien | *nothing* |
| non plus | *nor/either* |
| alors | *so, therefore* |
| donc | *so, therefore* |
| de plus | *what's more, moreover* |
| en plus | *also* |
| également | *equally, also* |
| d'ailleurs | *moreover, besides* |
| par contre | *on the other hand* |
| malheureusement | *unfortunately* |
| enfin | *finally* |
| plein de | *lots of* |
| tellement | *really/so* |
| le lendemain | *the next day* |
| selon | *according to* |
| plusieurs | *several* |
| quelques | *some* |
| trop (de) | *too much/many* |
| peu (de) | *little/not much* |
| assez (de) | *enough* |
| tellement (de) | *so much/many* |

# 5 Le grand large …

## Point de départ 1

● *Talking about what you normally do on holiday*

**1** parler **À deux. C'est le drapeau de quel pays? Discutez.**

la Belgique    le pays de Galles    l'Angleterre    les Pays-Bas    l'Espagne    la France    le Pakistan

l'Algérie    les États-Unis    le Japon    la Suisse    l'Allemagne    la Croatie    la Pologne    l'Autriche

*Exemple:*
- ● *Alors, le numéro 5, je pense que c'est l'Allemagne.*
- ■ *Oui, je suis d'accord. Tu as raison./Non, tu as tort.*
  *À mon avis, le numéro 5, c'est la Belgique.*

**2** écouter **Écoutez et vérifiez vos réponses. (1–8)**

**3** lire **Lisez les textes et répondez aux questions en français.**

**Envoyer**

**Léonie:** Normalement, je passe mes vacances en Italie. Je voyage en train et je fais du camping. J'adore ça! Je vais au bord de la mer avec ma famille.

**Zoé:** D'habitude, je vais à la campagne en France. Je passe mes vacances dans un petit hôtel avec mes grands-parents. C'est assez ennuyeux mais il fait toujours beau.

**Karim:** Tous les ans, je vais chez ma tante qui habite en Tunisie, à la montagne. Je voyage en avion. J'y passe tout le mois d'août. C'est génial!

**Eliott:** En juillet, je passe deux semaines en Angleterre avec mes parents et mon petit frère. Je loge dans un gîte, dans un petit village. Je voyage en ferry puis en voiture. C'est extra!

**1** Qui passe ses vacances au bord de la mer?
**2** Qui va en Grande-Bretagne?
**3** Qui reste quatre semaines en vacances?

**4** Qui aime faire du camping?
**5** Qui voyage en bateau?
**6** Qui s'ennuie en vacances?

**4** parler **À deux. Les vacances: faites le jeu de rôle.**

**a**
- ● *Où vas-tu en vacances?*
- ● *Comment voyages-tu?*
- ● *Où loges-tu?*
- ● *Avec qui vas-tu en vacances?*
- ● *C'est comment?*

**b**
- ■ *Say where you spend your holidays.*
- ■ *Say how you travel.*
- ■ *Say where you stay.*
- ■ *Say who you go with.*
- ■ *Say what you think of your holidays.*

**5** lire **Lisez les deux textes. Copiez et complétez le tableau.**

|  | reflexive verbs | English | holiday list |
|---|---|---|---|
| Jeanne | je me repose, je me lève ... | I rest, ... | swimsuit, ... |
| Thomas |  |  |  |

**G** *Reflexive verbs*  ❯ *Page 207*

Reflexive verbs include a reflexive pronoun (*me*, *te*, *se*, etc.):

*Je **me** douche.* I am having a shower.
*Tu **te** coiffes?* Are you doing your hair?
*On **se** lève?* Shall we get up?

Moi, en vacances, je me repose, c'est le plus important. Je me lève tard, je me prépare, je vais à la plage, je me baigne dans la mer, je me promène un petit peu, je rentre à l'hôtel, je m'habille, je sors au restaurant … et voilà! Du coup, j'emporte avec moi un maillot de bain, des tongs, des lunettes de soleil, de la crème solaire, mon smartphone avec mes écouteurs, et beaucoup de bouquins. **Jeanne**

Moi, je pars souvent avec mon frère faire du ski dans les Alpes. On ne s'ennuie jamais en vacances, c'est tout ce qui compte! On se lève tôt, on se couche tard, et entre temps on fait du sport toute la journée. On s'amuse et on ne s'arrête pas! Alors, moi, quand je pars en vacances, j'emporte des gants, des bottes et une veste de ski. **Thomas**

**6** écrire **Complétez la liste pour vous! Utilisez des idées de l'exercice 5 et un dictionnaire, si nécessaire.**

*C'est indispensable! Moi, quand je pars en vacances, j'emporte …*

**7** écouter **Écoutez. Écrivez la lettre de l'activité qui n'est pas mentionnée dans chaque cas. (1–2)**

**1**

| On peut | faire | une visite de Paris. |
|---|---|---|
|  |  | une balade en bateau. |
|  |  | de la planche à voile. |
|  |  | de la voile. |
|  |  | de l'escalade. |
|  |  | de l'accrobranche. |
|  |  | du karaoké. |
|  | visiter | les musées. |
|  |  | les monuments. |
|  | aller | à la pêche. |
|  |  | à la plage. |
|  | jouer | à la pétanque. |

**2**

**8** écrire **Imaginez que vous êtes une célébrité. Écrivez un texte sur vos vacances:**

Say:
- where you normally spend your holidays
- how you travel and who you go with
- what you do (use reflexive verbs)
- what you take with you
- where you stay
- what you can do there
- what you think of your holidays.

● *Talking about holidays (past, present and future)*

**1** lire **Lisez le texte et complétez les phrases en anglais.**

Coucou!

C'est mon deuxième jour ici, à Marseille, et je m'amuse beaucoup! Je suis installé à la terrasse d'un café. Hier, je suis arrivé à l'hôtel à dix heures et puis je suis parti explorer la ville. J'ai vu la basilique Notre-Dame de la Garde et j'ai visité un musée. Ce matin, je suis allé à un petit marché où j'ai acheté un joli foulard pour ma mère. Cet après-midi, je crois que je vais faire une excursion en bateau pour voir le château d'If, et puis demain, je vais prendre le train pour rentrer chez moi. J'adore Marseille! C'est ma ville préférée dans le sud de la France.

À bientôt!
Samuel

**G** *Using different time frames*

| present | perfect | near future |
|---------|---------|-------------|
| je visite | j'ai visité | je vais visiter |
| je fais | j'ai fait | je vais faire |
| je vois | j'ai vu | je vais voir |
| je prends | j'ai pris | je vais prendre |
| je vais | je suis allé(e) | je vais aller |

**1** Yesterday, Samuel … and then he …
**2** This morning, he …
**3** This afternoon, he …
**4** Tomorrow, Samuel …
**5** Marseille is …

**2** écouter **Écoutez. On parle de chaque image à quel temps?**
**Écrivez PR (présent), PA (passé) ou F (futur).**

**1**  **2**  **3**  **4**  **5**  **6**

⭐ Look and listen for time expressions as well as tenses to spot whether someone is referring to the present, past or future. For example:

**present** *tous les jours*
**past** *hier*
**future** *cet après-midi*

**3** parler **À deux. Formez chacun six phrases à partir du tableau. Ensuite, traduisez les phrases de votre partenaire en anglais.**

| Tous les ans, Normalement, Tous les étés, | j'achète je fais je vais | à la campagne. à la pêche. en colo avec mes copains. du camping. un stage de voile. un safari en Afrique. des cadeaux. une casquette pour mon frère. un tee-shirt pour ma sœur. |
|---|---|---|
| L'année dernière, Le week-end dernier, Hier, | j'ai acheté j'ai fait je suis allé(e) | |
| L'année prochaine, Le week-end prochain, Demain, | je vais acheter je vais faire je vais aller | |

**4** écrire **Copiez et complétez le texte avec les verbes au présent, au passé composé ou au futur proche.**

| Normalement, je **1** (*passer*) les vacances au bord de la mer avec ma famille. Je **2** (*aller*) à la plage et je **3** (*nager*) dans la mer. | Mais l'année dernière, je **4** (*aller*) à la montagne où j' **5** (*faire*) un stage de ski et j' **6** (*essayer*) le snowboard. C'était cool! | L'année prochaine, je **7** (*aller*) en colo. Je **8** (*partir*) avec mes copains. Je **9** (*pratiquer*) toutes sortes de sports extrêmes, comme le parapente. |
|---|---|---|

**5** parler

**À trois. Regardez la carte. Inventez une conversation au café.**

**Serveur/euse:** Bonjour monsieur/madame, vous désirez?

**Client(e) 1:** Je voudrais …  , s'il vous plaît.

**Serveur/euse:** Et comme boisson?

**Client(e) 1:** … , s'il vous plaît.

**Serveur/euse:** Et pour vous, madame/monsieur?

**Client(e) 2:** Je voudrais … , s'il vous plaît.

**Serveur/euse:** Et comme boisson?

**Client(e) 2:** … , s'il vous plaît.

Café des Sports

**Boissons:**
| | |
|---|---|
| un café | 1,60€ |
| un café-crème | 1,90€ |
| un thé (au lait/au citron) | 2,30€ |
| un jus d'orange | 2,80€ |
| une limonade | 2,30€ |
| un coca | 2,60€ |

**Casse-croûtes:**
| | |
|---|---|
| un sandwich jambon-beurre | 2,80€ |
| un croque-monsieur | 3,70€ |
| une crêpe (banane-chocolat/caramel au beurre salé) | 4,00€ |

**6** lire

**Lisez le texte. Trouvez l'équivalent français des phrases anglaises.**

**4 sept** publié par Lionel          Mes Vacances

Cette année, je suis allé en vacances en Grèce. C'était un désastre! D'abord, mon père a oublié les billets et on a presque raté l'avion. Normalement, en Grèce, il fait très chaud, mais il a plu tout le temps. Ma mère a dit que l'année prochaine, elle emportera son parapluie. Le seul jour où il n'y avait pas de pluie, mon frère a pris un coup de soleil. Finalement, le dernier soir, on est allés manger dans un restaurant mais la viande n'était pas fraîche et ma sœur a vomi toute la nuit.

L'année prochaine, je partirai en Espagne avec mes copains. Ce sera plus amusant!

**Lionel**

**1** My dad forgot the tickets.
**2** We nearly missed the plane.
**3** It rained all the time.
**4** My brother got sunburnt.
**5** My sister vomited.

 **7** lire

**Relisez le texte de l'exercice 6. Écrivez V (vrai) ou F (faux) pour chaque phrase. Corrigez les phrases qui sont fausses.**

**1** Lionel est allé en Grèce.
**2** Son père a perdu les billets.
**3** Il y a eu du soleil tout le temps.
**4** L'année prochaine, sa mère emportera un grand tube de crème solaire.
**5** Un jour, sa sœur est restée trop longtemps au soleil.
**6** Au restaurant, la viande était mauvaise.
**7** L'année prochaine, Lionel partira en vacances avec ses amis.

**G** **Talking about the future** > *Page 218*

To talk about your future plans, you can use either the near future (*aller* + an infinitive) or the future tense (e.g. *je mangerai, je voyagerai, j'irai*).

**8** écrire

**Vous avez passé de bonnes vacances? Écrivez un paragraphe de 100 mots.**

• Say where you went and what you did.
• Say how you normally spend your holidays.
• Say what you are going to do this year.

# 1 Des vacances de rêve

- Talking about an ideal holiday
- Using the conditional

**1** écouter **Écoutez. Copiez et complétez le tableau en anglais. (1–4)**

*Comment seraient tes vacances idéales?*

 **Lily**

 **Sabah**

 **Titouan**

 **Nuno**

| | lodging | companions | activities | anything else? | impression |
|---|---|---|---|---|---|
| 1 Lily | | | | | |

Je logerais …
   dans une chambre d'hôte.
   dans un gîte à la campagne.
   dans un hôtel 4 étoiles.
   dans une auberge de jeunesse.
   dans une caravane.
   dans une tente, sur une île déserte.
   sur un bateau.

Je voyagerais …
   avec mes copains/copines.
   avec ma famille.
   avec mes parents.
   avec mes grands-parents.
   avec mon lycée.
   avec une organisation.
   seul/seule.

Je regarderais le coucher du soleil.
Je nagerais avec les poissons tropicaux.
Je ferais des randonnées.
Je ferais du canoë-kayak.
Je me reposerais.
Je m'amuserais avec mes copains/copines.
Je mangerais bien.

Il y aurait …
   une salle de jeux.
   un café qui serait ouvert toute
     la nuit.
   des feux d'artifice tous les soirs.
   des visites guidées.
   des spectacles son et lumière.
Il n'y aurait aucun bruit!
Il n'y aurait pas beaucoup d'adultes!

Ce serait …
   pittoresque.
   tranquille.
   reposant.
   passionnant.
   merveilleux.
   luxueux.
   formidable.

## **G** The conditional                    > Page 219

You use the conditional to say 'would'.
*Je regarderais …*    I would watch …
Take the future stem and add the **imperfect endings**:

| | |
|---|---|
| je regarder**ais** | nous regarder**ions** |
| tu regarder**ais** | vous regarder**iez** |
| il/elle/on regarder**ait** | ils/elles regarder**aient** |

Some verbs, including *vouloir, faire, avoir* and *être*,
have irregular stems:

| | |
|---|---|
| je voudrais | I would like |
| je ferais | I would do |
| il y aurait | there would be |
| ce serait | it would be |

**2** parler **À quatre. Inventez des vacances de rêve. Écoutez attentivement! Il ne faut rien répéter.**

● *Bon, je vais inventer des vacances de rêve …*

**3** écrire **Écrivez un paragraphe sur vos vacances de rêve:**

Say:
- where you would stay
- who you would travel with
- what you would do
- what it would be like.

 Make your answers sound authentic.

Use these phrases:
*Moi, je …*
*De préférence, je …*
*En plus, …*
*Je trouve que ce serait …*

**4** écouter **Écoutez et lisez. Écrivez les numéros des <u>cinq</u> phrases qui sont vraies.**

**Thibault:** Mathilde, parle-moi de tes vacances de rêve. Où logerais-tu si tu avais le choix?

**Mathilde:** Voyons … Je crois que je logerais dans une simple caravane, à la montagne. Peut-être dans le Parc naturel des volcans d'Auvergne, près de Volvic. J'adore cet endroit! Les paysages sont à couper le souffle.

**Thibault:** Avec qui voyagerais-tu?

**Mathilde:** Je voyagerais avec mon copain ou bien seule, s'il était occupé.

**Thibault:** Qu'est-ce que tu y ferais?

**Mathilde:** Eh bien, je me reposerais! Je ferais des randonnées et peut-être aussi du canoë-kayak.

Je profiterais du silence et je lirais aussi. Je ne regarderais mon portable qu'une fois par jour.

**Thibault:** Il y aurait autre chose?

**Mathilde:** Je vais plutôt te dire ce qu'il n'y aurait pas! Il n'y aurait pas beaucoup de monde, et il n'y aurait ni visites guidées ni spectacles. J'ai horreur de ça.

**Thibault:** Ce serait comment?

**Mathilde:** Ce serait calme, tout simplement parfait! Ce ne serait pas très luxueux mais ça ne me dérangerait pas. Je voudrais à tout prix passer des vacances comme ça.

**1** Ideally, Mathilde would stay in a caravan.
**2** She would travel with her boyfriend or maybe on her own.
**3** She would listen to the radio and watch TV.
**4** She would not read.
**5** She would do some outdoor activities.
**6** She would go on guided tours and see shows.
**7** She would check her phone only once a day.
**8** She is looking for peace and tranquility.

**5** lire **Relisez l'interview. Traduisez les cinq questions de Thibault en anglais.**

*Exemple:* Où logerais-tu si tu avais le choix? – If you had the choice, where would you stay?

**6** parler **À deux. Préparez des interviews en utilisant les questions de l'exercice 4.**

● *Parle-moi de tes vacances de rêve. Où logerais-tu si tu avais le choix?*
■ *Je logerais dans une tente, sur une île déserte …*

**a**

**b**

**7** écrire **Traduisez ce texte en français.**

Use the imperfect here.

Check the ending for the *nous* form in the grammar box.

If I had the choice, I would travel with my friends. We would stay in a 4-star hotel by the sea. It would be very luxurious. There would be a games room; I love to play! We would swim in the pool and we would eat well. There would be a cafe that would be open all night! There would be no adults!

Get this right!

Will you use *qui* or *que*?

Use *de/d'* after the negative.

- *Booking and reviewing hotels*
- *Using reflexive verbs in the perfect tense*

**1** lire **Lisez les avis et répondez aux questions.**

*Exemple:* **1** Éric K

## Écureuil curieux

### Nos coups de cœur sur la côte Vermeille ♥

**Chambres d'hôte Chez Mémé**
★★★★

J'ai adoré mon séjour chez Mémé. La chambre était un peu démodée, mais il y avait la climatisation et le prix était correct. Et le repas du soir ... miam-miam! On s'est régalés! Je le recommande.

*Monica, Maroc*

**Hôtel Sables d'Or**
★★★★

Cet hôtel était charmant et bien situé. Je l'ai choisi pour sa proximité de la plage, et je me suis baigné tous les jours pendant mon séjour. Il y avait un très bon rapport qualité–prix. La salle de bains était petite mais la douche était super. La vue était digne d'une carte postale! C'est un petit coin de paradis.

*Chouchou, Reims*

**Résidence Napoléon**
★★★★★

Nous avons opté pour une formule demi-pension et nous n'avons pas été déçus. Nous nous sommes bien reposés. Le grand lit était extrêmement confortable. En plus, le service était impeccable et le Wi-Fi fonctionnait très bien! Les propriétaires se sont bien occupés de nous, et nous avons passé un super séjour. À recommander!

*Mimi35, Arcachon*

**Villa Régina**
★★★★★

J'ai passé une semaine entière dans cet hôtel et ça s'est très bien passé. Le petit-déjeuner était offert. Il y avait un parking tout près et un micro-ondes dans la chambre. C'était propre et très pratique. Super et pas cher!

*Éric K, Strasbourg*

Who ...
1  spent a week in the hotel?
2  found their room a little old-fashioned?
3  loved the food?
4  thought the service was good?
5  chose the hotel because it was near the beach?
6  chose half-board?
7  liked the view?
8  had a microwave?

**G** **Reflexive verbs in the perfect tense** **> Page 214**

All reflexive verbs use *être* as the auxiliary verb.
The past participle must agree with the subject.

| | |
|---|---|
| *je me suis reposé(e)* | *nous nous sommes reposé(e)(s)* |
| *tu t'es reposé(e)* | *vous vous êtes reposé(e)(s)* |
| *il/elle/on s'est reposé(e)* | *ils/elles se sont reposé(e)(s)* |

**2** écrire **Écrivez la description d'un séjour dans un hôtel ou dans une chambre d'hôte.**

**3** écouter **Écoutez l'annonce et choisissez la bonne fin de chaque phrase.**

1  Le village de vacances «Espace Liberté» se trouve ...
   **a** en montagne. **b** sur la côte. **c** en pleine campagne.
2  La demi-pension comprend ... **a** le petit-déjeuner.
   **b** le dîner. **c** le petit-déjeuner et le dîner.
3  On peut suivre des cours ... **a** d'équitation. **b** de tennis.
   **c** de danse.
4  Le prix par adulte en demi-pension pour un séjour de huit jours est de ... **a** 277 euros. **b** 287 euros. **c** 297 euros.

Nous avons passé X jours dans cet hôtel/cette chambre d'hôte. Ça s'est très bien passé.
C'était charmant/propre/bien situé.
Le service était impeccable.
Le Wi-Fi fonctionnait très bien.
Le petit-déjeuner était offert.
Il y avait un très bon rapport qualité prix/un parking tout près/un micro-ondes dans la chambre.
Nous y avons passé un super séjour.
Nous nous sommes bien reposé(e)s.

**4** lire **Lisez ce dialogue. Copiez et complétez le tableau en anglais.**

| room? (details) | nights? | payment? | breakfast? |
|---|---|---|---|
|  |  |  |  |

**Client:** Avez-vous une chambre de libre, s'il vous plaît?
**Employé:** Quelle sorte de chambre voulez-vous?
**Client:** Une chambre pour une personne avec salle de bains et un lit simple.
**Employé:** Pour combien de nuits, monsieur?
**Client:** Pour une nuit.
**Employé:** Oui, nous avons une chambre. Vous voulez payer comment?
**Client:** Avec ma carte bancaire.
**Employé:** Très bien. Veuillez saisir votre code. Avez-vous une pièce d'identité?
**Client:** Certainement. La voilà.
**Employé:** Merci, monsieur. Donc, chambre 215 au deuxième étage, avec une belle vue sur la mer. Le petit-déjeuner est servi entre 8h et 10h au restaurant.
**Client:** Parfait. Je vous remercie.
**Employé:** Passez un excellent séjour!

**5** écouter **Écoutez. Écrivez les <u>quatre</u> bonnes lettres pour chaque conversation. (1–4)**

**au rez-de-chaussée** — on the ground floor
**au premier/deuxième étage** — on the first/second floor

**6** parler **À deux. Adaptez le dialogue de l'exercice 4 en utilisant ces détails.**

**1**

**2**
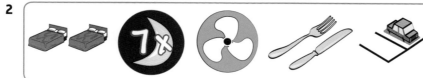

**7** parler **Regardez la photo. À deux, préparez des réponses aux questions.**

- Aimeriez-vous loger dans cet hôtel?
- Avez-vous déjà logé dans un hôtel?
- Parlez un peu de votre séjour.

⭐ The last bullet point is an open-ended invitation to show off what you can do. Don't panic – always go from what you know. You are in charge!

# 3 Bon appétit!

● *Ordering in a restaurant*
● *Using* **en** *+ the present participle*

**1** **Écoutez et lisez. Dans le dialogue, trouvez l'équivalent français des phrases anglaises.**

| | |
|---|---|
| **Serveur:** | Bonjour messieurs-dames, vous préférez une table en terrasse ou une table à l'intérieur? |
| **Client:** | <u>À l'intérieur</u>, s'il vous plaît. |
| **Serveur:** | Très bien. Voici la carte. J'attire votre attention sur le plat du jour. C'est <u>un filet de loup de mer, avec des pommes de terre sautées</u>. |
| | … |
| **Serveur:** | Vous avez fait votre choix? |
| **Cliente:** | Oui, pour commencer, je vais prendre <u>l'assiette de crudités</u> et ensuite je voudrais le plat du jour, <u>le loup de mer</u>. |
| **Serveur:** | Très bien, madame. Et pour vous, monsieur? |
| **Client:** | Je vais prendre <u>le menu à 30 euros</u> avec <u>les escargots</u> en entrée et comme plat principal, <u>le rôti de veau</u>. |
| **Serveur:** | Et comme boisson? |
| **Cliente:** | Nous voudrions <u>une bouteille d'eau gazeuse</u>. |
| | … |
| **Serveur:** | Voici, messieurs-dames. Bon appétit! |
| | … |
| **Serveur:** | Un petit dessert? |
| **Client:** | Pas de dessert pour moi. |
| **Cliente:** | Qu'est-ce que vous avez, comme desserts? |
| **Serveur:** | Je peux vous proposer <u>une tarte aux pommes, des sorbets, un roulé au chocolat</u> … |
| **Cliente:** | Je vais prendre <u>la tarte aux pommes</u>. |
| | … |
| **Serveur:** | Il vous faut autre chose? |
| **Cliente:** | Non, merci. Tout était délicieux. On peut avoir l'addition, s'il vous plaît? |

**le loup de mer** *sea bass*

**1** Have you made your choice?
**2** I am going to have the 30-euro set menu.
**3** What would you like to drink?
**4** What desserts do you have?
**5** Do you need anything else?
**6** Can we have the bill, please?

⭐ You use the formal **vous** form with someone who is older than you or someone you don't know. In a restaurant situation, you will use this form.

**2** **À trois. Utilisez le dialogue de l'exercice 1 comme modèle. Choisissez pour vous en changeant les éléments <u>soulignés</u>.**

⭐ Make sure you know what you're ordering! Check any dishes you aren't sure of on page 119.

## Menu à 25 euros

### Entrées

Soupe à la tomate
Brochettes de crevettes
Tarte à l'oignon

### Plat du jour

Poulet basquaise au piment d'Espelette

### Plats principaux

Épaule d'agneau et ses légumes
Cuisse de canard et gratin dauphinois
Lasagnes végétariennes

### Desserts

Crème brûlée
Mousse au chocolat
Tarte au citron

**3** écouter **Écoutez et choisissez la bonne fin de chaque phrase.**

1   Les clients veulent une table … **a** en terrasse. **b** à l'intérieur. **c** près de la fenêtre.
2   Le père demande … **a** une bouteille d'Orangina. **b** une bouteille de soda. **c** une bouteille de vin.
3   La fille demande … **a** plus de pain. **b** un plat végétarien. **c** une limonade.
4   Le garçon n'a pas de … **a** couteau. **b** fourchette. **c** verre.
5   La mère cherche … **a** les toilettes. **b** sa serviette. **c** son sac à main.

**4** lire **Lisez les avis. Copiez et complétez le tableau en anglais.**

Cuisine française traditionnelle dans un beau cadre. Les prix n'étaient pas excessifs et l'accueil était très chaleureux. Nous avons demandé une table à côté de la fenêtre pour profiter de la vue, et cela n'a posé aucun problème. L'ambiance était vraiment agréable. En partant, nous avons laissé un pourboire pour la serveuse, qui était très attentionnée. À recommander! J'y retournerai avec plaisir. **Yann Q**

Service attentionné? Service franchement médiocre, à mon avis. En arrivant, il n'y avait personne pour nous accueillir et nous avons dû attendre plus de cinq minutes. Puis en mangeant, j'ai trouvé un cheveu dans mon plat. Beurk! En plus, l'atmosphère était super bruyante: des enfants hurlaient partout. Finalement, en regardant l'addition, nous avons eu un choc, qu'est-ce que c'était cher. Je n'y retournerai jamais! **Catherine R**

|  | price | service (details) | atmosphere |
|---|---|---|---|
| Yann Q |  |  |  |
| Catherine R |  |  |  |

**G En + *the present participle***  **＞** *Page 234*

Use ***en*** plus the present participle to say 'on' or 'while' doing something.

To form the present participle, take the *nous* form of the present tense.
Take off the ***-ons*** and add ***-ant***.

nous arriv**ons** → en arriv**ant**     on arriving
nous part**ons** → en part**ant**     on leaving
nous mange**ons** → en mange**ant**     while eating

**5** parler **À deux. Lisez l'article et préparez une réponse aux questions.**

- Aimerais-tu manger dans un restaurant vietnamien?
- Que choisirais-tu?
- As-tu déjà mangé dans un restaurant étranger?
- C'était comment?

## TROIS SPÉCIALITÉS VIETNAMIENNES

**Le Pho:** la célèbre soupe vietnamienne. Dégustez-la avec des morceaux de bœuf, de poulet ou avec des fruits de mer.

**Le Mien Xao:** vermicelles cuits une première fois et puis sautés au wok.
Le Mien Xao s'accompagne de différentes viandes ou de légumes.

**Les nems:** rouleaux frits qui contiennent du poulet, du porc, des crevettes, du bœuf ou des légumes.

**6** écrire **Écrivez votre avis sur un restaurant où vous avez mangé pour un forum en ligne.**

- Say when you went to the restaurant.
- Say what the atmosphere was like.
- Say what the service was like.
- Say what you ate.
- Give an opinion.
- Say whether you would go back to the restaurant.

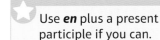 Use ***en*** plus a present participle if you can.

**1** *lire* **Lisez et trouvez la bonne fin de chaque phrase.**

1 Avant de prendre le train, …

2 Avant de prendre le métro, …

3 Avant d'aller sur l'autoroute, …

4 Avant de démarrer sa voiture, …

5 Avant de visiter un autre pays, …

6 Avant de monter dans l'avion, …

a il faut montrer son passeport.

b il faut passer par le péage.

c il faut attacher sa ceinture.

d il faut trouver le bon quai.

e il faut acheter un carnet de tickets.

f il faut enregistrer ses bagages.

**2** *écouter* **Écoutez et vérifiez vos réponses. (1–6)**

**3** *lire* **Lisez les avis puis copiez et complétez le tableau en anglais.**

> **G** avant de + *the infinitive*                          **>** *Page 234*
>
> Use **avant de** plus an infinitive to say 'before doing something'.
>
> *Avant de prendre le métro, …*    Before taking the metro, …

Si j'avais le choix, je voyagerais toujours en avion car c'est rapide et confortable et on arrive plus vite! Ce n'est pas du tout fatigant. J'aime beaucoup.  **Zia**

Si j'avais le choix, je voyagerais toujours en montgolfière. C'est une aventure et on est libre. J'adore! Ce serait génial de se déplacer partout en montgolfière!  **Camille**

Si j'avais le choix, je voyagerais toujours en bateau car c'est pratique et c'est la classe! Il y a beaucoup de place, ce n'est pas du tout ennuyeux, et, en plus, on vous sert les repas!  **Amandine**

Moi, si j'avais le choix, j'irais toujours à vélo. C'est moins cher, c'est plus propre et donc c'est mieux pour notre planète. C'est beaucoup plus vert que tous les autres moyens de transport. Y'a pas photo!  **Noé**

|  | preferred means of transport | reasons |
|---|---|---|
| Zia | plane | quick, … |
|  |  |  |

> ⭐ Use this structure to impress:
>
> **si** + imperfect tense + conditional
>
> *Si j'avais le choix, je voyagerais …*
> If I had the choice, I would travel …

**4** *écrire* **Écrivez une phrase de 20 mots pour donner votre avis sur les moyens de transport.**

| Si j'avais le choix, pour aller | en | Inde Russie Chine | je voyagerais | en car en train en avion | car | c'est | rapide/confortable/pratique. une aventure/la classe. bon pour l'environnement. |
|---|---|---|---|---|---|---|---|
|  | au | Sénégal Brésil |  | à moto |  | ce n'est pas | ennuyeux/fatigant/cher. |

**5** écouter **Écoutez et lisez le quiz. Pour chaque question, notez la réponse de Maëlys et de Sasha puis notez leurs raisons en anglais.**

| | Maëlys | Sasha |
|---|---|---|
| 1 | a – she likes trains and they're more ecological | b – he … |

1 Si tu avais le choix, pour aller en Autriche, tu voyagerais plutôt …
  **a** en train?   **b** en avion?
2 Si tu avais le choix, pour aller en Turquie, tu voyagerais plutôt …
  **a** à velo?   **b** en voiture?
3 Si tu avais le choix, pour aller en Suisse, tu voyagerais plutôt …
  **a** à mobylette?   **b** en taxi?
4 Si tu avais le choix, pour aller au Danemark, tu voyagerais plutôt …
  **a** en car?   **b** à moto?

Danemark

Suisse   Autriche

Turquie

**6** parler **À deux, faites le quiz. Donnez des raisons pour vos choix.**

*Exemple:* Si j'avais le choix, pour aller en …, je voyagerais plutôt … car/parce que …

**7** écouter **Écoutez ce témoignage d'un contrôleur à la retraite. Complétez le texte avec les mots de l'encadré.**

Dans le passé, avant de prendre le train, il fallait aller au **1** ▓▓▓▓▓ pour acheter un ticket. Maintenant, on peut l'acheter en ligne. Il y a même des machines à **2** ▓▓▓▓▓ où on peut acheter un billet. Il n'est plus nécessaire de parler avec un être humain.

En plus, dans le passé, les voyageurs venaient au guichet et demandaient **3** ▓▓▓▓▓ ou un aller-retour, une place en première classe ou une place **4** ▓▓▓▓▓. Ils se renseignaient aussi sur **5** ▓▓▓▓▓ des trains. Ils mangeaient au buffet. Ils attendaient dans **6** ▓▓▓▓▓.

Maintenant, tout le monde est pressé. Chacun regarde son téléphone pour se renseigner. Les gens comme moi, on n'en aura bientôt plus besoin. C'est dommage …

la gare   les horaires   la salle d'attente   en deuxième classe   un aller simple   guichet

**8** lire **Dans le texte de l'exercice 7, traduisez en anglais le paragraphe qui commence par *En plus* …**

**9** écouter **Écoutez. Copiez et complétez le tableau en anglais. (1–3)**

| | ticket type (single/return) | destination | class | price (euros) | platform number |
|---|---|---|---|---|---|
| 1 | | | | | |

⭐ One of the travellers asks for a ticket to Metz – but it isn't pronounced how it looks!

# 5 On négocie au souk

- Buying souvenirs
- Using demonstrative adjectives and pronouns

**1** lire  **Lisez. Reliez les phrases et les photos.**

1 Je pense acheter ce tagine … qu'est-ce que tu en penses?
2 Que penses-tu de cette théière? Je l'achète ou je laisse tomber?
3 Je crois que je vais acheter ces bijoux. Qu'en penses-tu? Trente dirhams, c'est une bonne affaire?
4 Je veux acheter un foulard. Tu préfères celui-ci ou celui-là?
5 Je cherche une lanterne pour ma sœur. Je prends celle-ci ou celle-là?
6 J'ai envie de m'acheter des babouches. Tu trouves celles-ci comment?

> **Point culture**
> Le souk est un marché couvert situé dans une médina (la partie ancienne d'une ville arabe). On y trouve de tout: babouches (chaussures en cuir), djellabas (tuniques traditionnelles), miroirs, instruments de musique …

**2** écouter  **Écoutez. Copiez et complétez le tableau en anglais. (1–4)**

| | object | price wanted | price offered | price agreed |
|---|---|---|---|---|
| 1 | bag | 55 | 30 | 35 |

**dirhams** Moroccan currency (£1 ≈ 15 dirhams)

> **G Using demonstrative adjectives and pronouns** > *Page 233*
>
> Demonstrative adjectives (*ce, cet, cette, ces*) and pronouns (*celui-ci, celle-là*, etc.) must agree with the noun they refer to or replace.
>
> | | masc sg | fem sg | masc pl | fem pl |
> |---|---|---|---|---|
> | this/these | ce (cet in front of a vowel) | cette | ces | ces |
> | this one/ these ones | celui-ci | celle-ci | ceux-ci | celles-ci |
> | that one/ those ones | celui-là | celle-là | ceux-là | celles-là |

**3** écrire  **Traduisez les messages en français.**

1 I'm going to buy this musical instrument.
2 I love these scarves. What do you think of them?
3 I want to buy a mirror. Do you prefer this one or that one?
4 I like these *djellabas*. Do you prefer these ones or those ones?

**4** parler  **À deux, adaptez le dialogue au souk en changeant les détails <u>soulignés</u>. Utilisez les détails du tableau.**

- *Bonjour, monsieur, c'est combien pour <u>ce sac</u>?*
- ◼ *<u>Celui-ci</u>?*
- *Non, <u>celui-là</u>.*
- ◼ *<u>Celui-là</u> … <u>cinquante-cinq</u> dirhams, monsieur/madame.*
- *<u>Cinquante-cinq</u> dirhams! Ça ne m'intéresse pas à ce prix, c'est beaucoup trop cher. Je suis prêt(e) à payer <u>trente</u> dirhams.*
- ◼ *<u>Trente-cinq</u>?*
- *D'accord! Voici <u>trente-cinq</u> dirhams.*

| objet | prix demandé | prix du client | prix négocié |
|---|---|---|---|
| tagine (m) | 23 | 10 | 18 |
| théière (f) | 25 | 15 | 22 |
| miroir (m) | 70 | 35 | 50 |
| babouches (fpl) | 55 | 30 | 35 |

**5** lire **Lisez les textes et répondez aux questions.**

**1** L'été dernier, j'ai visité **Madagascar**. On y trouve de jolies bouteilles remplies de sable, et j'en ai acheté beaucoup! J'aime bien faire les boutiques quand je suis en vacances. On parle avec les marchands et on découvre des choses qu'on n'a pas chez nous. Et j'aime bien avoir quelque chose qui me rappelle un bon moment passé en vacances!   **Yann**

**2** Il y a deux ans, je suis allée à **New York** et j'ai adoré! En général, j'ai horreur de faire les magasins. À mon avis, les vacances, c'est pour essayer des activités qui sortent du quotidien et ça ne se fait pas dans les magasins! Mais j'ai quand même rapporté des mini-marshmallows de la «Grande Pomme»: tu ne trouveras jamais ça en France!   **Karima**

**3** Il y a trois ans, j'ai visité **Tahiti** et c'était sensationnel. J'aurais pu rapporter des souvenirs mais j'ai préféré tout simplement prendre des photos. Souvent, on achète des objets inutiles pour les oublier après, et ce n'est pas responsable. Du coup, je n'ai rien acheté.   **Arthur**

**4** En août, je vais passer quinze jours à **Milan**. J'y vais uniquement pour faire du shopping. La mode me passionne et j'ai l'intention de travailler dans cette industrie, peut-être comme journaliste. Je vais faire les boutiques et prendre des photos, et après j'en parlerai sur mon blog. C'est tout le but du voyage!   **Coralie**

★ Arthur says *J'aurais pu rapporter …* which means 'I could have brought back'. ***J'aurais pu*** is an example of the perfect form of the conditional and it means 'I could have'.

Qui …
1 déteste faire du shopping?
2 est accro au shopping?
3 a choisi de ne pas ramener de souvenirs de vacances?
4 pense à ses vacances en regardant ses souvenirs?
5 pense qu'il ne faut pas acheter quelque chose si on ne va pas l'utiliser?
6 aime discuter avec les gens dans les magasins?
7 préfère essayer de nouvelles choses plutôt que passer du temps dans les magasins?
8 va parler de son expérience shopping en ligne?

***accro***   addicted

**6** lire **Trouvez dans les textes de l'exercice 5 l'équivalent français de ces phrases.**

1 to try activities that are a bit out of the ordinary
2 you discover things that we don't have at home
3 I'm going there just to go shopping
4 you can't do that in shops
5 it's the whole point of the trip
6 you will never find that in France

**7** écrire **Où êtes-vous allé(e) pour vos dernières vacances? Écrivez un paragraphe sur vos vacances et le shopping.**

• Qu'est-ce qu'on y trouvait?
• Qu'est-ce que tu as acheté?
• Tu aimes faire du shopping en vacances, en général?

- *Talking about holiday disasters*
- *Using the pluperfect tense*

**1** lire   **Lisez les textes. Écrivez les lettres des <u>deux</u> bonnes images pour chaque personne.**

**Nina**

Moi, j'étais allée à l'agence de voyages et j'avais réservé mon billet d'avion. J'avais fait ma valise et tout était prêt … mais en arrivant à l'aéroport, j'ai réalisé que j'avais oublié mon passeport! J'ai donc raté l'avion et je n'ai pas pu partir en vacances. 😞 J'étais vraiment triste …

**Malahat**

Avant de partir en vacances, j'avais fait des recherches et j'avais découvert que c'était possible de nager avec les dauphins près de Cannes. Je voulais absolument le faire. Malheureusement, la veille de la sortie, je suis tombée en sortant de la voiture et je me suis cassé la jambe, alors je n'ai pas pu nager avec ces créatures formidables. Quel dommage!

**Orlando**

Mes vacances avaient bien commencé: je passais mes journées à la plage, je lisais et je me faisais bronzer, comme j'avais voulu. Mais un jour, je me suis endormi et j'ai pris un coup de soleil affreux. J'avais extrêmement mal et j'ai dû aller chez le médecin. 😞 Quelle horreur!

**Diego**

Mon père avait décidé que nous allions partir en vacances en camping-car. Avant de partir, il avait tout préparé: la route, les affaires, les repas … Mais le camping-car est tombé en panne. On n'a pas pu le remplacer parce que tout était réservé. On était bien déçus. 😞

**Albane**

Moi, j'étais arrivée à Lyon sans incident, mais une fois là-bas, dans le métro, on m'a volé mon sac à main. Il y avait tout dedans: mon argent, mon portable, mon permis de conduire. C'était catastrophique! Au lieu d'aller au restaurant, je suis allée au commissariat. 😞 À l'avenir, je ferai plus attention.

 **a**
 **f**
 **b**
 **g**
 **c**
 **h**
 **d**
 **i**
 **e**
 **j**

**2** lire   **Cherchez les verbes au plus-que-parfait dans les textes de l'exercice 1. Copiez et complétez le tableau.**

| example of the pluperfect | English |
|---|---|
| j'étais allée | I had gone |

 The past participles of modal verbs are irregular.

*pouvoir* (to be able to) → **pu**
*devoir* (to have to) → **dû**
*vouloir* (to want to) → **voulu**

Can you find an example of each of these verbs in the exercise 1 texts, used in either the perfect tense or the pluperfect tense?

 **The pluperfect tense**   ❯ Page 229

You use the pluperfect to say 'had been', 'had gone', etc.

It is formed of two parts:
1 the **imperfect tense** of the auxiliary verb ***avoir*** or ***être***
2 the past participle.

j'**avais** réservé (I had reserved)
j'**étais** parti(e) (I had left)

For verbs with *être*, the past participle must agree with the subject, e.g.
*nous étions parti**s*** (we had left).

**3** lire  Traduisez les textes de Diego et d'Albane en anglais (exercice 1).

 **4** écouter  Écoutez. Copiez et complétez le tableau en anglais. (1–4)

| | before going on holiday | problem | consequence | next time |
|---|---|---|---|---|
| I | | | | |

| | |
|---|---|
| **un arrêt** | *a stop* |
| **un ascenseur** | *a lift* |

> ⭐ When the speakers say what they will do differently next time, they use the simple future tense, e.g. *je **ferai*** (I will do).

**5** parler  À deux, faites la description de ces vacances catastrophiques.

| | **Avant de partir, …** | **Mais/Pourtant …** | **Alors/Donc …** |
|---|---|---|---|
| **1** | | | |
| **2** | GARE | | |
| **3** | | | Hôpital |
| **4** | | | |

| | |
|---|---|
| Avant de partir, | j'avais réservé/ fait/ découvert/ décidé/ préparé … j'étais allé(e) … |
| Mais/Pourtant … | (+ *perfect tense*) |
| Alors/Donc … | j'ai dû aller au commissariat/ à l'hôpital … j'étais … |
| Quelle horreur! | |

 **6** écouter  Écoutez et répondez aux questions en anglais.

1  What do 71% of French holidaymakers opt for?
2  Where do the three busiest roads lead to?
3  What is said about Saturdays during the holiday period?
4  What advice is given for people driving in France?
5  What should you make photocopies of?
6  What should you stay calm in the face of? List <u>two</u> of the problems mentioned.
7  What should you not forget?

 **7** écrire  Écrivez un texte sur des vacances catastrophiques.

# Module 5 Contrôle de lecture et d'écoute

**1** 🔲 **Read the comments on the forum. Answer the questions in English.**

| **Comment seraient vos vacances idéales?** |
| --- |
| **Noémie:** Moi, je logerais dans un gîte à la campagne. Je viens d'une grande famille alors de préférence, je voyagerais seule parce que je préfère le calme, ou j'irais peut-être avec ma meilleure copine, si elle était libre. |
| **Abdoul:** Je partirais en vacances de neige. Je n'ai jamais fait de ski avant mais je pense que j'apprendrais vite parce que j'adore les sports extrêmes. En plus, je rencontrerais des filles et des garçons sympa et on deviendrait bons amis. |
| **Jade:** Si j'avais beaucoup d'argent, je ferais le tour du monde avec mes frères et mes copains. Je nagerais avec les poissons tropicaux. J'ai toujours voulu savoir nager mais malheureusement, mes parents ne m'encourageaient pas à faire assez d'efforts à la piscine. |

**(a)** Who would go on their ideal holiday with their family?
**(b)** Who would make new friends?
**(c)** What does Jade say about her parents' attitude to her swimming?
**(d)** Why would Noémie travel alone?
**(e)** What would Abdoul learn to do?

**2** 🔲 **Read this literary extract. In this story, three children are at a beach.**

'La Plage' from *Instantanés* by Alain Robbe-Grillet

> Trois enfants marchent le long d'une grève. Ils s'avancent, côte à côte, se tenant par la main. Ils ont sensiblement la même taille, et sans doute aussi le même âge: une douzaine d'années. Celui du milieu, cependant, est un peu plus petit que les deux autres.
>
> Hormis ces trois enfants, toute la longue plage est déserte. C'est une bande de sable assez large, uniforme, dépourvue de roches isolées comme de trous d'eau, à peine inclinée entre la falaise abrupte, qui paraît sans issue, et la mer.
>
> Il fait très beau. Le soleil éclaire le sable jaune d'une lumière violente, verticale. Il n'y a pas un nuage dans le ciel. Il n'y a pas non plus de vent. L'eau est bleue, calme, sans la moindre ondulation venant du large, bien que la plage soit ouverte sur la mer libre, jusqu'à l'horizon.

| *la grève* | *beach* |
| --- | --- |

**Write the letter of the correct answer to each question.**

**1** What size is the child in the middle?
  **A** a bit smaller than the other two
  **B** a lot smaller than the other two
  **C** a bit bigger than the other two
  **D** exactly the same size as the others

**2** What does the author say about the beach?
  **A** It is full of children.
  **B** It is empty, except for the three children.
  **C** It is not very long.
  **D** It is dirty.

**3** What is the weather like?
  **A** It's not particularly good.
  **B** There's thunder and lightning.
  **C** It's sunny.
  **D** It's hailing.

**4** What else does the author say about the weather?
  **A** The sky is cloudy.
  **B** It's cold.
  **C** It's getting windier.
  **D** It's not windy.

**5** How does the author describe the sea?
  **A** It is choppy.
  **B** It is still.
  **C** There are lots of big waves.
  **D** There are boats on the horizon.

**3** lire   **Translate this passage into English.**

> Les Belges sont ceux qui partent le plus à l'étranger. Ils aiment surtout passer leurs vacances en France et leur destination préférée est la mer. Ils aiment le style de vie français, la diversité des paysages et la proximité géographique. Pour eux, la France est un pays intéressant en été comme en hiver, où on peut faire beaucoup d'activités différentes.

**1** écouter   **Écoute. Yasmina parle de ses vacances. Complète les phrases en choisissant un mot ou des mots dans la case. Il y a des mots que tu n'utiliseras pas.**

| | | | |
|---|---|---|---|
| prendre des photos | en ville | à pied | à vélo |
| faire du shopping | barbants | passionnants | |
| une semaine | au bord de la mer | une quinzaine | |

(a) Normalement, les vacances de Yasmina durent ▨▨▨▨▨.
(b) Yasmina préfère passer ses vacances ▨▨▨▨▨.
(c) Elle préfère découvrir un nouvel endroit ▨▨▨▨▨.
(d) Pour elle, c'est important de ▨▨▨▨.
(e) Elle pense que les musées sont ▨▨▨▨.

**2** écouter   **You are listening to a conversation about Marc's holiday. Listen and answer the following questions in English.**

(a) Apart from the price, what was Marc's other reason for choosing the hotel in Barcelona?
(b) What was wrong with the hotel room? Give <u>one</u> example.
(c) What activities had he wanted to do on holiday? Give <u>one</u> example.
(d) What happened in the underground?
(e) Why was this not a catastrophe?

**3** écouter   **You hear Lilou talking about her family's opinions on transport. Write down the <u>two</u> correct letters for each question.**

**1** What does Lilou say about her parents?

A Her mother doesn't like to spend a lot of money on travelling.
B Her mother finds travelling by plane boring.
C Her mother likes airline meals.
D Her dad never travels by plane.
E Her dad doesn't like waiting at customs.

**2** What does Lilou say about her brother and sister?

A Her brother is concerned about the environment.
B Her brother is always in a hurry.
C Her sister walks everywhere.
D Her sister likes to travel light.
E Her sister doesn't worry about traffic jams.

> ⭐ In this type of listening task, the incorrect options often contradict something that is said in the audio, so don't jump to conclusions if you hear related vocabulary. Listen carefully. For example, for question 1, statement A, you will hear the phrase *ça coûte cher*. Listen carefully – what else is said and what does the full sentence mean?

## A – Role play

 **1** parler Look at the role play card and prepare what you are going to say.

### Topic: Travel and tourist transactions

You are at a train station in France. The teacher will play the role of the train station employee and will speak first.

You must address the employee as *vous*.

You will talk to the teacher using the five prompts below.

• Where you see – **?** – you must ask a question.
• Where you see – **!** – you must respond to something you have not prepared.

> **Vous êtes à la gare en France. Vous parlez avec un(e) employé(e).**
>
> **1** Billet – endroit
>
> **2** L'heure du départ
>
> **3** ? Quai
>
> **4** ? Prix
>
> **5** !

*Billet* means 'ticket', but how do you ask for a single or return train ticket? You could start with *Je voudrais …*

 **2** parler Compare your answers with a partner and practise what you are going to say.

**3** écouter Using your notes, listen and respond to the teacher.

> ⭐ Listen carefully to the unprepared question (**!**) and respond appropriately.
>
> If you don't understand the teacher's question straight away in the exam, you can always ask them to repeat the question by saying: *Vous pouvez répéter la question, s'il vous plaît?*
>
> You can also use fillers to play for time while you come up with your answers: *Voyons, … Alors, …*

**4** écouter Now listen to Nur performing the role play task.

## B – Picture-based discussion

### Topic: Holidays

Regarde la photo et prépare des réponses sur les points suivants.

• la description de la photo
• pourquoi les vacances sont importantes
• la dernière fois que tu as mangé au restaurant
• tes vacances idéales
• !

**Look at the picture and read the task. Then listen to Alyssa's answer to the <u>first</u> bullet point.**

1. In what order does Alyssa mention the following?

   **A** what the weather is like
   **B** how she thinks the people are feeling
   **C** who is in the picture
   **D** what their hobbies might be
   **E** what they are wearing
   **F** where they are and what they are doing

2. What do you think *une fille … et un homme qui doit être son père* means?

3. What two phrases does Alyssa use to introduce her opinions?

4. Which present participle does she use?

 **Listen to and read how Alyssa answers the <u>second</u> bullet point.**

1. Write down the missing word(s) for each gap.
2. Look at the Answer booster on page 116. Note down at least <u>six</u> things that she does to make her answer a good one.

> Je suis tout à fait d'accord avec vous. Pour moi, les vacances, c'est **1** ▭ de me détendre, et c'est **2** ▭. C'est vrai qu'on peut **3** ▭ sans partir en vacances mais quand on n'est plus **4** ▭, on peut vraiment s'échapper de la vie **5** ▭. Personnellement, je pense que les vacances, c'est pour essayer de **6** ▭ activités. **7** ▭ en Espagne l'année dernière, j'avais fait **8** ▭ et j'avais découvert que c'était possible de faire du **9** ▭. J'en ai fait et je me suis très bien amusée!

 **Listen to Alyssa's response to the <u>third</u> bullet point.**

1. Make a note in English of <u>six</u> details that she gives.
2. Apart from the perfect and imperfect tenses, which other tenses does she use in her answer?

 **Listen to Alyssa's response to the <u>fourth</u> bullet point.**
**Note down examples of how she <u>justifies</u> what she says.**

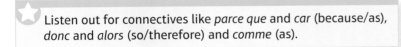
> Listen out for connectives like *parce que* and *car* (because/as), *donc* and *alors* (so/therefore) and *comme* (as).

 **Prepare your own answers to the first four bullet points.**
**Try to predict which unexpected question you might be asked.**
**Then listen and take part in the full picture-based discussion with your teacher.**

| Answer booster | Aiming for a solid answer | Aiming higher | Aiming for the top |
|---|---|---|---|
| **Verbs** | **Three time frames:** present, past, future | **Different persons of the verb**<br>**Different tenses to talk about the past** (the perfect and imperfect tenses) | **The future tense**<br>**The conditional**<br>**The pluperfect tense**<br>**Reflexive verbs in the perfect tense**<br>*en* + present participle |
| **Opinions and reasons** | *Je pense que …*<br>*À mon avis,/Pour moi, …*<br>*parce que …* | **More variety:** *Je trouve que …*<br>*Je crois que …*<br>*Personnellement, …*<br>*De préférence, …* | **More sophisticated phrases:**<br>*Si j'avais le choix, je* + conditional |
| **Connectives** | *et, ou, mais, aussi, puis, ensuite*<br>*quand, lorsque*<br>*parce que, car* | *où, comme* | *cependant* |
| **Other features** | **Negatives:** *ne … pas,*<br>*ne … jamais, ne … rien*<br>**Qualifiers:** *très, un peu, assez,*<br>*vraiment, trop, presque* | *avant de* + infinitive<br>**a range of negatives:** *ne … plus,*<br>*ne … que, ne … aucun(e) …*<br>**The pronoun y:** *J'y retournerai*<br>**The relative pronoun qui**<br>**Demonstrative adjectives:**<br>*ce, cette, ces* | **The relative pronoun que**<br>**Direct object pronouns:**<br>*Je le/la/les recommande.* |

## A – Extended writing task

**1** lire **Look at the task. For each bullet point, make notes on:**

- the tense(s) you will need to use
- the structures and vocabulary you could use
- any details and extra information you could include to improve your answer.

### Les vacances

Un magazine français cherche des articles sur les vacances pour son site Internet.

Écrivez un article sur des vacances mémorables pour intéresser les lecteurs.

Vous **devez** faire référence aux points suivants:

- pourquoi votre famille a organisé ces vacances
- ce que vous pensez des vacances en famille
- un problème qui est arrivé pendant vos vacances
- comment seraient vos vacances de rêve.

Justifiez vos idées et vos opinions.

Écrivez 130–150 mots environ en français.

**2** lire **Read Rory's answer on the next page. What do the phrases in bold mean?**

**3** lire   Look at the Answer booster. Note down <u>eight</u> examples of language that Rory uses to improve the quality of his answer.

L'année dernière, **ma mère avait besoin de vacances**. Elle était très fatiguée parce qu'elle travaillait beaucoup et **elle en avait marre**. **On ne faisait pas grand-chose en famille**. Alors, ma mère a loué un camping-car et on est partis au pays de Galles ensemble. On était tous très contents!

Je m'entends très bien avec mes parents et mon frère et je pense que les vacances sont **un moment privilégié pour toute la famille**. En partant en vacances ensemble, **on partage d'agréables expériences**. Cependant, un jour, je partirai sans doute en vacances avec mes copains. Ce sera génial aussi!

Avant de partir, **ma mère avait lu** qu'on pouvait faire une randonnée **au clair de lune**. Malheureusement, elle est tombée en regardant les étoiles, et **elle s'est cassé le pied**. Nous avons dû aller à l'hôpital. Quel dommage!

Si j'avais le choix, je passerais mes vacances sur une île tropicale avec mes amis. On logerait dans un hôtel cinq étoiles. Je suis très sportif alors **je ferais de la plongée sous-marine**. Je ne me reposerais jamais et le soir, **on ferait la fête**. Ce serait extraordinaire!

**4** écrire   Now prepare your own answer to the task, using the Answer booster and Rory's text for ideas. Remember to check your answer systematically when you have finished.

## B – Translation

**1** écrire   Read the English text and Zainab's translation of it. Write down the missing verb for each gap.

I spent a single night in this hotel. Before leaving, I had reserved a bedroom with air conditioning and Wi-Fi, but the Wi-Fi didn't work! I chose the half board option but the evening meal was inedible! And while eating, I found a hair in my food. I will never go back there!

- Use the perfect tense for single actions in the past.
- Use the imperfect tense to say what something was like, what you used to do or what happened over a period of time. The Wi-Fi didn't just stop working for one single moment, for example, so you will need to use the imperfect for that.
- Use the pluperfect tense to say what you had done (before doing something else).

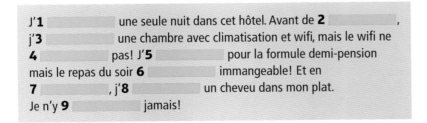

J'**1** ............ une seule nuit dans cet hôtel. Avant de **2** ............ , j'**3** ............ une chambre avec climatisation et wifi, mais le wifi ne **4** ............ pas! J'**5** ............ pour la formule demi-pension mais le repas du soir **6** ............ immangeable! Et en **7** ............ , j'**8** ............ un cheveu dans mon plat. Je n'y **9** ............ jamais!

**2** écrire   Translate the following passage into French.

Before going on holiday, I had reserved this hotel on the internet. Breakfast was complimentary. It was very good value for money. The service was impeccable and, on leaving, I left a tip. I will go back there with pleasure!

When translating, you often can't translate word for word. For instance, do you remember meeting the French phrase for 'it was very good value for money' when learning about hotels in Unit 2?

## En vacances — On holiday

|  |  |
| --- | --- |
| l'Algérie | Algeria |
| l'Allemagne | Germany |
| l'Angleterre | England |
| l'Autriche | Austria |
| la Belgique | Belgium |
| la Croatie | Croatia |
| l'Espagne | Spain |
| les États-Unis | USA |
| la France | France |
| le Japon | Japan |
| le Pakistan | Pakistan |
| les Pays-Bas | Netherlands |
| le pays de Galles | Wales |
| la Pologne | Poland |
| la Suisse | Switzerland |
| Normalement, je passe mes vacances en/au/à l'/aux … | Normally, I spend my holidays in … |
| Je vais au bord de la mer/à la campagne/à la montagne. | I go to the seaside/the countryside/the mountains. |
| Je voyage en train/avion/ferry/voiture. | I go by train/plane/ferry/car. |
| Je fais du camping. | I go camping. |

|  |  |
| --- | --- |
| Je loge dans un gîte/un hôtel/chez ma tante. | I stay in a holiday cottage/a hotel/with my aunt. |
| Je vais avec ma famille/mes grands-parents/mon petit frère. | I go with my family/my grandparents/my little brother. |
| C'est génial/extra/assez ennuyeux. | It's great/excellent/quite boring. |
| Je me lève tôt. | I get up early. |
| On se couche tard. | We go to bed late. |
| Je me repose/me prépare. | I rest/get ready. |
| Je m'habille. | I get dressed. |
| Je vais à la plage. | I go to the beach. |
| Je me baigne dans la mer. | I bathe/swim in the sea. |
| Je me promène. | I go for a walk. |
| Je rentre à l'hôtel. | I go back to the hotel. |
| Je sors au restaurant. | I go out to a restaurant. |
| On peut … | You can … |
| faire une visite de Paris | visit Paris |
| faire de l'escalade | go climbing |
| visiter les musées/monuments | visit museums/monuments |
| aller à la pêche/à la plage | go fishing/to the beach |
| jouer à la pétanque | play petanque, boules |

## Les vacances passées et futures — Holidays past and future

|  |  |
| --- | --- |
| Tous les ans/Normalement/Tous les étés, … | Every year/Normally/Every summer, … |
| j'achète/je fais/je vais … | I buy/do/go … |
| Hier/L'année dernière/Le week-end dernier, … | Yesterday/Last year/Last weekend, … |

|  |  |
| --- | --- |
| j'ai vu/visité/acheté … | I saw/visited/bought … |
| je suis allé(e) à … | I went to … |
| L'année prochaine/Le week-end prochain/Demain, … | Next year/Next weekend/Tomorrow, … |
| je vais faire/prendre/aller/visiter … | I'm going to do/take/go/visit … |

## Des vacances de rêve — Dream holidays

|  |  |
| --- | --- |
| Je logerais … | I would stay … |
| dans un gîte à la campagne | in a holiday cottage in the countryside |
| dans un hôtel 4 étoiles | in a 4-star hotel |
| dans une auberge de jeunesse | in a youth hostel |
| dans une caravane | in a caravan |
| dans une chambre d'hôte | in a bed and breakfast |
| dans une tente, sur une île déserte | in a tent on a desert island |
| sur un bateau | on a boat |
| Je voyagerais … | I would travel … |
| avec mes copains/copines | with my friends |
| avec ma famille | with my family |
| avec mes parents | with my parents |
| avec mes grands-parents | with my grandparents |
| avec mon lycée | with my school |
| avec une organisation | with an organisation |
| seul(e) | alone |
| Je regarderais le coucher du soleil. | I would watch the sunset. |
| Je nagerais avec les poissons tropicaux. | I would swim with tropical fish. |
| Je ferais des randonnées. | I would go hiking. |

|  |  |
| --- | --- |
| Je ferais du canoë-kayak. | I would go canoeing. |
| Je me reposerais. | I would rest. |
| Je m'amuserais avec mes copains/copines. | I would have fun with my friends. |
| Je mangerais bien. | I would eat well. |
| Il y aurait … | There would be … |
| un café qui serait ouvert toute la nuit | a café which would be open all night |
| une salle de jeux | a games room |
| des feux d'artifice tous les soirs | fireworks every night |
| des spectacles son et lumière | sound and light shows |
| des visites guidées | guided tours |
| Il n'y aurait aucun bruit! | There would be no noise! |
| Il n'y aurait pas beaucoup d'adultes! | There wouldn't be many adults! |
| Ce serait … | It would be … |
| formidable | tremendous |
| luxueux | luxury |
| merveilleux | wonderful |
| passionnant | exciting |
| pittoresque | picturesque |
| reposant | restful |
| tranquille | quiet |

## À l'hôtel — At the hotel

|  |  |
| --- | --- |
| Nous avons passé X jours dans cet hôtel/cette chambre d'hôte. | We spent X days at this hotel/bed and breakfast. |
| Ça s'est très bien passé. | It all went very well. |
| C'était charmant/propre/bien situé très pratique/pas cher/super. | It was charming/clean/well located very handy/not expensive/super. |
| Le service était impeccable. | The service was impeccable. |
| Le Wi-Fi fonctionnait très bien. | The Wi-Fi worked very well. |
| Le petit-déjeuner était offert. | Breakfast was included. |
| Il y avait … | There was … |
| un parking tout près | a car park nearby |
| un micro-ondes/la climatisation dans la chambre | a microwave/air-conditioning in the room |
| Il y avait un très bon rapport qualité–prix. | It was very good value for money. |

|  |  |
| --- | --- |
| Nous y avons passé un super séjour. | We had a great stay there. |
| Je voudrais une chambre … | I would like a room … |
| pour une personne | for one person |
| pour deux personnes | for two people |
| avec un lit simple | with a single bed |
| avec un grand lit | with a double bed |
| avec une salle de bains | with a bathroom |
| avec une douche | with a shower |
| avec une vue sur la mer | with a sea view |
| Votre chambre est … | Your room is … |
| au rez-de-chaussée | on the ground floor |
| au premier/deuxième étage | on the first/second floor |

## Au restaurant

Je préférerais une table …
  en terrasse/à l'intérieur
Je vais prendre …
  le plat du jour/le menu à 30 euros

  (la soupe à la tomate) en entrée
  (le filet de loup de mer) comme plat
    principal
  (la mousse au chocolat) comme dessert
Qu'est-ce que vous avez, comme desserts?
On peut avoir l'addition, s'il vous plaît?
Les prix n'étaient pas excessifs.
C'était cher.

## At the restaurant

I would prefer a table …
  on the terrace/inside
I will have/take …
  the dish of the day/the 30-euro set
    menu
  (the tomato soup) for a starter
  (the fillet of seabass) for the main
    course
  (the chocolate mousse) for dessert
What desserts do you have?
Could we have the bill, please?
The prices weren't excessive.
It was expensive.

L'accueil était très chaleureux.
Nous avons dû attendre plus de cinq
  minutes.
L'ambiance était vraiment agréable.
L'atmosphère était super bruyante.
Le serveur/La serveuse était …
  très attentionné(e)/médiocre
À recommander!
Je n'y retournerai jamais!
un couteau
une cuillère
une fourchette
une serviette

The welcome was very warm.
We had to wait more than five minutes.

The ambiance was really pleasant.
The atmosphere was very noisy.
The waiter/waitress was …
  very attentive/mediocre
To be recommended!
I will never go back there!
a knife
a spoon
a fork
a napkin

## Les plats

entrées
brochettes (fpl) de crevettes
escargots (mpl)
soupe (f) à la tomate
tarte (f) à l'oignon
plats principaux
épaule (f) d'agneau
cuisse (f) de canard
gratin (m) dauphinois
lasagnes (fpl) végétariennes

## The dishes

starters
prawn skewers
snails
tomato soup
onion tart
main dishes
lamb shoulder
duck leg
dauphinoise potatoes
vegetarian lasagne

loup (m) de mer
poulet (m) basquaise
rôti (m) de veau
desserts
crème (f) brûlée
mousse (f) au chocolat
roulé (f) au chocolat
sorbet (m)
tarte (f) au citron
tarte (f) aux pommes

sea bass
Basque-style chicken
roast veal
desserts
crème brûlée
chocolate mousse
chocolate roll
sorbet
lemon tart
apple tart

## En route!

Si j'avais le choix, pour aller …
  en Inde/Russie/Chine
  au Sénégal/Vietnam/Brésil
… je voyagerais …
  en car/train/avion
  à moto
… car c'est/ce n'est pas …
  rapide/confortable/pratique
  une aventure/la classe
  bon pour l'environnement

## On the road!

If I had the choice, to go …
  to India/Russia/China
  to Senegal/Vietnam/Brazil
… I would travel …
  by coach/train/plane
  by motorbike
… because it is (not) …
  quick/comfortable/practical
  an adventure/cool
  good for the environment

  ennuyeux/fatigant/cher
un billet
un aller simple
un aller-retour
en première classe
en deuxième classe
les horaires
le guichet
le quai
la salle d'attente

  boring/tiring/expensive
a ticket
a single
a return
in first class
in second class
travel time(s)
ticket office
platform
waiting room

## Acheter les souvenirs

Je pense acheter (ce tagine).
Qu'est-ce que tu en penses?
Que penses-tu de (cette théière)?
Je crois que je vais acheter (ces bijoux).
Je veux acheter (un foulard).
Tu préfères celui-ci ou celui-là?

## Buying souvenirs

I'm thinking of buying (this tagine).
What do you think of it?
What do you think of (this teapot)?
I think I'm going to buy (this jewellery).
I want to buy (a scarf).
Do you prefer this one or that one?

Je cherche (une lanterne).
Je prends celle-ci ou celle-là?
J'ai envie de m'acheter des (gants).
Tu trouves celles-ci comment?
Je déteste faire du shopping.
Je suis accro au shopping.

I'm looking for (a lantern).
Shall I take this one or that one?
I feel like buying some (gloves).
What do you think of these ones?
I hate going shopping.
I'm addicted to shopping.

## C'était catastrophique!

Avant de partir, j'avais …
  réservé mon billet d'avion
  fait ma valise/des recherches

  découvert/décidé que …
  tout préparé
J'étais allé(e) à l'agence de voyages.
Mais/Pourtant …
  je me suis cassé la jambe
  j'ai oublié mon passeport

## It was catastrophic!

Before leaving I had …
  booked my plane ticket
  packed my case/done some
    research
  discovered/decided that …
  prepared everything
I had gone to the travel agent's.
But/However …
  I broke my leg
  I forgot my passport

  j'ai raté l'avion
  j'ai pris un coup de soleil affreux
  le camping-car est tombé en panne
  on m'a volé mon sac à main
Alors/Donc …
  j'ai dû aller au commissariat/
    à l'hôpital/chez le médecin
Quelle horreur!
J'étais triste.
On était bien déçus.

  I missed the plane
  I got terribly sunburnt
  the camper van broke down
  my handbag was stolen
So …
  I had to go to the police station/
    hospital/doctor's
How awful!
I was sad.
We were really disappointed.

## Les mots essentiels

ce matin
cet après-midi
demain
hier
l'année dernière/prochaine
le dernier soir
le week-end dernier/prochain
tous les ans/étés

## High-frequency words

this morning
this afternoon
tomorrow
yesterday
last/next year
on the last evening
last/next weekend
every year/summer

certainement
du coup
entre temps
finalement
franchement
toute la journée
puis

certainly, definitely
as a result
meanwhile, in the meantime
finally, at last
frankly, downright
all day
then

# Point de départ

**1** lire  Catégorisez les matières. (Certaines matières peuvent être dans plusieurs catégories.)

| obligatoire | compulsory |
|---|---|
| facultatif/-ive | optional |

| 1 les langues (vivantes ou anciennes) | 2 les sciences | 3 mes matières obligatoires | 4 mes matières facultatives | 5 les matières que je ne fais pas |
|---|---|---|---|---|
| le latin | | | | |

le dessin   la musique   les arts ménagers   la physique/les sciences physiques   l'allemand

l'éducation physique/l'EPS   l'instruction civique   le commerce   la religion   l'art dramatique

l'histoire   l'espagnol   l'histoire-géo   l'économie   le français   la chimie   les maths

la biologie/les Sciences de la Vie et de la Terre   l'anglais   la géographie   les arts plastiques

l'italien   l'informatique   l'étude des médias   la technologie   la sociologie   le latin

**2** écouter  Écoutez et complétez l'emploi du temps de Chadia.

Chadia

| | lundi | mardi | mercredi | jeudi | vendredi |
|---|---|---|---|---|---|
| 8h | 1 | anglais | 5 | 6 | 9 |
| 9h | français | maths | 5 | maths | français |
| 10h | RÉCRÉATION | | | | |
| 10h15 | anglais | arts plastiques | maths | maths | français |
| 11h15 | 2 | 4 | histoire-géo | allemand | allemand |
| 12h15 | DÉJEUNER | | | | |
| 13h30 | 3 | 4 | | sciences vie et terre | sciences physiques |
| 14h30 | 3 | latin | | 7 | 10 |
| 15h30 | sciences vie et terre | histoire-géo | | 8 | 10 |
| 16h30 | | | | EPS | |

**3** lire  Regardez l'emploi du temps. Écrivez V (vrai) ou F (faux) pour chaque phrase.

1  Mercredi, à 11h15, j'ai histoire-géo.
2  J'ai deux heures de musique par semaine.
3  Je n'ai pas de cours de religion.
4  J'ai quatre heures de sport par semaine.

5  J'apprends quatre langues vivantes.
6  Mes cours finissent à 16h30 tous les jours.
7  J'ai cinq heures de maths par semaine.
8  Je n'ai pas cours le mercredi après-midi.

**4** parler  À deux. Posez des questions sur votre emploi du temps et répondez-y à tour de rôle.

*Exemple:*

● *Qu'est-ce que tu as, le lundi?*
■ *Lundi matin, à 9 heures, j'ai anglais. Puis, à 10 heures 15, j'ai religion. Après, à 11 heures 20, j'ai deux heures de maths.*

**5** lire

**Lisez le texte. Copiez et complétez le tableau avec les huit matières mentionnées et les opinions.**

Au collège, ma matière préférée, c'est l'EPS. Je suis fort en sport. J'aime aussi le français car c'est facile et le prof est très marrant: il nous fait rire. Je trouve l'art dramatique ennuyeux. La prof est trop impatiente et elle nous critique tout le temps. Je pense que l'allemand est très utile et j'adore les langues étrangères en général. Pour moi, les maths, c'est difficile. Je suis aussi faible en histoire: on a trop de devoirs et la prof est trop sévère. J'aime les Sciences de la Vie et de la Terre parce que c'est passionnant mais je ne suis pas doué en sciences physiques.

**Hugo**

| | matière | ☺ ou ☹ ? |
|---|---|---|
| l | EPS | ☺ |

**G** *Using the definite article*

When talking about likes/dislikes in French, the definite article (*le/la/les*) is always used in front of the noun, even though we wouldn't use it in English.

*J'adore **le** français.* I like French.
*J'aime **les** langues.* I like languages.

**6** lire

**Relisez le texte et trouvez l'équivalent français de ces expressions anglaises.**

1 my favourite subject is …
2 I am good at …
3 the teacher is very funny
4 he makes us laugh
5 I find … boring
6 she criticises us all the time.
7 I think … is very useful
8 I am weak at …
9 we get too much homework
10 the teacher is too strict
11 it's exciting
12 I don't have a talent for …

**7** écouter

**Écoutez. Qui parle? (1–6)**

**8** parler

**À deux. Discutez de vos matières.**

Quelle est ta matière préférée? Quelles matières aimes-tu? Quelles matières n'aimes-tu pas? Pourquoi?

| Ma matière préférée est … | | | | c'est | facile/fascinant/ difficile/utile/inutile. | |
|---|---|---|---|---|---|---|
| J'adore/J'aime/Je n'aime pas/Je déteste … | | | parce que/qu' | | | |
| Je trouve … | | intéressant(e)(s) passionnant(e)(s) ennuyeux/euse(s) | | je suis | fort(e)/faible/doué(e) | en … |
| Je pense que … | est sont | | | le/la prof est | bon(ne)/sympa/marrant(e)/ sévère/gentil(le)/impatient(e). | |
| | | | | on a trop de devoirs. | | |

 **9** écrire

**Écrivez un paragraphe de 100 mots sur vos matières. Donnez vos opinions et expliquez vos raisons.**

- *Talking about your school*
- *Using the pronouns il and elle*

**1**  **Reliez les questions et les réponses.**

1 Comment s'appelle ton collège?
2 C'est quelle sorte d'école?
3 Il y a combien d'élèves?
4 Quels sont les horaires du collège?
5 Il y a combien de cours par jour?
6 Quelles matières étudies-tu?
7 Quelle est ta matière préférée?
8 Comment sont les professeurs?
9 Qu'est-ce que tu penses de ton collège?

**a** Les cours commencent à 8h30. La récré est à 10h15 et dure quinze minutes. On a une heure et demie pour le déjeuner et les cours finissent à 16 heures ou à 17 heures.

**b** C'est un collège mixte pour les élèves de onze à seize ans.

**c** Pour la plupart, les profs sont sympa mais il y en a qui sont un peu plus sévères.

**d** Il y a 750 élèves en tout, et quarante-cinq professeurs.

**e** Je trouve que les journées sont trop longues et qu'on a trop de contrôles. Mais les profs sont excellents.

**f** Mon collège s'appelle le collège Molière. Beaucoup d'écoles en France portent le nom d'un personnage historique.

**g** Ma matière préférée, c'est les arts plastiques car j'adore dessiner et je suis doué pour ça.

**h** J'étudie douze matières dont le français, les maths, l'histoire-géo, et la technologie. Toutes mes matières sont obligatoires. Il n'y a pas de matières facultatives avant le bac.

**i** Il y a sept cours de cinquante-cinq minutes par jour. Mais le mercredi après-midi, il n'y a pas cours.

| | |
|---|---|
| ***dont*** | *including* |

**2** **Écoutez l'interview de Maria et complétez ses réponses en français. (1–9)**

LYCÉE FRANÇAIS CHARLES DE GAULLE DE LONDRES

*Exemple:* **1** Maria va au Lycée Français <u>Charles de Gaulle</u> à <u>Londres</u>.

1 Maria va au Lycée Français ............... à ...............
2 C'est une école pour les enfants ............... Il y a une ..............., un ............... et un ............... regroupés au même endroit.
3 Il y a ............... élèves. ............... nationalités différentes sont représentées. ...............% des élèves sont français.
4 La journée commence à ............... et les cours se terminent à ............... ou à ...............
5 Il y a ............... ou ............... cours par jour.
6 Maria étudie les matières qui sont ...............
7 Elle aime toutes les matières sauf l'............... Comme langues, elle fait de l'..............., de l'............... et de l'...............
8 Les profs sont généralement très ...............
9 L'école est ............... mais Maria est ............... de son école.

**3**  **À deux. Préparez une interview sur votre collège. Utilisez les questions de l'exercice 1 et adaptez les réponses.**

**4** écouter **Écoutez et lisez. Devinez l'anglais pour les dix expressions en mauve.**

### UNE JOURNÉE TYPE …

## … au Centre National du Football de Clairefontaine

Maxime **a de la chance**: il est élève au Centre National du Football près de Paris, où vingt-trois joueurs maximum **sont admis** chaque année. Maxime (treize ans) **suit les traces de** grands footballeurs comme Thierry Henry et Louis Saha.

Maxime **est en internat** du dimanche (21 heures) au vendredi soir mais le week-end, il rentre chez ses parents. Bien sûr, le centre **est très bien aménagé** pour le sport: il y a huit terrains de foot, un gymnase, une salle de musculation et **une piste d'athlétisme**.

Une journée type pour Maxime commence à 6h30 quand il se lève et prend son petit-déjeuner.

À l'intérieur de Clairefontaine, il porte son uniforme Nike. Mais le matin, il s'habille **comme tous les autres collégiens**: en jean, baskets et sweat. Puis il monte dans **le car de ramassage scolaire** qui l'amène à un collège voisin, où il a six heures de cours par jour. Pour ses profs, les résultats scolaires des jeunes joueurs sont aussi importants que leurs performances sur **le terrain de foot.**

Pour Maxime, les cours finissent à 15 heures. De retour au centre, il a **deux heures d'entraînement**. Puis il se douche, il dîne et il fait ses devoirs. Après un peu de temps libre, Maxime se couche à 22 heures.

---

**G** Comparisons ▸ Page 226

| | |
|---|---|
| **plus** *important(e)(s) que* | **more** important than |
| **moins** *important(e)(s) que* | **less** important than |
| **aussi** *important(e)(s) que* | **as** important as |

⭐ When you need to work out the meaning of a new word:
- Look at the word. Is it a cognate or near-cognate? Does it look like any other French word you know? But watch out for false friends, e.g. *chance* ('luck', not 'chance').
- Think about the context: what comes before, but also <u>what comes next</u>. Can you make an educated guess?

---

**5** lire **Relisez le texte de l'exercice 4. Écrivez V (vrai) ou F (faux) pour chaque phrase.
Corrigez les <u>quatre</u> phrases qui sont fausses.**

1 L'école de Maxime n'accepte que 23 élèves au maximum par année.
2 Thierry Henry est un ancien élève de son école.
3 Maxime est en internat toute la semaine, y compris le week-end.
4 Les installations sportives dans son école sont meilleures que dans une école ordinaire.
5 Maxime porte un uniforme scolaire toute la journée.
6 Il a cours dans un collège près du Centre Clairefontaine.
7 Ses profs pensent que le football est plus important que son éducation.
8 L'après-midi, Maxime se repose.

| | |
|---|---|
| **y compris** | *including* |

---

**6** écrire **Traduisez ce texte en français.**

*à + le = ?*

This is a reflexive verb – don't forget the reflexive pronoun.

Clara is a pupil <u>at the</u> collège Jacques Prévert. A typical day for Clara starts at 7 a.m. when she <u>gets up</u>. She has breakfast then gets on the school bus. Her school starts at 8.15 a.m. and there are seven lessons a day. Her favourite subject is English because the teacher is very nice. She doesn't like geography because she finds it difficult. Her lessons finish at 4 p.m.

**G** *Present tense: the third person singular*

For regular **-er** verbs, the third person singular (*il/elle*) ending is **-e**.

Irregular verb forms like *il/elle* **va** and *il/elle* **fait** must be learned.

The possessive adjective is **son/sa/ses**, depending on the gender of the <u>noun it accompanies</u>: there are not separate words for 'his' and 'her'.

**1** lire    **Lisez le quiz et choisissez la bonne fin de chaque phrase.**

## QUIZ — Que savez-vous sur le système scolaire en France?

**1** Les enfants doivent aller à l'école …
 **a** de 6 à 16 ans.    **b** de 5 à 18 ans.
 **c** de 7 à 18 ans.

**2** À 11 ans, les élèves sont en …
 **a** première.    **b** sixième.    **c** septième.

**3** Les écoles ne proposent pas de cours …
 **a** de sport.    **b** d'instruction civique.
 **c** de religion.

**4** À l'école, les élèves portent …
 **a** un uniforme scolaire.    **b** un tablier.
 **c** leurs propres vêtements.

**5** Généralement, les cours commencent …
 **a** avant 8h30.    **b** à 9h.    **c** après 9h30.

**6** Les grandes vacances durent …
 **a** 4 semaines.    **b** 6 semaines.    **c** 2 mois.

**7** Les élèves qui ne font pas assez de progrès …
 **a** redoublent.
 **b** passent en classe supérieure.
 **c** changent d'école.

**8** Les élèves achètent …
 **a** leurs propres stylos et règles, etc.
 **b** tout.
 **c** rien: tout est payé par l'école.

**9** Avant de quitter le collège, les élèves passent …
 **a** les examens GCSE.    **b** le brevet des collèges.
 **c** le baccalauréat.

**10** En quittant le collège, les élèves peuvent continuer leurs études …
 **a** au lycée.    **b** à l'université.    **c** en primaire.

**2** écouter    **Écoutez et vérifiez vos réponses. (1–10)**

> **G** *Present tense: the third person plural*
>
> For regular **-er** verbs, the *ils/elles* ending is **-ent**, e.g. *ils* port**ent**.
> Remember that these verbs are **irregular**:
> *aller* → ils **vont**    *avoir* → ils **ont**    *devoir* → ils **doivent**
> *faire* → ils **font**    *être* → ils **sont**    *pouvoir* → ils **peuvent**
> The possessive adjective is **leur** or **leurs**, depending on whether the noun is singular or plural.

> 💬 The **-ent** verb ending is silent:
> **ils** port**ent** sounds the same as *il porte*.

**3** parler    **À deux. Utilisez le graphique pour parler de l'école au Royaume-Uni. Posez des questions et répondez-y à tour de rôle.**

*Exemple:*

- ● *Combien d'élèves <u>vont à une école publique</u>?*
- ■ *<u>Quatre-vingt-treize</u> pour cent des élèves <u>vont à une école publique</u>.*

**4** écrire    **Écrivez un quiz à choix multiple sur le système scolaire dans votre pays. Utilisez les idées des exercices 1–3 et vos propres idées.**

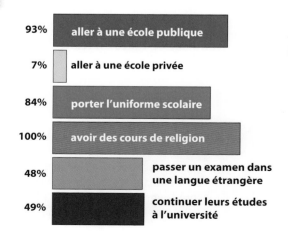

| 93% | aller à une école publique |
| 7% | aller à une école privée |
| 84% | porter l'uniforme scolaire |
| 100% | avoir des cours de religion |
| 48% | passer un examen dans une langue étrangère |
| 49% | continuer leurs études à l'université |

**5** écouter **Écoutez et répondez aux questions en anglais. (1–3)**

**1**  **a**  What are the typical school hours in Canada?
    **b**  What clubs are popular?
    **c**  Why is French important?

**2**  **a**  What are the school hours on Réunion Island?
    **b**  Why is there a long lunch hour?
    **c**  What lunchtime activities might be offered?

**3**  **a**  In Mali, how large might classes be?
    **b**  What are the school hours and why?
    **c**  What might pupils study in addition to subjects like French, maths and science?

> ⭐ Use your knowledge of sound–spelling links to help you visualise how a new word you hear might be spelled. This can help you work out its meaning.

 **6** lire **Lisez les messages et répondez aux questions.**

**Ciel33**: Je trouve que deux mois, c'est un peu trop. On oublie tout ce qu'on a appris et on ne voit pas ses copains pendant plusieurs semaines.

**dantheman**: C'est difficile pour mes parents car ils travaillent tous les deux pendant l'été mais ça me permet de me détendre après une année scolaire difficile.

**Mélimélo5**: Pour la rentrée, on a une liste longue comme le bras: il y a des parents qui n'ont pas les moyens de tout payer.

**Gilette100**: Je suis toujours très fatiguée car je dois me lever à 6h15 pour arriver à temps. Je rentre à 18h30. On ne travaille pas bien quand on n'est pas en forme.

> ⭐ Sometimes you have to **infer** an answer from what you read as you won't find it word for word in the text. For example, to find the person who thinks that the school day is too long, you need to find who gets too tired to learn during the day.

Qui pense que …

**1**  l'école devrait fournir l'équipement scolaire?
**2**  la journée scolaire est trop longue?

**3**  les grandes vacances sont importantes?
**4**  les grandes vacances sont trop longues?

**7** parler **À deux. Préparez une présentation qui dure <u>une minute minimum</u> sur l'école dans votre pays et dans un pays francophone.**

| En Angleterre, En Écosse, Au pays de Galles, En Irlande du Nord, | on va à l'école de … ans à … ans | mais | en France, au Canada, au Mali, | ils vont … |
| | l'école commence à … heures et finit à … heures | | | l'école commence … |
| | on porte/achète/étudie … | et | | ils portent/achètent/étudient … |
| | on ne redouble pas | | | ils (ne) redoublent (pas). |
| Je préfère le système | anglais/écossais/gallois/ nord-irlandais/français/ canadien/malien | parce que/qu' | les horaires sont plus raisonnables. l'uniforme scolaire est pratique/inutile. l'école fournit l'équipement. le redoublement (n')est (pas) une bonne idée. on (n')étudie (pas) … | |

 **8** écrire **Écrivez un article de blog sur les similarités et les différences entre le système scolaire en France et dans votre pays.**

- *Discussing school rules*
- *Using* il faut *and* il est interdit de

**1** lire **Lisez et reliez les images et les règles.**

### Règlement intérieur

a. Il faut être à l'heure.

b. Il est interdit de mâcher du chewing-gum.

c. Il faut faire ses devoirs.

d. Il ne faut pas manquer les cours.

e. Il est interdit d'utiliser son portable en classe.

f. Il est interdit de porter des bijoux, des piercings ou trop de maquillage.

g. Il est interdit de harceler d'autres élèves.

h. Il faut porter l'uniforme scolaire.

i. Il ne faut pas tricher pendant un contrôle.

j. Il est interdit de sortir de l'école pendant l'heure du déjeuner.

**G** *Using* il faut *and* il est interdit de  **>** *Page 220*

| | |
|---|---|
| *il faut …* | it is necessary to/you must … |
| *il est interdit de …* | it is forbidden to/you must not … |

Both expressions are followed by the infinitive.

*Il faut **être** à l'heure.*  You must **be** on time.

*Il est interdit de **manquer** les cours.*  You must not **skip** lessons.

**2** écouter **Écoutez: de quelle règle discute-t-on? Écrivez la bonne lettre et notez aussi: ✓ si la personne est d'accord avec la règle, ou ✗ si elle n'est pas d'accord. (1–7)**

*Exemple:* **1** f ✓

⭐ Listen to the whole of what each person says before making up your mind: they might say something positive but actually disagree overall, or vice versa!

**3** parler **À deux. Discutez des règles de l'exercice 1. Est-ce que vous êtes d'accord avec ces règles?**

| Dans cette école, | il faut … il est interdit de … | | |
|---|---|---|---|
| Je trouve ça | raisonnable juste logique | parce que/qu' car | c'est/ce n'est pas dangereux. il faut protéger les jeunes. on n'est pas des bébés. |
| | injuste ridicule frustrant | | il faut respecter les autres. la mode n'a pas de place à l'école. c'est/ce n'est pas important. l'école, c'est pour apprendre. |

*Je pense que tu as raison.*

*Ah non, tu as tort.*

*Moi aussi, je trouve que …*

*Tu rigoles!*

**4** écrire **Écrivez <u>cinq</u> phrases sur le règlement de votre collège. Donnez vos opinions et expliquez vos raisons.**

*Exemple:* Dans mon collège, il est interdit de jouer au foot dans la cour. Je trouve ça logique parce que c'est dangereux et parce qu'il faut respecter les autres.

**5** lire **Lisez le blog et notez les numéros des cinq phrases qui sont vraies.**

Je trouve que le règlement de mon collège est trop strict. Il y a deux jours, il faisait chaud donc je suis venue en short. À cause de ça, j'ai eu une heure de retenue entre 17 heures et 18 heures: j'ai dû copier des lignes. Quelle perte de temps! En plus, comme dans toutes les écoles en France, il est interdit de porter des signes religieux, mais je trouve ça injuste – j'ai des copines musulmanes qui voudraient porter le foulard et elles n'ont pas le droit.

Je ne comprends pas non plus pourquoi il ne faut pas avoir de portable en classe. Je trouve mon smartphone très utile pour mes devoirs. Mais quand mon copain Bruno a pris une photo en classe, le prof s'est mis en colère et a confisqué son portable.

À midi, certains élèves mangent à la maison mais pour nous autres, il est interdit de sortir du collège. La semaine dernière, je suis allée en ville au lieu de manger à la cantine. Un surveillant m'a vue et j'ai encore eu une heure de colle.

Je comprends pourquoi il faut avoir des règles. Le harcèlement, les élèves qui sèchent les cours, le tabac: ce sont de vrais problèmes. Mais dans mon collège, on ne nous traite pas comme des adultes. C'est comme si j'étais toujours en maternelle!

**Aïnhoa**

1 Aïnhoa trouve les règles de son collège injustes.
2 Elle a eu une heure de retenue à cause de ses bijoux.
3 Les élèves français ne peuvent pas mettre de symboles associés à leur religion pour aller à l'école.
4 Il n'est pas interdit d'utiliser un portable pendant les cours.
5 Le prof était furieux car Bruno a utilisé l'appareil photo sur son portable.
6 À midi, il faut rester à l'intérieur du collège.
7 Aïnhoa n'est d'accord avec aucune règle de son école.
8 Elle trouve que son collège traite les élèves comme des bébés.

 Read the statements carefully. Watch out for negatives!

**Point culture**

En France, il n'y a pas de religion officielle. L'État est neutre. À l'école, personne n'a le droit de porter des signes (vêtements, bijoux, etc.) qui mettent en avant sa religion.

**6** écouter **Écoutez. Copiez et complétez le tableau en anglais. (1–5)**

|   | incident | parent's reaction |
|---|---|---|
| 1 | pupil skipped a science lesson | surprised |
| 2 |  |  |

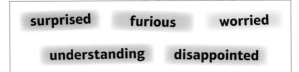

surprised    furious    worried

understanding    disappointed

**7** écrire **Traduisez ce texte en français. Utilisez le blog d'Aïnhoa pour vous aider.**

I understand why it is necessary to have rules. But in my school it is forbidden to wear jewellery. I find that ridiculous. Yesterday I wore jewellery in class. The teacher got angry and confiscated it. Because of that I got one hour of detention. What a waste of time! I think that the rules in my school are very unfair.

● *Talking about getting the best out of school*
● *Using the imperative*

 **1** lire **Lisez l'article. Reliez les conseils et les images.**

*Exemple:* **1** d

| la scolarité | school years |

# 10 conseils pour profiter au maximum de sa scolarité

**1** Présentez-vous pour être délégué(e) de classe: l'expérience vous sera très utile.

**2** Levez la main autant que possible en classe: vous ferez bonne impression et les profs vous trouveront enthousiaste.

**3** Participez à la chorale: les recherches ont prouvé que le chant fait du bien au corps et à l'esprit.

**4** Soyez «écolo»: remplissez toutes les pages de vos cahiers et triez correctement ce que vous jetez.

**5** N'ayez pas peur de remettre en cause les attitudes sexistes, racistes ou homophobes parmi vos camarades de classe pour essayer de combattre la discrimination dans votre école.

**6** Faites une activité sportive: ça détend et vous vous ferez de nouveaux amis.

**7** N'oubliez pas de remercier vos profs: un simple «merci» remontera le moral du prof, même le plus sévère!

**8** Soyez gentils avec les plus jeunes: vous avez été en sixième, vous aussi!

**9** Profitez des sorties scolaires: une pièce de théâtre, un échange à l'étranger ou une simple visite au musée, ce sont souvent les moments les plus mémorables de la scolarité.

**10** Et finalement, amusez-vous bien! Vos années scolaires seront bientôt finies.

**2** lire **Choisissez cinq conseils de l'exercice 1 et traduisez-les en anglais.**

⭐ When you are translating from French to English, think carefully about what sounds natural in English. For example, when translating *profitez*, 'make the most of' sounds better than 'profit from'.

**3** écouter **Écoutez et choisissez la bonne image de l'exercice 1. (1–10)**

*Exemple:* **1** b

**4** écrire **Écrivez en français cinq conseils pour un nouveau prof dans votre collège. Utilisez l'impératif.**

*Exemple:* **1** Soyez gentil avec vos élèves.

**G** **The imperative**

You use the imperative to give instructions. Recap how to form it using the grammar box on page 76. In addition, **for reflexive verbs**, add *-toi* or *-vous*:

*tu t'amuses* (you have fun)
→ *Amuse-**toi**!* (Have fun!)
*vous vous présentez* (you put yourself forward)
→ *Présentez-**vous**!* (Put yourself forward!)

***avoir* and *être* are irregular**:
*être* → *tu* form: *sois* → **Sois** *écolo!* (Be green!)
       *vous* form: *soyez* → **Soyez** *écolo!*

*avoir* → *tu* form: *aie* → *N'**aie** pas peur!* (Don't be afraid!)
       *vous* form: *ayez* → *N'ayez pas peur!*

**5** lire **Lisez le texte puis complétez le résumé avec des verbes au <u>futur</u>.**

Fin juin, je quitterai mon collège. À la rentrée, je serai en seconde au lycée Ampère, un grand lycée à dix kilomètres de chez moi.

J'ai l'intention de profiter au maximum de mon nouveau lycée! Je ne suis pas délégué de classe en ce moment mais au lycée, je me présenterai à l'élection. Un délégué de classe aide ses camarades de classe et les représente aux conseils de classe, ce que je trouve très important.

Au lycée, il y a plein de clubs et d'activités culturelles.

En ce moment, je suis membre d'un club de basket mais au lycée, je jouerai au hand et au foot. J'écrirai aussi des articles pour le journal du lycée car je m'intéresse au journalisme. Ce sera une expérience très utile.

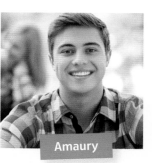

Amaury

Je verrai des films au ciné-club et je participerai au club de théâtre. L'année prochaine, le club montera *Les Misérables*. J'ai hâte d'être dans un grand spectacle musical comme ça.

En classe, je continuerai à travailler trés dur. Pour moi, l'important, c'est d'avoir de bonnes notes et d'être bien dans sa peau.

- En juin, Amaury **1** [____] son collège et en septembre, il **2** [____] en seconde au lycée.
- Il se **3** [____] pour être délégué de classe car il trouve ce rôle important.
- Au collège il joue au basket mais au lycée il **4** [____] au hand.
- Il **5** [____] des articles pour le journal et il **6** [____] des films au ciné-club. Il **7** [____] au club de théâtre.
- En classe, il **8** [____] très dur.

**G** *The future tense* > *Page 218*

To form the future tense, use the future stem of the verb + the correct ending.

***je* quitter*ai*** (I will leave)
***il* quitter*a*** (he will leave)

***je* ser*ai*** (I will be)
***il* ser*a*** (he will be)

**6** écouter **Écoutez et écrivez les lettres des <u>deux</u> bonnes phrases pour chaque personne. (1–5)**

*C'est quoi, ton plus grand accomplissement au collège?*

*Exemple:* **1** b, …

| | |
|---|---|
| **a** Je joue dans l'équipe de rugby. | **f** Je suis fier/fière car je n'ai pas beaucoup confiance en moi. |
| **b** Je représente les opinions de mes camarades de classe. | **g** Ce succès est mérité car je travaille très dur. |
| **c** Je n'oublierai jamais cette expérience. | **h** J'ai donné un concert. |
| **d** Je fais partie du club de théâtre. | **i** J'ai toujours de bons commentaires sur mon bulletin scolaire. |
| **e** C'est une bonne préparation pour la vie d'adulte. | **j** C'est un honneur de représenter son école. |

**7** parler **À deux. Parlez de vos plus grands accomplissements au collège.**

● *Quels sont tes plus grands accomplissements au collège, et pourquoi?*

■ *Un de mes plus grands accomplissements, c'est que je fais partie d'un groupe de théâtre. J'ai chanté et dansé dans* Oliver. *Je n'oublierai jamais cette expérience!*

● *C'est génial! Et il y a autre chose?*

■ *En plus, je joue dans l'équipe de basket …*

– Use or adapt phrases from exercise 6.
– Give your reaction to your partner's accomplishments:
*Bravo! C'est excellent! Tu as raison, ce succès est mérité/c'est un honneur. Tu as raison d'être fier/fière. J'aimerais bien faire ça aussi.*

● *Talking about a school exchange*
● *Using past, present and future timeframes*

**1** écouter

**Écoutez les opinions sur les échanges scolaires. Notez la bonne lettre pour chaque personne. (1–5)**

> *Pourquoi faire un échange scolaire?*

**a** On se fait de nouveaux amis.
**b** On améliore ses compétences en langue.
**c** On habite chez une famille d'une culture différente.
**d** On visite un nouveau pays ou une nouvelle région.
**e** On apprécie non seulement les différences mais aussi les similarités entre nos vies.

 **The pronoun on**

***On*** can mean 'one', 'you' or 'we'. It is used a lot in French: much more than we would use the pronoun 'one' in English.

It is used when talking about people in general and takes the same verb form as *il/elle*:

***On*** amélior**e** *ses compétences en langue*.
You improve your language skills.

**2** lire

**Lisez les messages des élèves français qui font un échange en Angleterre. Complétez les messages avec les verbes de l'encadré.**

*Exemple:* **1 a** va, …

**1** Tout **a** ▭ bien ici en Angleterre. Je **b** ▭ dans le car avec nos correspondants anglais et on est en route pour un parc d'attractions. Hier, dans le bateau entre Calais et Douvres, j'ai vomi parce que la mer **c** ▭ vraiment agitée. Demain, on **d** ▭ le train pour aller à Londres.

**2** C'est vraiment top ici à Guildford. La famille anglaise **a** ▭ très bien de moi. J' **b** ▭ à un atelier de danse et c'était super. Maintenant, nous **c** ▭ dans une forêt où on fait du tir à l'arc. Après, on **d** ▭ du segway, ça sera très rigolo.

**3** J' **a** ▭ de beaux cadeaux pour vous! Avant de venir en Angleterre, j' **b** ▭ peur mais demain, quand on partira, je **c** ▭ très triste. Mais je suis contente parce que Becky et moi, on **d** ▭ en contact sur Facebook.

| | | |
|---|---|---|
| **suis** | **va** | **sommes** | **s'occupe** | **ai acheté** | **ai participé** |
| **était** | **avais** | **va rester** | **va faire** | **va prendre** | **serai** |

**3** écouter

**Écoutez et vérifiez vos réponses de l'exercice 2. Ensuite, pour chaque image, écrivez PA (passé), PR (présent) ou F (futur).**

*Exemple:* **1 a** – PR, **b** – …

**1**  **a** **b**
 **c**

**2** 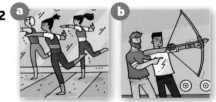 **a** **b**
 **c**

**3**  **a** 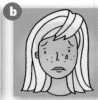 **b**
 **c**

### 4 lire Lisez le blog et les phrases. Corrigez l'erreur dans chaque phrase.

Je suis Alex et je suis au lycée Jean-Jacques Rousseau. Mon correspondant anglais, Sam, est arrivé il y a cinq jours pour passer huit jours chez nous. Ça fait plus de cinquante ans que mon collège organise des échanges avec son collège à Woking, en Angleterre.

Les élèves et leurs profs sont arrivés en car vendredi soir. J'ai été hyper-content de rencontrer Sam. Il essaie de parler français et je m'entends très bien avec lui. On a passé le premier week-end en famille et c'était super sympa.

Lundi matin, nous sommes allés au collège ensemble. L'après-midi, nous avons visité un château. Le lendemain, nous avons visité une chocolaterie où

Sam a acheté plein de souvenirs pour sa famille. Aujourd'hui, on a participé à un atelier de poterie. Mais au lieu d'être attentif, Sam a passé son temps sur son portable!

Demain, jeudi, il y aura une sortie au Futuroscope: c'est un parc d'attractions à soixante-trois kilomètres d'ici. Vendredi, on ira à la Vallée des Singes, un parc animalier. Samedi, je serai très triste de dire «au revoir» à Sam quand les correspondants et leurs profs partiront.

1 L'échange entre les collèges de Sam et Alex existe depuis 40 ans.
2 Le groupe anglais a voyagé en avion.
3 Sam refuse de parler français.
4 Lundi matin, Alex est allé à l'école sans Sam.
5 Sam a acheté des cadeaux au château.
6 Sam a trouvé l'atelier de poterie fascinant.
7 Demain, tout le monde ira au Parc Astérix.
8 Les Anglais rentreront à Woking vendredi.

### 5 lire Relisez le texte de l'exercice 4, puis copiez et complétez le programme en français. Écrivez les verbes au <u>présent</u>.

| Programme pour la visite du collège anglais | | | |
|---|---|---|---|
| ven. soir | Les élèves et leurs profs arrivent en car. | mer. | |
| sam./dim. | | jeu. | |
| lun. | | ven. | |
| mar. | | sam. | |

### 6 parler À deux. Vous avez participé à un échange scolaire en France. Regardez la photo et préparez vos réponses aux questions.

- Qu'est-ce qu'on voit sur la photo? *Sur la photo il y a …*
- Décrivez votre correspondant(e) français(e). *Il/elle s'appelle … et il/elle est ….*
- Qu'est-ce que vous avez fait pendant l'échange? *Nous sommes arrivés ….*
- Donnez votre opinion sur votre visite en France. *C'était …*
- Donnez votre opinion sur les échanges en général. *Les échanges (ne) sont (pas) importants car ….*

### 7 écrire Écrivez un blog sur votre échange. Utilisez vos idées de l'exercice 6.

⭐ Use ideas from this unit to answer the questions, or your imagination. If you have been on an exchange visit to France with your school, you could answer the questions about a photo of your own.

**1** lire **Lis ces extraits sur un site d'éducation.**

| collège Jeanne d'Arc | Ceux qui sont actifs bénéficient d'un grand gymnase et de plusieurs terrains de foot. Nos vestiaires sont modernes et propres. |
|---|---|
| collège Molière | Ici, la cantine sert aux élèves des repas sans pareils tous les midis. Il faut acheter des tickets au secrétariat. |
| collège Renoir | Nous avons non seulement un beau laboratoire de langues mais aussi dix labos neufs. Nous sommes aussi fiers de notre nouveau bâtiment pour les internes. |
| collège Debussy | Dans certaines écoles, il est interdit de sortir son portable. Ici, toutes nos salles de classe ont une connexion Internet à très haut débit. En plus, on fournit une tablette à tous les élèves. |

**Quel est le bon collège? Choisis entre: Jeanne d'Arc, Molière, Renoir et Debussy.**

**(a)** On peut bien manger au collège ▆▆▆▆▆▆.

**(b)** Le collège ▆▆▆▆▆▆ trouve les nouvelles technologies très importantes.

**(c)** Si vous aimez le sport, il faut aller au collège ▆▆▆▆▆▆.

**(d)** Le collège ▆▆▆▆▆▆ a un pensionnat moderne.

**(e)** Le collège ▆▆▆▆▆▆ est bien aménagé pour les sciences.

**2** lire **Read this literary extract. The narrator talks about his school timetable.**

*Le Temps des secrets* by Marcel Pagnol (abridged and adapted)

«Maintenant, pour inaugurer votre année scolaire, je vais vous distribuer vos emplois du temps.» Le maître prit sur le coin de sa chaire une liasse de feuilles, et fit le tour de l'étude, donnant à chacun celle qui lui convenait.

J'appris ainsi que nos journées débutaient à huit heures moins un quart par une «étude» d'un quart d'heure, suivie de deux classes. À dix heures, après un quart d'heure de récréation, encore une heure de classe, et trois quarts d'heure d'étude avant de descendre au réfectoire, dans les sous-sols de l'internat.

Après le repas de midi, une récréation d'une heure entière précédait une demi-heure d'étude qui était suivie de deux heures de classe. À quatre heures, seconde récréation, puis la longue et paisible étude du soir.

*le maître* the teacher

> ⭐ This is a tricky text, but don't be put off. In a literary text, there will nearly always be words that you've never seen before. Concentrate on getting the gist. Use the questions to help you get a sense of what the text must be about. Then try to focus on the details that you are asked for.

**Write the letter of the correct ending for each sentence.**

**1** The teacher begins the school year by …
 **A** welcoming the children.
 **B** handing out timetables.
 **C** giving out worksheets.
 **D** giving out money.

**2** The writer's school day starts at …
 **A** 7.45.
 **B** 8.00.
 **C** 8.15.
 **D** 8.30.

**3** At 10 o'clock there is …
 **A** the next lesson.
 **B** 15 minutes of P.E.
 **C** break.
 **D** study time.

**4** Pupils eat …
 **A** on the top floor.
 **B** in the playground.
 **C** in the classroom.
 **D** in the refectory.

**1** écouter

**Écoute. Isabelle parle de son collège. Complète les phrases en choisissant un mot ou des mots dans la case. Il y a des mots que tu n'utiliseras pas.**

| | | | | |
|---|---|---|---|---|
| les prix | beaucoup | peu | fort | la nourriture |
| les langues vivantes | | équipement sportif | | faible |
| équipement technologique | | le commerce | | |

**(a)** Comme matière scolaire, Isabelle aime ▢▢▢▢.
**(b)** En sciences, Luc est ▢▢▢▢.
**(c)** Le point positif de la cantine, c'est ▢▢▢▢.
**(d)** Il n'y a pas assez d'▢▢▢▢.
**(e)** Isabelle a ▢▢▢▢ de devoirs.

**2** écouter

**You hear a report on French radio about school uniform. Listen to the recording and answer the following questions in English.**

**(a)** Why does Nina think school uniform is practical and easy?
**(b)** How does she know about school uniform in England?
**(c)** What is her opinion about fashion?
**(d)** Why is Jérôme against school uniform? Give <u>two</u> reasons.
**(e)** What does he say about designer clothing?

**3** écouter

**You hear a mother talking about how her children, Ali and Huda, are getting on at school. Choose the <u>two</u> correct statements for each question.**

**1** What does she say about Ali?

   **A** Ali worked hard at primary school.
   **B** He has many friends at secondary school.
   **C** He has a good relationship with his teachers.
   **D** His work is not as good as it used to be.
   **E** He misbehaved at primary school.

**2** What does she say about Huda?

   **A** Huda is positive about secondary school.
   **B** She used to be in a drama club.
   **C** She likes doing new subjects.
   **D** She is less confident at secondary school.
   **E** She is doing well in every subject.

> ⭐ You need to listen carefully to the tenses the speaker uses. She talks about Ali and Huda's experiences of primary school using the imperfect and of secondary school using the present.

## A – Role play

**1** *parler* Look at the role play card and prepare what you are going to say.

### Topic: What school is like

You are talking about school rules with a Swiss exchange student. The teacher will play the role of the Swiss exchange student and will speak first.

You must address the exchange student as *tu*.

You will talk to the teacher using the five prompts below.

- Where you see – **?** – you must ask a question.
- Where you see – **!** – you must respond to something you have not prepared.

**Tu parles du règlement scolaire avec un élève suisse.**

**1** Tes vêtements pour le collège – description

**2** Uniforme scolaire – opinion

**3 !**

**4 ?** Uniforme scolaire en Suisse

**5 ?** Les portables en classe en Suisse

> You will need the verb 'to wear'. Can you remember what it is?

> What phrases have you learned to ask if you 'must' do something, or if it is 'forbidden' to do something, or if you 'can' do something?

> ⭐ When forming a question that doesn't contain a question word, put *est-ce que* in front of the statement, and raise the tone of your voice. Make sure you pronounce *est-ce que* correctly: it sounds a bit like *ESS-KEUH*.

**2** *parler* Compare your answers with a partner and practise what you are going to say. Pay attention to your intonation and pronunciation. As you practise, ask each other possible 'unprepared' questions.

**3** *écouter* Using your notes, listen and respond to the teacher.

**4** *écouter* Now listen to Joanna performing the role play task.

## B – General conversation

**1** écouter

Listen to Leon introducing his chosen topic and look at the transcript. Write down the missing verbs. What different tenses and verb constructions does Leon use in his answer?

Je vais vous parler d'une sortie scolaire. Quand j'**1** ▨▨▨▨ en quatrième, je **2** ▨▨▨▨ à Londres avec mon collège pour **3** ▨▨▨▨ le Musée de la science et pour **4** ▨▨▨▨ une comédie musicale.

Nous **5** ▨▨▨▨ en car et nous **6** ▨▨▨▨ très tôt, à sept heures et demie du matin. Nous **7** ▨▨▨▨ à Londres trois heures plus tard et nous **8** ▨▨▨▨ directement au musée. Le musée **9** ▨▨▨▨ très intéressant parce qu'il y **10** ▨▨▨▨ beaucoup d'activités à faire et parce que la chimie **11** ▨▨▨▨ une de mes matières préférées.

À midi, nous **12** ▨▨▨▨ un pique-nique dans un beau parc avant d'**13** ▨▨▨▨ au théâtre pour **14** ▨▨▨▨ la comédie musicale *Cats*. C'**15** ▨▨▨▨ incroyable: j'**16** ▨▨▨▨ les danseurs et les acteurs absolument superbes.

Comme c'**17** ▨▨▨▨ une longue journée, nous **18** ▨▨▨▨ dans le car au retour. J'**19** ▨▨▨▨ bien participer à une autre sortie scolaire parce que lors ces sorties, on **20** ▨▨▨▨ une nouvelle ville et on **21** ▨▨▨▨ plus indépendant.

> ⭐ Try to get plenty of different tenses and verb constructions into your initial presentation. As you can learn this by heart, you will have a confident and impressive start to your conversation with your teacher.

**2** écouter

The teacher then says to Leon: «Décris-moi ton collège.» Listen to Leon's answer and list in English all the <u>opinions</u> he includes.

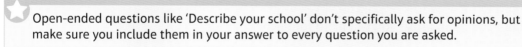

> ⭐ Open-ended questions like 'Describe your school' don't specifically ask for opinions, but make sure you include them in your answer to every question you are asked.

**3** écouter

Listen to how Leon answers the next question: «Tu as choisi quelles matières? Pourquoi?» Look at the Answer booster on page 136. Write down <u>six</u> examples of what he does to make his answer a good one.

**4** parler

Prepare answers to these questions. Then practise with your partner.

1 Décris-moi ton collège.
2 Tu as choisi quelles matières? Pourquoi?
3 Parle-moi d'une journée scolaire type.
4 Qu'est-ce que tu penses du règlement de ton école?
5 Aimais-tu ton école primaire?
6 Quelle est ton opinion sur les différences entre l'éducation en France et en Grande-Bretagne?
7 Qu'est-ce que tu feras quand tu quitteras ton école?

| Answer booster | Aiming for a solid answer | Aiming higher | Aiming for the top |
|---|---|---|---|
| **Verbs** | **Different time frames:** present, perfect and future<br>**Modal verbs + an infinitive:** On doit … On peut … | **Different persons of the verb:** not just *je* but *il/elle/on/nous/vous*<br>*il faut/il est interdit de* + infinitive | **Different tenses:** imperfect, future and conditional<br>**Reflexive verbs in the perfect tense:** *Nous nous sommes endormis.*<br>*en* + present participle |
| **Opinions and reasons** | *C'est/C'était/Ça va être/Ce sera* + adjective<br>*Je suis fort(e)/doué(e)/faible en …* | *J'aimerais …*<br>*Je voudrais …* | **More variety:**<br>*Je me passionne pour …*<br>*Les cours me plaisent.*<br>*Je suis convaincu(e) que …* |
| **Connectives** | *et, ou, mais, aussi, puis, ensuite<br>quand, lorsque<br>parce que, car* | *où, comme* | *cependant, par contre* |
| **Other features** | **Qualifiers:** *très/assez/énormément*<br>**Negatives:** *ne … pas, ne … jamais* | *avant de* + infinitive<br>*ce/cet/cette/ces*<br>**A range of negatives:** *ne … que, ne … ni … ni …, ne … rien*<br>**The relative pronoun *qui***<br>**Comparatives/superlatives** | **Direct object pronouns:**<br>*Je le/la/les trouve* + adjective<br>**The relative pronoun *que*:**<br>*Ce que je n'aime pas dans mon école, c'est …*<br>*… celui/celle/ceux/celles qui …* |

## A – Extended writing task

**1** lire  **Look at the task.**

- Work out what each bullet point means. Use your reading skills to work out the meaning of any tricky words or phrases.
- Then think about the main tense you will need for each bullet point.

### L'école dans le monde

Un magazine français cherche des articles sur des écoles dans des pays différents.

Écrivez un article sur votre école.

Vous **devez** faire référence aux points suivants:
- les matières scolaires les plus intéressantes dans votre école
- votre opinion sur les équipements dans votre école
- quelque chose que vous avez fait récemment à l'école dont vous êtes fier/fière
- ce que vous changeriez dans votre école, si vous étiez le directeur/la directrice.

Justifiez vos idées et vos opinions.

Écrivez 130–150 mots environ en français.

**2** lire  **Read Phoebe's answer on the next page. What do the phrases in bold mean?**

**3** lire  **Look at the Answer booster. Note down <u>eight</u> examples of language that Phoebe includes to improve the quality of her answer.**

Pour moi, les cours les plus intéressants dans mon école sont l'anglais et l'histoire. Je suis très forte en anglais et **je trouve ça fascinant** car la littérature anglaise, c'est ma passion. Comme **je m'intéresse au** passé, **l'histoire me plaît** aussi. Je continuerai ces matières l'année prochaine quand je serai au lycée.

Notre école est **mieux aménagée que** beaucoup d'autres parce que **nous bénéficions d'**un gymnase immense. Nous avons aussi plusieurs terrains de jeux, **ainsi qu'**une salle de musculation. Les salles de classe sont propres et modernes mais **il n'y a ni** piscine **ni** laboratoire de langues.

**Je suis très fière de moi** car récemment, j'ai participé à un spectacle organisé par mon école. Trois camarades de classe et moi, nous avons chanté ensemble devant plus de 200 personnes! C'était une expérience fabuleuse.

Si j'étais la directrice, je changerais beaucoup de choses. D'abord, je trouve notre uniforme démodé. **J'aimerais mieux** porter mes propres vêtements. En plus, il y aurait une belle piscine pour **ceux qui aiment** la natation. Finalement, j'organiserais **plus de clubs** parce qu'**il n'y a rien à faire** pendant la pause déjeuner.

> ⭐ *Propre(s)* can mean either 'clean', as in *Les salles de classe sont propres*, or (my, your, our, etc.) 'own', as in *porter mes propres vêtements.*

**4** écrire
Now write your own answer to the task, using the Answer booster and Phoebe's text for ideas. Remember to systematically check your answer when you have finished.

## B – Translation

**1** lire
Jack has tried to translate this text into French but he has made some mistakes. His teacher has highlighted them. Look at Jack's work and explain in English the <u>eight</u> mistakes he has made. Then write out the correct version, correcting all of Jack's errors.

*Example:* **1** He has missed out the auxiliary verb <u>suis</u>.

When I went to France with my school, we visited a secondary school in Bordeaux. In France, pupils can wear their own clothes. We saw a very interesting science lesson. I didn't understand anything but Amy, who is good at French, helped me. I will go back to Bordeaux next year to see my new friends.

**1**    **2**    **3**    **5**

Quand je allé en France avec mon école, nous avons visité un collège en Bordeaux. En France, élèves peuvent porter leurs propres vêtements. Nous avons vu un très intéressant cours de science. Je n'ai compris rien mais Amy, qui est fort en français, m'a aidé. Je retourne à Bordeaux l'année prochaine pour voir mon nouveaux amis.

**6**    **7**    **4**    **8**

**2** écrire
Translate the following passage into French. Try to avoid making the same mistakes that Jack made.

In France, lessons begin at 8 a.m. and pupils have to buy their own exercise books. I visited a typical secondary school in Dieppe when I went there last year. My penpal, who is called Lucie, is not good at English so we spoke French together. Lucie didn't learn anything but in August she will come to England to meet my friends.

## Les matières — School subjects

| Les matières | School subjects | | |
|---|---|---|---|
| le commerce | business studies | l'anglais | English |
| le dessin/les arts plastiques | art/fine art | l'art dramatique | drama |
| le français | French | l'économie | economics |
| le latin | Latin | l'éducation physique et sportive/l'EPS | PE |
| la biologie/les Sciences de la Vie et de la Terre | biology | l'espagnol | Spanish |
| | | l'étude des médias | media studies |
| la chimie | chemistry | l'histoire | history |
| la géographie | geography | l'histoire-géo | history and geography (studied together in France) |
| la musique | music | | |
| la physique/les sciences physiques | physics | l'informatique | ICT |
| la religion | religious studies | l'instruction civique | citizenship |
| la sociologie | sociology | l'italien | Italian |
| la technologie | design and technology | les arts ménagers | home technology |
| l'allemand | German | les maths | maths |

## Mon collège — My school

| Mon collège | My school | | |
|---|---|---|---|
| Mercredi, à 11h15, j'ai histoire-géo. | I have history and geography at 11.15 a.m. on Wednesday. | Je trouve … | I find … |
| J'ai (deux) heures de (musique) par semaine. | I have (two) hours of (music) per week. | Je pense que … est/sont … intéressant(e)(s) passionnant(e)(s) ennuyeux/-euse(s) | I think that … is … interesting exciting boring |
| Il n'y a pas de cours de … dans mon emploi du temps. | There are no … lessons in my timetable. | … parce que … c'est facile/fascinant/ difficile/utile/inutile | … because … it's easy/fascinating/ difficult/useful/useless |
| J'apprends (deux) langues vivantes. | I learn (two) foreign languages. | | |
| Mes cours finissent à (16h00) tous les jours. | My lessons finish at (4.00 p.m.) every day. | Je suis fort(e)/faible/doué(e) en … | I am strong/weak/gifted in … |
| Je n'ai pas cours (le mercredi après-midi). | I don't have lessons (on Wednesday afternoon). | Le/La prof est bon(ne)/sympa/marrant(e)/ sévère/gentil(le)/impatient(e). | The teacher is good/nice/funny/ strict/kind/impatient. |
| Ma matière préférée est … | My favourite subject is … | On a trop de devoirs. | We have too much homework. |
| J'adore/j'aime/je n'aime pas/je déteste … | I love/like/don't like/hate … | | |

## Mon bahut — My school

| Mon bahut | My school | | |
|---|---|---|---|
| Comment s'appelle ton collège? | What's your school called? | Le mercredi après-midi, il n'y a pas cours. | There are no lessons on Wednesday afternoon. |
| Mon collège s'appelle … | My school is called … | | |
| C'est quelle sorte d'école? | What sort of school is it? | Quelles matières étudies-tu? | What subjects do you study? |
| C'est un collège mixte pour les élèves de onze à seize ans. | It's a mixed school for pupils from 11 to 16. | J'étudie douze matières dont … Toutes mes matières sont obligatoires. | I study 12 subjects, including … All my subjects are compulsory. |
| Il y a combien d'élèves? | How many pupils are there? | Quelle est ta matière préférée? | What is your favourite subject? |
| Il y a 750 élèves et quarante-cinq professeurs. | There are 750 pupils and 45 teachers. | Ma matière préférée, c'est (les arts ménagers) car … | My favourite subject is (home technology) because … |
| Quels sont les horaires du collège? | What are the school hours? | J'adore (cuisiner) car … je suis doué(e) pour ça | I love (cooking) because … I'm talented at that |
| Les cours commencent à 8h30. | Lessons start at 8.30 a.m. | | |
| La récré est à 10h15 et dure quinze minutes. | Break is at 10.15 a.m. and lasts 15 minutes. | Comment sont les professeurs? Les profs sont sympa/sévères. | What are your teachers like? The teachers are nice/strict. |
| On a une heure et demie pour le déjeuner. | We have an hour and a half for lunch. | Qu'est-ce que tu penses de ton collège? | What do you think of your school? |
| Les cours finissent à 16 heures. | Lessons finish at 4.00 p.m. | Je trouve que/qu' … | I find that … |
| Il y a combien de cours par jour? | How many lessons are there per day? | les journées sont trop longues | the days are too long |
| Il y a sept cours de cinquante-cinq minutes par jour. | There are seven lessons of 55 minutes per day. | on a trop de contrôles les profs sont excellents | we have too many tests the teachers are excellent |

## L'école chez nous, l'école chez vous — School here and with you

| L'école chez nous, l'école chez vous | School here and with you | | |
|---|---|---|---|
| En Angleterre/Écosse/Irlande du Nord, … | In England/Scotland/ Northern Ireland … | l'école commence … ils portent … | school starts … they wear … |
| Au pays de Galles, … | In Wales … | ils achètent … | they buy … |
| on va à l'école de … ans à … ans | we go to school from … to … years old | ils (ne) redoublent (pas) ils étudient … | they (don't) repeat the year they study … |
| l'école commence à … heures et finit à … heures | school starts at … and finishes at … | Je préfère le système (anglais/français) parce que … | I prefer the (English/French) system because … |
| on porte un uniforme scolaire/ ses propres vêtements | we wear a school uniform/our own clothes | les horaires sont plus raisonnables l'uniforme scolaire est pratique/inutile | the hours are more sensible school uniform is practical/useless |
| on achète ses propres stylos et règles | we buy our own pens and rulers | l'école fournit l'équipement | the school provides the equipment |
| on ne redouble pas | we don't repeat the year | le redoublement (n')est (pas) une bonne idée | repeating the year is (not) a good idea |
| on étudie … | we study … | on (n')étudie (pas) … | we/they (don't) study … |
| Mais en France/au Canada/au Mali, … ils vont … | But in France/Canada/Mali … they go … | | |

## Le règlement scolaire

Dans cette école, il faut …
    être à l'heure
    faire ses devoirs
    porter l'uniforme scolaire
Il ne faut pas …
    manquer les cours
    tricher pendant un contrôle
Il est interdit de/d' …
    mâcher du chewing-gum
    utiliser son portable en classe
    porter des bijoux/des piercings/
      trop de maquillage
    harceler d'autres élèves
    sortir de l'école pendant l'heure du
      déjeuner
Je trouve ça …
    raisonnable/logique
    juste/injuste

## School rules

In this school, you must …
    be on time
    do your homework
    wear a school uniform
You must not …
    miss lessons
    cheat in a test
It is forbidden to …
    chew gum
    use your mobile in class
    wear jewellery/piercings/too much
      make-up
    bully other pupils
    leave school during the lunch hour

I find that …
    reasonable, sensible/logical
    fair/unfair

ridicule/frustrant
… parce que/car …
    c'est/ce n'est pas dangereux
    il faut protéger les jeunes
    on n'est pas des bébés
    il faut respecter les autres
    la mode n'a pas de place à l'école
    c'est/ce n'est pas important
    l'école, c'est pour apprendre
J'ai eu une heure de retenue/de colle.
J'ai dû copier des lignes.
Quelle perte de temps!
Je pense que tu as raison.
Ah non, tu as tort.
Moi aussi, je trouve que …
Je (ne) suis (pas) d'accord avec toi.
Tu rigoles!

ridiculous/frustrating
… because …
    it's (not) dangerous
    you must protect young people
    we're not babies
    you must respect others
    fashion has no place at school
    it's (not) important
    school is for learning
I had an hour of detention.
I had to write lines.
What a waste of time!
I think you're right.
Oh no, you're wrong.
Me too, I find that …
I (don't) agree with you.
You're joking!

## Profiter de l'école

Présentez-vous pour être délégué(e)
    de classe.
Levez la main autant que possible
    en classe.
Participez à la chorale.
Soyez «écolo».
N'ayez pas peur de remettre en cause
    les attitudes sexistes, racistes ou
    homophobes.
Faites une activité sportive.
N'oubliez pas de remercier vos profs.
Soyez gentils avec les plus jeunes.
Profitez des sorties scolaires.
Amusez-vous bien!
C'est quoi, ton plus grand
    accomplissement au collège?

## Making the most of school

Put yourself forward to be class
    representative.
Raise your hand as often as possible
    in class.
Join the choir.
Be 'green'.
Don't be afraid to challenge sexist,
    racist or homophobic attitudes.

Do a sporting activity.
Don't forget to thank your teachers.
Be kind to the youngest ones.
Make the most of your school trips.
Have lots of fun!
What is your greatest achievement
    at school?

Je joue dans l'équipe de rugby.
Je représente les opinions de mes
    camarades de classe.
Je n'oublierai jamais cette expérience.
Je fais partie du club de théâtre.
C'est une bonne préparation pour la
    vie d'adulte.
Je suis fier/fière car je n'ai pas beaucoup
    confiance en moi.
Ce succès est mérité car je travaille
    très dur.
J'ai donné un concert.
J'ai toujours de bons commentaires sur
    mon bulletin scolaire.
C'est un honneur de représenter
    son école.

I play in the rugby team.
I put forward my classmates' opinions.

I will never forget this experience.
I am in the drama club.
It's good preparation for adult life.

I am proud because I don't have much
    self-confidence.
I deserve my success because I work
    hard.
I gave a concert.
I always get good comments in my
    school report.
It's an honour to represent your school.

## En échange

Pourquoi faire un échange scolaire?
On se fait de nouveaux amis.
On améliore ses compétences en langue.
On habite chez une famille d'une culture
    différente.
On visite un nouveau pays ou une
    nouvelle région.
On apprécie non seulement les
    différences mais aussi les similarités
    entre nos vies.
Mon/Ma correspondant(e) anglais(e) est
    arrivé(e) il y a (cinq) jours.

## On an exchange

Why go on a school exchange?
You make new friends.
You improve your language skills.
You live with a family from another
    culture.
You visit a new country or region.

You appreciate not only the differences,
    but also the similarities between
    our lives.
My English exchange partner arrived
    (five) days ago.

Les élèves et leurs profs sont arrivés
    (en car).
J'ai été content(e) de rencontrer X.
On a passé le premier week-end
    en famille.
Nous sommes allés au collège ensemble.
Nous avons visité …
On a participé à …
Il y aura une sortie à …

The pupils and their teachers arrived
    (by coach).
I was pleased to meet X.
We spent the first weekend with the
    family.
We went to school together.
We visited …
We took part in …
There will be an outing to …

## Les mots essentiels

dont
en ce moment
parmi
au lieu de

## High-frequency words

of which
at the moment, currently
among
instead of

bientôt
à cause de ça
y compris

soon
because of that
including

# 7 Bon travail!
## Point de départ

● *Discussing jobs and work preferences*

**1** écrire **Copiez et complétez le tableau.**

| masculin | féminin | anglais |
|---|---|---|
| architecte | | |
| | bouchère | |
| caissier | | cashier |
| | créatrice de mode | fashion designer |
| | directrice | |
| électricien | | |
| | factrice | postman/postwoman |
| | fonctionnaire | civil servant |
| infirmier | | nurse |
| | informaticienne | computer scientist |
| journaliste | | |
| | vendeuse | sales assistant |
| vétérinaire | | |

**G** **Job nouns**

These often change according to gender.

*-ien* → *-ienne*: *mécanicien/mécanicienne* (mechanic)
*-eur* → *-euse*: *coiffeur/coiffeuse* (hairdresser)
*-teur* → *-trice*: *acteur/actrice* (actor/actress)
*-er* → *-ère*: *boulanger/boulangère* (baker)
*-on* → *-onne*: *patron/patronne* (boss)

*Professeur* (teacher) and nouns like *dentiste* and *secrétaire* that end in *-e* don't have a separate feminine form, but use **le** if the person is male and **la** if the person is female.

*Agent de police* (police officer), *médecin* (doctor) and *soldat* (soldier) are the same for both genders, so always use **le** for these words.

**▌** **Point culture**

Some jobs historically done by men do not have an 'official' feminine version, but words like *ingénieur* (engineer) and *maçon* (builder) are often feminised as *ingénieure* and *maçonne*. However, many female engineers prefer to say *je suis ingénieur*.

**2** lire **Copiez et complétez les phrases, en utilisant les professions sur les photos.**

1 J'adore la campagne et je préférerais travailler en plein air. J'aimerais être ▨▨▨▨▨.
2 Voyager, c'est ma passion, et les avions me fascinent. Je crois que je serai ▨▨▨▨▨.
3 Je voudrais travailler avec des enfants – mais pas les grands, les petits! Je voudrais être ▨▨▨▨▨.
4 Je suis forte en maths et j'adore les chiffres. J'aimerais travailler comme ▨▨▨▨▨.
5 Je suis courageux et ce serait incroyable de sauver la vie des gens. Je veux être ▨▨▨▨▨.
6 Je suis passionnée par la loi et la justice. Je voudrais travailler comme ▨▨▨▨▨.

comptable

agriculteur/-trice

pompier/-ière

instituteur/-trice

avocat(e)

pilote

★ When referring to jobs that you do or would like to do, you don't need the indefinite article (*un/une*) in French:

*Je voudrais être programmeur/-euse.*
I'd like to be <u>a</u> computer programmer.

**3** écouter **Écoutez et complétez le tableau en anglais. (1–5)**

| *le frère aîné* | older brother |
|---|---|
| *le frère cadet* | younger brother |

| | jobs family members do | job the speaker would like to do | other details |
|---|---|---|---|
| 1 | mother – hairdresser father – ... | | |

**4** À deux. Parlez de votre famille et du métier que vous voudriez faire.

*Exemple:*
- *Ma mère est secrétaire, mais moi, je voudrais être journaliste.*
- ■ *Pourquoi?*
- *Parce que je suis fort(e) en/doué(e) en anglais et parce que j'aime écrire des articles. Et toi, qu'est-ce que tu voudrais faire?*

 **5** Écoutez et lisez le quiz. Notez les réponses de Clara et de Noah. (1–6)

*Exemple:* **1** Clara – b; Noah – c

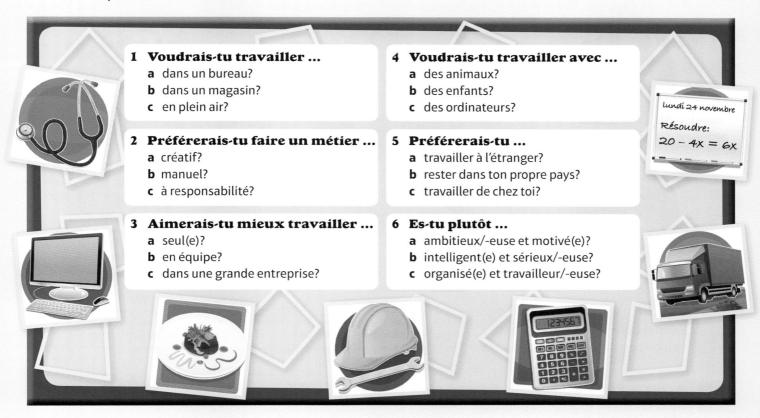

**1 Voudrais-tu travailler …**
a dans un bureau?
b dans un magasin?
c en plein air?

**2 Préférerais-tu faire un métier …**
a créatif?
b manuel?
c à responsabilité?

**3 Aimerais-tu mieux travailler …**
a seul(e)?
b en équipe?
c dans une grande entreprise?

**4 Voudrais-tu travailler avec …**
a des animaux?
b des enfants?
c des ordinateurs?

**5 Préférerais-tu …**
a travailler à l'étranger?
b rester dans ton propre pays?
c travailler de chez toi?

**6 Es-tu plutôt …**
a ambitieux/-euse et motivé(e)?
b intelligent(e) et sérieux/-euse?
c organisé(e) et travailleur/-euse?

lundi 24 novembre
Résoudre:
$20 - 4x = 6x$

 **6** Écoutez la suite. Selon les résultats du quiz, quels seraient les métiers parfaits pour Noah et Clara?

 **7** À deux. Faites le quiz!

*Exemple:*

- *Alors, première question: Voudrais-tu travailler …*
  ***a** dans un bureau?* ***b** dans un magasin?*
  ***c** en plein air?*
- ■ *Moi, je voudrais travailler …*
- *Deuxième question/Question suivante/
  Dernière question: …*

---

**Ⓖ** *The conditional* **❯** *Page 219*

Remember, you use the conditional to say 'would':

***J'aimerais*** *travailler comme …*
**I would like** to work as a …

***Je ne voudrais pas*** *travailler dans un bureau.*
**I would not like** to work in an office.

***Je préférerais*** *travailler seul(e).*
**I would prefer** to work alone.

***Ce serait*** *bien/affreux/super/parfait pour moi.*
**That would be** good/terrible/great/perfect for me.

---

 **8** Qu'est-ce que vous voudriez et ne voudriez pas faire comme travail?
Écrivez un court paragraphe. Donnez des raisons.

# 1 Quelle orientation t'attire?

- *Discussing career choices*
- *Saying 'better/worse' and 'the best/worst thing'*

**1** écouter **Écoutez et notez les bonnes lettres. (1–6)**

> *Dans quel secteur voudrais-tu travailler?*

**a** l'audiovisuel et les médias

**b** l'informatique et les télécommunications

**c** l'hôtellerie et la restauration

**d** les arts et la culture

**e** le commerce

**f** le sport et les loisirs

**g** la médecine et la santé

**h** les sciences et les technologies

**2** écouter **Écoutez encore et notez leurs raisons en anglais. (1–6)**

**3** parler **À quatre. Parlez des secteurs qui vous intéressent et expliquez pourquoi.**

*Exemple:*

- ● *Quelle orientation professionnelle t'attire le plus?*
- ■ *Ça m'intéresserait de/Mon ambition est de/Mon rêve serait de …*
- ▲ *Quel est le plus important pour toi dans un métier?*
- ◆ *L'important pour moi est de …*

| Ça m'intéresserait<br>Mon ambition/Mon but est<br>Mon rêve serait | de | travailler dans …<br>faire carrière dans …<br>trouver un poste dans … |
|---|---|---|
| Le secteur/L'orientation qui m'attire/m'intéresse (le plus), c'est … | | |
| L'important pour moi est<br>Le plus important est | de/d' | avoir un métier bien payé/<br>qui me plaît.<br>faire quelque chose de<br>satisfaisant/stimulant/<br>gratifiant/d'intéressant.<br>faire quelque chose pour<br>améliorer la société/aider<br>les autres. |
| Le salaire a moins d'importance/est très important pour moi.<br>À mon avis, c'est un secteur d'avenir. | | |

**4** lire **Traduisez ce texte en anglais. Utilisez un dictionnaire si nécessaire.**

> Selon un sondage au sujet de l'orientation professionnelle, les jeunes Français souhaitent avant tout avoir un métier qui sera non seulement enrichissant sur le plan intellectuel, mais aussi bien rémunéré. Cependant, les filles s'intéressent surtout aux secteurs de la santé et du social, tandis que c'est l'informatique et les télécommunications qui attirent les garçons.

**5** lire **Lisez les textes et choisissez la bonne fin de chaque phrase.**

Je suis hôtesse de l'air depuis trois ans. C'est un métier stimulant, surtout si on aime voyager, mais la chose qui me plaît le plus, c'est le contact avec les clients. L'inconvénient, c'est que les horaires sont très longs, donc c'est fatigant. Malgré cela, je suis assez satisfaite de mon travail. Avant, j'étais employée de bureau dans une compagnie d'assurances et c'était pire! C'était mal payé et le travail était monotone.

**Maëlle, hôtesse de l'air**

Il y a cinq ans, je travaillais comme serveur dans un restaurant et c'était affreux! C'était stressant et il n'y avait aucune possibilité d'avancement. En plus, je m'entendais mal avec mon patron qui était toujours de mauvaise humeur. Alors, j'ai décidé de suivre une formation de chef de cuisine et maintenant, je suis diplômé. Mon nouveau boulot est plus créatif et mes collègues sont tous très sympa. C'est beaucoup mieux.

**Kader, chef de cuisine**

**le boulot** *job (slang)*

**1** Pour Maëlle, le mieux dans son travail, c'est …
  **a** le salaire.   **c** les voyages.
  **b** les gens.   **d** les horaires.

**2** Le travail qu'elle faisait avant était …
  **a** mieux payé.   **c** peu intéressant.
  **b** plus satisfaisant.   **d** moins dur.

**3** Dans son nouveau travail, Kader est …
  **a** plus heureux   **c** plus stressé
  **b** mal payé   **d** toujours fatigué.

**4** Travailler comme serveur était …
  **a** plus enrichissant.   **c** moins difficile.
  **b** une bonne   **d** pire qu'être chef
    expérience.     de cuisine.

**G** *Saying 'better/worse' and* > *Page 227*
   *'the best thing/worst thing'*

**Mieux** means 'better' and **pire** means 'worse'.

*Mon nouveau boulot est plus créatif. C'est **mieux**.*
My new job is more creative. It's **better**.

*Mon ancien boulot était très monotone. C'était **pire**.*
My former job was very monotonous. It was **worse**.

You can also use **le mieux** to say 'the best thing' and **le pire** to say 'the worst thing'.

***Le mieux**, c'est les vacances; **le pire**, c'est ma patronne!*
**The best thing** is the holidays; **the worst thing** is my boss!

**6** écouter **Écoutez et complétez le tableau en français. (1–3)**

**au chômage** *unemployed*

| | métier | le mieux | le pire |
|---|---|---|---|
| 1 | infirmière | le contact avec les gens et … | |

**7** écrire **Écrivez un paragraphe sur l'orientation et les métiers qui vous intéressent.**

Include:

• the career path(s) that interest(s) you
• what's important to you in a job
• a job you would like or would not like to do and why
• what the best and worst things about that job would be (*le mieux, ce **serait** les vacances; le pire, …*).

   Borrow useful words and phrases from the exercise 5 texts. If you are not sure what type of career you want, try using:

• *Je ne sais pas exactement/Je n'ai pas encore décidé ce que je veux faire plus tard, mais …*
• *J'aimerais/Je voudrais peut-être travailler dans (les médias)/ comme (professeur).*

● *Talking about plans, hopes and wishes*
● *Understanding the subjunctive*

---

 **1** **Lisez et trouvez les phrases synonymes. Ensuite, traduisez les phrases en anglais.**

**1** J'ai envie de fonder une famille.
**2** Je voudrais m'installer avec mon copain/ma copine.
**3** Je voudrais continuer mes études à la faculté.
**4** Mon rêve serait de faire le tour du monde.
**5** J'ai l'intention de faire du bénévolat.
**6** J'espère devenir apprenti.

**a** J'adorerais voyager dans plusieurs pays.
**b** J'ai envie d'entrer en apprentissage.
**c** J'aimerais avoir des enfants.
**d** Mon but est de faire du travail bénévole.
**e** Je veux habiter avec mon/ma petit(e) ami(e).
**f** J'aimerais aller à l'université.

---

 **2** *Listen and read. Put the English phrases into the order in which the speaker wants to do them (not the order in which they are mentioned).*

### Blog: plan de vie

Avant de continuer mes études à l'université, j'aimerais prendre une année sabbatique.
Mon but est de voyager dans plusieurs pays et puis, après être rentrée en France, je voudrais faire du bénévolat pendant six mois. Ce serait une expérience très enrichissante qui me permettrait de devenir plus autonome. Après avoir eu ma licence à la fac, j'aimerais trouver un travail stimulant et réussir ma carrière. Plus tard, j'aimerais avoir des enfants, mais d'abord, je voudrais me marier. Être mariée avant de fonder une famille est important pour moi.

**G** *The perfect infinitive* ➤ *Page 234*

To say 'after doing/having done something', use **après avoir/être** + the past participle of the verb:
**Après avoir pris** *une année sabbatique …*
**After doing/having done** a gap year …

If the verb takes *être*, the past participle must agree with the subject:
**Après être allé(e)** *à la fac …*
**After having been** to university …

Remember, to say 'before doing something', use **avant de** + the infinitive:
**Avant de continuer** *mes études …*
**Before continuing** my studies …

---

**get married**   **do voluntary work**   **go to university**   **have children**   **do a gap year**   **get a job**

---

 **3** **Écoutez. Pour chaque personne, notez les détails suivants en anglais. (1–3)**

**a** what he/she wants to do      **b** what he/she doesn't want to do      **c** any other details

| | | |
|---|---|---|
| Avant de continuer mes études, Après avoir terminé mes examens, Après avoir quitté le collège, Plus tard,/Un jour, | je veux j'ai envie de/d' j'aimerais je préférerais j'espère j'ai l'intention de/d' mon but est de/d' | aller à l'université/à la fac. entrer en apprentissage. faire du bénévolat/du travail bénévole. prendre une année sabbatique. faire le tour du monde. me marier/me pacser. m'installer avec mon copain/ma copine. fonder une famille/avoir des enfants. |
| | je ne voudrais pas je n'ai aucune intention de/d' | |

---

**4** **Faites un sondage en classe sur les projets d'avenir. Posez cette question à <u>cinq</u> personnes.**

*Qu'est-ce que tu voudrais faire plus tard?*

---

**5** écouter **Écoutez et lisez. Expliquez le problème en anglais.**

### Vous avez un problème? Écrivez-nous. Nos lecteurs/lectrices vous répondront.

**Une année sabbatique? Non! On veut que tu ailles à la fac!**

**Ta mère a raison! Il faut que tu finisses tes études!**

**Gaël, 17 ans**

Avant d'aller à l'université, j'ai envie de faire du bénévolat à l'étranger. Mais mes parents ne veulent pas que je prenne une année sabbatique. Ils veulent que j'aille directement à la fac et que je finisse mes études. Que faire?

**Alizé, 18 ans**

Après avoir terminé nos examens, mon petit copain et moi avons l'intention de nous installer ensemble. Mais mes parents sont plutôt traditionnels et ils disent qu'il faut qu'on soit mariés ou pacsés d'abord. Je ne sais pas quoi faire. Aidez-moi!

**Marc-Antoine, 16 ans**

Mon rêve serait de devenir guitariste professionnel, mais ma mère est propriétaire d'un restaurant et elle veut que je devienne apprenti cuisinier. À mon avis, il faut qu'elle soit plus compréhensive. Comment la convaincre?

**6** lire **Trouvez les _deux_ réponses qui correspondent à chaque problème de l'exercice 5.**

**a** Il faut que tu sois réaliste. Faire une formation professionnelle est plus sécurisant qu'essayer de gagner sa vie comme musicien.

**b** Tes parents ont raison. Les études sont plus importantes. Il faut que tu fasses ta licence d'abord.

**c** Ils ne peuvent pas te forcer. Habiter ensemble vous donnera l'occasion de voir si ça marche.

**d** Le travail volontaire, ça vaut le coup. Essaie de convaincre tes parents.

**e** Si vous pensez fonder une famille ensemble, le mariage vous obligera à prendre votre relation plus au sérieux.

**f** Si tu as vraiment du talent, il faut suivre tes rêves. Ta mère ne veut pas que tu sois heureux?

**G** **The subjunctive** > Page 235

This form of the verb is used to express wishes, thoughts, possibility or necessity. It is often used after a verb followed by _que_. E.g.

_il faut que …_ (it is necessary to …/I/you/we must …)
_vouloir que …_ (to want someone to …)

To form the subjunctive, take the third person plural in the present tense. Remove the **-ent** and add the following endings:

_finir → ils finiss**ent** → **finiss-**_

| | |
|---|---|
| je finiss**e** | nous finiss**ions** |
| tu finiss**es** | vous finiss**iez** |
| il/elle/on finiss**e** | ils/elles finiss**ent** |

Some key verbs are irregular in the subjunctive:

_aller (**j'aille**)  avoir (**j'aie**)  être (**je sois**)  faire (**je fasse**)_

**7** écrire **Écrivez un paragraphe sur vos projets d'avenir.**

_Exemple:_ Avant de continuer mes études, j'ai envie de …
Après être allé(e) à la fac, j'aimerais …

⭐ To really impress with your French, try including a subjunctive:

_Il faut que je (fasse) …_ I have to (do) …
_Mes parents veulent que (j'aille) …_
My parents want me to (go) …

● *Discussing the importance of languages*
● *Using adverbs*

**1** lire  Lisez et répondez aux questions du quiz.

## Les vedettes et les langues

### Natalie Portman

L'actrice Natalie Portman est vraiment la reine des langues: elle en parle six! Elle est née en Israël, d'une mère américaine et d'un père israélien. Donc elle parle anglais et hébreu. Mais elle parle aussi français, allemand, espagnol et japonais, ce qui fait six langues. De plus, dans le vidéoclip de «My Valentine» de Paul McCartney, elle a mimé les paroles de la chanson en utilisant la langue des signes!

## Et les autres vedettes? Qui parle quoi? Faites notre quiz!

### Bradley Cooper

**1** À part l'anglais, l'acteur Bradley Cooper parle couramment quelle langue?

**a** le français  **b** l'espagnol  **c** l'italien

### David Beckham

**2** Évidemment, David Beckham parle anglais! Mais il se débrouille en quelle autre langue?

**a** l'allemand  **b** le portugais  **c** l'espagnol

### J.K. Rowling

**3** Avant de devenir un écrivain célèbre, J.K. Rowling a étudié quelle langue à la fac?

**a** le mandarin  **b** le français  **c** l'arabe

### Mark Zuckerberg

**4** Le fondateur de Facebook, Mark Zuckerberg, apprend actuellement quelle langue?

**a** le japonais  **b** le russe  **c** le mandarin

### Shakira

**5** Naturellement, la chanteuse Shakira parle espagnol (elle est née en Colombie). Mais elle en parle combien d'autres?

**a** quatre  **b** trois  **c** deux

> ***se débrouiller***  *to cope/manage/get by*

**2** écouter  **Écoutez et vérifiez. Notez aussi d'autres détails en anglais. (1–5)**

**3** parler  **À deux. Discutez de quelles langues on parle dans votre famille.**

*Exemple:*

● *Tu parles quelles langues?*
■ *Je parle bien/couramment/un peu/mal …*
  *Je me débrouille en …*
● *Et les autres membres de ta famille, quelles langues parlent-ils?*
■ *Ma mère parle …/Mon beau-père se débrouille en …/*
  *Actuellement, ma sœur apprend …*

---

**G** **Adverbs**  > Page 227

You use adverbs to say how you do something. Most adverbs are formed from adjectives and end in **-amment**, **-emment** or **-ement**:

*courant* (fluent) → *cour**amment*** (fluently)
*évident* (obvious) → *évid**emment*** (obviously)
*actuel* (current) → *actuel**lement*** (currently)
*seul* (alone) → *seul**ement*** (only)
*vrai* (real) → *vrai**ment*** (really)

Irregular adverbs include *bien* (well), *mal* (badly) and *mieux* (better).

⭐ Other useful expressions:

*Mon frère **ne** parle **aucune** langue étrangère.*
My brother doesn't speak **any** foreign languages.

*Ma grand-mère parle **seulement** le hindi.*
My grandmother **only** speaks Hindi.

**4** lire **Lisez le tchat en ligne. Écrivez le bon prénom pour chaque opinion.**

www.tchat.co.fr/langues ✕

### Parler d'autres langues, c'est important ou non?

**Moussa:** Évidemment, savoir parler une langue étrangère est indispensable pour exercer certaines professions: guide touristique, interprète, diplomate, etc. Mais pour d'autres métiers, ça ne sert à rien.

**Louise:** Ça donne plus de possibilités de carrière. Par exemple, si on parle une langue étrangère, on peut trouver plus facilement un bon emploi dans un autre pays de l'UE, ou même plus loin. Et puis en apprenant une autre langue, on comprend mieux sa propre langue.

**Laura:** Parler plusieurs langues est un atout si on veut travailler dans des entreprises internationales, telles que Microsoft, Amazon ou Google. On a plus de chances d'obtenir une promotion si on peut communiquer avec des gens dans d'autres pays.

**Kilian:** Quand on parle d'autres langues, on peut mieux connaître les gens et la culture d'un pays. On peut aussi voyager et se faire des amis partout dans le monde!

1 Si on parle d'autres langues, on peut rencontrer des personnes de pays différents.
2 Il n'est pas essentiel dans tous les emplois de parler une autre langue.
3 Dans certaines compagnies internationales, c'est un avantage de pouvoir parler une langue étrangère.
4 Si on parle plusieurs langues, on peut plus facilement travailler à étranger.
5 On a plus de possibilités d'avancer dans sa carrière si on parle d'autres langues.
6 Apprendre une langue aide à mieux s'entendre avec les gens d'un autre pays.

> **G** en + *the present participle*  ❯ *Page 234*

This can mean 'by doing something':
***En apprenant*** *une autre langue, on comprend mieux sa propre langue.*
**By learning** another language, you understand your own language better.

 **5** écouter **Écoutez. Copiez et complétez le tableau en anglais. (1–4)**

| | job he/she does | languages important? | languages spoken | any other details |
|---|---|---|---|---|
| 1 | | | | |

 **6** parler **À deux. Choisissez chacun(e) une photo différente et répondez aux questions.**

1 Quel métier fait cette personne?
2 À ton avis, les langues sont importantes dans ce métier? Pourquoi?

⭐ Q1: Use *Cet homme/Cette femme est …*

Q2: *À mon avis, si on veut travailler comme …, parler une langue étrangère (n')est (pas) important, parce que … on doit …*

**chauffeur de poids lourd**

**agent de police**

 **7** écrire **Traduisez ce texte en français.**

Here, 'you' means 'people in general'. Use **on**.

If you want to work in tourism, obviously it is essential to speak several languages. But for other jobs, too, you have more career possibilities.
You can find a job abroad more easily if you speak a foreign language well.
You can also travel and get to know people from another country.

Say: 'speak well a foreign language'.

You don't need a word for 'get'. Just use **connaître**.

**1**  **Lisez l'annonce. Écrivez V (vrai) ou F (faux) pour chaque phrase.**

### La Mouette bleue

## Offre d'emploi

### On recherche un(e) animateur/animatrice d'activités sportives pour enfants

**Responsabilités:**
- Accueillir et prendre en charge des enfants de 5 à 12 ans
- Organiser et animer des activités sportives
- Garantir la sécurité des enfants et le respect des règles du club

**Qualifications et compétences:**
- BAFA exigé
- Expérience dans l'encadrement de sports souhaitée
- Maîtrise de deux langues étrangères (dont l'anglais) essentielle

**Atouts:**
- Adaptable
- Créatif
- Enthousiaste
- Organisé

**Comment postuler?**
Remplir ici-même notre CV électronique

**REMPLIR CV**

1 Dans cet emploi, il faut s'occuper d'enfants.
2 On doit faire du sport avec eux.
3 Il est essentiel d'avoir de l'expérience de ce genre de travail.
4 Il n'est pas nécessaire de parler anglais.
5 Il faut savoir s'adapter et s'organiser.
6 Pour poser sa candidature, il faut écrire une lettre de motivation.

> **Point culture**
> BAFA = *Brevet d'Aptitude aux Fonctions d'Animateur*. This is a qualification you need if you want to work as an *animateur/animatrice* (children's holiday club organiser/group leader). You can do it from the age of 16.

> ⭐ **Dont** usually means 'of whom'/'of which' and refers back to something previously mentioned. It can also mean 'including': *Je parle trois langues étrangères, **dont** l'espagnol.*

**2**  **Écoutez et complétez la conversation.**

■ *Allô, Club de vacances la Mouette bleue, je vous écoute.*
● *Bonjour. Je 1* ▨▨▨ *avec Madame Fournier, s'il vous plaît.*
■ *Je suis désolée, sa ligne est occupée.*
● *Est-ce que je peux laisser 2* ▨▨▨ *?*
■ *Oui, bien sûr. Je vais vous transférer vers sa messagerie vocale. Ou bien vous pouvez parler avec son assistant, Monsieur Lefèvre, si vous préférez?*
● *Ah oui, ce serait 3* ▨▨▨ *, merci.*
■ *Un moment, s'il vous plaît. Ne quittez pas ... Allô? Je vous le passe.*
▲ *Allô, oui? Ici Fabien Lefèvre.*
● *Bonjour. Je m'appelle Cyril Payet. 4* ▨▨▨ *votre annonce en ligne pour le poste d'animateur d'activités sportives pour enfants et je voudrais y postuler.*
▲ *Très bien. Je peux vous être utile?*
● *C'est pour un petit renseignement: pouvez-vous me dire la durée du contrat, s'il vous plaît?*
▲ *Oui, c'est un contrat saisonnier de 5* ▨▨▨ *, de mi-juin jusqu'à fin août. Vous êtes disponible à cette période-là?*
● *Ah oui, c'est parfait pour moi, puisque je reprends 6* ▨▨▨ *en septembre. Merci.*
▲ *De rien. Au revoir et bonne chance!*
● *Merci. Au revoir!*

**3** **Relisez la conversation. Faites une liste de <u>cinq</u> phrases utiles au téléphone et traduisez-les en anglais.**

**4** Écoutez l'entretien. Dans quel ordre parle-t-on des sujets suivants? (Il y en a deux de trop!)

**a** why he wants to do this job

**b** his personal qualities

**c** his plans for the future

**d** which subjects he is studying

**e** whether he wants to do voluntary work

**f** his leisure activities

> ⭐ Predicting what you will hear is a vital listening skill. What key words and phrases would you expect to hear for topics a–f in exercise 4?

**5** Listen again. Note in English what Cyril says about each of the four topics identified in exercise 4.

*Exemple:* **d** – studies 8 subjects, one of which is …

**6** Lisez cet extrait de la lettre de motivation de Cyril. Répondez aux questions en anglais.

J'ai déjà un peu d'expérience de ce genre de travail. Il y a deux ans, j'ai fondé un club de foot pour les enfants de mon ancienne école primaire. Je les ai entraînés et je les ai accompagnés aux matchs. Je m'occupe aussi d'autres enfants, puisque je fais souvent du baby-sitting. Par exemple, le week-end dernier, j'ai dû garder la fille de mes voisins. J'ai joué avec elle et je l'ai emmenée à son cours de danse classique le samedi matin.

Quant à mes compétences linguistiques, je parle couramment l'anglais. Je parle assez bien l'espagnol car je l'ai étudié au collège et j'ai déjà visité l'Espagne: j'y suis allé en échange scolaire l'année dernière. Je me débrouille aussi en italien. J'en ai appris quelques phrases d'une copine italienne.

> **G** *Direct object pronouns in the perfect tense* 〉 *Page 230*
>
> In the perfect tense, direct object pronouns go in front of the part of *avoir* or *être*. The past participle must agree with *la* or *les*.
>
> *J'ai appris **le français**. → Je **l**'ai appris.*
> I learnt **French**. → I learnt **it**.
>
> *Il a accompagné **sa sœur**. → Il **l**'a accompagné**e**.*
> He accompanied **his sister**. → He accompanied **her**.
>
> *Nous avons accompagné **les enfants**. → Nous **les** avons accompagné**s**.*
> We accompanied **the children**. → We accompanied **them**.
>
> *Nous avons accompagné **les filles**. → Nous **les** avons accompagné**es**.*
> We accompanied **the girls**. → We accompanied **them**.

**1** For whom did Cyril organise a football club?
**2** Name <u>two</u> things he did as part of running the club.
**3** Who did he take to ballet classes last weekend?
**4** What language did he study at school?
**5** How did he learn to speak a bit of Italian?

 **7** À deux. Posez et répondez aux questions de l'entretien.

- Qu'est-ce que vous faites actuellement?
- Quelles matières étudiez-vous?
- Qu'est-ce que vous ferez après vos examens?
- Quelles sont vos qualités personnelles?

> ⭐ To impress with your French, try to include:
> – **dont** ('I study 8 subjects, **of which/including** …')
> – a direct object pronoun with the perfect tense ('I studied **it/them**', 'I went **there**')

 **8** Postulez à l'offre d'emploi de l'exercice 1. Écrivez un e-mail. Inventez les détails.

**1** écouter  **Écoutez et lisez. Mettez les sujets a–h dans l'ordre du texte.**

## Claire: une carrière projetée dans le tourisme

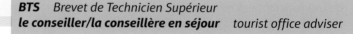

Je m'appelle Claire Morel. J'ai dix-neuf ans et je suis étudiante en BTS Tourisme, une formation de deux ans. J'apprends à devenir conseillère en séjour.

Il y a six mois, j'ai commencé à travailler dans un office de tourisme en Bretagne, tout en continuant mes études. Si je réussis à avoir mon diplôme, je voudrais travailler à plein temps dans le tourisme. Lorsque j'étais plus jeune, je rêvais d'être infirmière mais j'ai décidé de changer d'orientation à cause de ma passion pour la Bretagne.

Actuellement, mon travail consiste à accueillir les clients et à les renseigner sur les sites touristiques. Je m'occupe aussi des réservations pour les excursions et je vends des billets d'entrée pour les musées. Je suis passionnée par mon travail et j'apprécie surtout le contact avec les gens.

Le seul inconvénient de mon métier, c'est que les horaires sont assez chargés, surtout pendant l'été.

Pour faire ce métier, il faut toujours être souriant et il faut savoir parler d'autres langues. Je parle plusieurs langues européennes, dont l'anglais et l'espagnol, mais plus tard, j'essaierai d'apprendre le japonais car je rencontre souvent des touristes venus du Japon.

Quand je serai diplômée, je partirai en vacances dans d'autres pays tels que les États-Unis et l'Australie. J'aimerais voir ce que ça donne, d'être moi-même une touriste!

| | |
|---|---|
| **BTS** | *Brevet de Technicien Supérieur* |
| ***le conseiller/la conseillère en séjour*** | *tourist office adviser* |

| | | | |
|---|---|---|---|
| **a** | les langues qu'elle parle | **e** | le pire dans son métier |
| **b** | le mieux dans son métier | **f** | ses projets de voyage |
| **c** | l'endroit où elle travaille en ce moment | **g** | ses responsabilités au travail |
| **d** | le nom du diplôme qu'elle veut obtenir | **h** | le métier qu'elle voulait faire quand elle était petite |

**2** lire  **Relisez le texte de l'exercice 1 et trouvez l'équivalent en français de chaque phrase.**

1 I am learning to be a tourist office adviser.
2 I started to work in a tourist office.
3 If I succeed in getting my qualification …
4 I dreamed of being a nurse.
5 I decided to change career path.
6 I will try to learn Japanese.

**G** **Verbs followed by à or de** **>** *Page 228*

Some verbs are followed by *à* or *de* before the infinitive.

*apprendre **à*** … (to learn to …)
*commencer **à*** … (to start to …)
*consister **à*** … (to consist of/to involve …)
*réussir **à*** … (to succeed in/at …)
*décider **de*** … (to decide to …)
*essayer **de*** … (to try to …)
*rêver **de*** … (to dream of …)

**3** lire  **Relisez le texte. Corrigez l'erreur dans chaque phrase.**

1 Les études de Claire vont durer trois ans.
2 Elle voudrait travailler à mi-temps dans le tourisme.
3 Quand elle était petite, elle voulait déjà travailler dans le tourisme.
4 Elle trouve son travail à l'office de tourisme ennuyeux.
5 Elle doit demander des renseignements aux touristes.
6 Claire parle seulement deux langues étrangères.

**4** parler À deux. Mettez les questions dans l'ordre du texte (exercice 1) et faites l'interview de Claire.

*Exemple:*

● *Que faites-vous dans la vie?*
■ *Je suis étudiante en BTS Tourisme,
mais je travaille aussi dans …*

**G** *Complex sentences in the future tense* ❭ **Page 218**

You can create more complex sentences by using:

- *Si* + a verb in the **present tense** + a verb in the **future tense**:
  *Si je réussis mes examens, je travaillerai à l'étranger.*
  If **I pass** my exams, **I will work** abroad.

- *Quand* or *lorsque* + a verb in the **future tense** + another **future tense**:
  *Lorsque je serai directeur, je gagnerai plus d'argent.*
  When **I am** (literally: **will be**) the manager, **I will earn** more money.

**a** En quoi consiste votre travail?

**b** Que faites-vous dans la vie?

**c** Quelles langues étrangères parlez-vous?

**d** Quels sont les avantages et les inconvénients de votre travail?

**e** Avez-vous toujours voulu faire ce genre de travail?

**f** À part votre vie professionnelle, quels sont vos projets ou vos ambitions?

**g** Quelles compétences faut-il avoir pour faire votre métier?

**h** Pourquoi avez-vous changé d'orientation?

 **5** écouter Écoutez. Copiez et complétez le portrait professionnel de Matthias en anglais.

| Name: | Matthias Bernard |
|---|---|
| Job: | in charge of sporting activities at a holiday club |
| How long for: | |
| What the job involves: | |
| Necessary skills: | |
| Languages: | |
| Good/bad points of job: | |
| Future plans: | |

*le moniteur*   instructor

 **6** écrire Imaginez que vous êtes Lola. Écrivez votre portrait professionnel.

| Nom: | Lola Martineau |
|---|---|
| Métier: | chef de cuisine en club de vacances |
| Depuis: | 3 ans |
| Responsabilités: | créer les menus, contrôler le budget, gérer le personnel de cuisine |
| Compétences: | être organisé, calme, savoir s'entendre avec les gens |
| Langues étrangères parlées: | anglais, espagnol, arabe |
| Avantages et inconvénients: | bien payé; horaires lourds |
| Projets d'avenir: | avoir son propre restaurant, voyager |

⭐ Show what you can do! Try to include an example of:

– verbs followed by *à* or *de* + infinitive (*j'ai réussi à avoir …; j'essaierai de …*)
– adverbs (*actuellement, couramment, …*)
– *quand* or *lorsque* with the future tense (*quand j'aurai/ je serai …, je …*)
– a *si* clause (*si je réussis …*).

**1**  **Read the comments on the forum. Answer the questions in English. You do not need to write in full sentences.**

### Avez-vous un job?

**Margaux:** J'ai un petit boulot que j'aime, même si ce n'est pas très bien payé. Je dois débarrasser les tables dans un restaurant italien. J'aurais voulu apprendre à cuisiner mais je passe des heures à aider ma mère à préparer les repas, donc ce n'est pas un problème.

**Anaïs:** Le patron de la boulangerie où je travaille est parfois un peu sévère. Je trouve ça monotone de servir les clients et je m'ennuie un peu. Le mieux, c'est travailler à la caisse.

**Éthan:** J'avais un petit boulot dans une épicerie où je remplissais les rayons. Je l'ai quitté parce que je travaille dur au collège pour avoir un boulot créatif et intéressant plus tard. Malgré cela, je m'occupe des enfants de mes voisins.

**(a)** Who works in a shop?
**(b)** Who does babysitting?
**(c)** How is Margaux learning to cook?
**(d)** What does Anaïs like about her job?
**(e)** What does Éthan want in the future?

> Make sure you read the questions carefully as well as the French texts! For instance, for question (a) you are looking for someone who <u>currently</u> works in a shop – which tense will you need to look for in the texts?

**2**  **Read the text and answer the questions that follow in English.**

### Le mariage est-il encore important aujourd'hui?

À l'époque de nos grands-parents, le mariage, c'était la norme. À cause des obligations sociales et religieuses, les couples qui voulaient vivre ensemble étaient obligés de se marier. Mais aujourd'hui, et depuis un certain temps, le mariage n'est plus une nécessité pour les couples: c'est un choix. D'ailleurs, depuis 2000, le nombre total de nouveaux mariages en France diminue chaque année. Alors pourquoi choisir de se marier ou pas? Nous avons demandé à nos lecteurs et voici deux de leurs réponses.

**Thibault**, 37 ans, qui habite à Besançon: «Ça fait douze ans que je suis avec ma compagne. Nous nous aimons, nous nous respectons, et nous élevons nos deux enfants ensemble. Je n'ai pas besoin d'un contrat pour me dire qu'elle est ma femme. Comme tous les couples, nous avons nos problèmes, mais nous travaillons ensemble pour les résoudre. Ce n'est pas le mariage qui apporte la stabilité à une relation.»

**Mélanie**, 29 ans, de La Roche-sur-Yon: «Pour moi, le mariage est encore très important. C'est bien plus qu'un bout de papier. Je suis fiancée et j'ai hâte de me marier avec Marc l'année prochaine. Ce n'est ni la robe blanche, ni la fête, ni les cadeaux qui m'attirent: je veux faire une promesse, devant nos familles et nos amis, de rester avec Marc pour le meilleur et pour le pire. Aujourd'hui, très peu de choses durent longtemps. Mariés, nous ferons plus d'efforts pour rester ensemble.»

**1** According to the article, why did couples of our grandparents' generation who wanted to live together have to get married?
**2** What has been happening since 2000?
**3** How long has Thibault been with his partner?
**4** What does Thibault say about problems with his partner?
**5** What elements of marriage is Mélanie <u>not</u> attracted by? Name <u>two</u> things.
**6** What does Mélanie say she and Marc will do when they are married?

**3** lire **Lis l'article et choisis la bonne fin de chaque phrase.**

### J'aimerais être journaliste dans la presse équestre

Salut Okapi,

J'aimerais savoir quelles études il faut faire pour devenir journaliste hippique.

*Aude*

Pour devenir journaliste hippique, je te conseille d'aller le plus loin possible dans tes études tout en continuant à monter à cheval. Il te faudra d'abord te former au métier de journaliste généraliste. Moi-même, j'ai travaillé pendant plus de dix ans dans la presse quotidienne avant d'être embauchée par *Cheval Magazine*. Avant de devenir journaliste, j'ai été cavalière professionnelle pendant cinq ans. Puis j'ai fait un diplôme universitaire en communication. J'ai de la chance d'exercer dans la presse équestre: nous ne sommes pas très nombreux en France.

*Virginie, rédactrice en chef de* **Cheval Magazine**

⭐ Here, the letter writer uses the phrase *journaliste hippique*. While you may not have met the word *hippique* before, the title also refers to a *journaliste dans la presse équestre*. There are also several references to *cheval/chevaux* in the text. Can you now work out what this means?

**1** Virginie conseille à Aude …
   **A** de quitter le lycée dès que possible.
   **B** d'acheter un cheval.
   **C** de voyager.
   **D** de continuer ses études.

**2** Avant de travailler dans la presse équestre, il faut …
   **A** suivre une formation en journalisme dans la presse équestre.
   **B** suivre une formation en journalisme généraliste.
   **C** travailler comme cavalière professionnelle.
   **D** travailler comme vétérinaire.

**3** Avant d'aller à la fac, Virginie a travaillé …
   **A** avec les chevaux.
   **B** comme journaliste.
   **C** pour *Cheval Magazine*.
   **D** dans les télécommunications.

**4** En France, il y a …
   **A** beaucoup de chevaux.
   **B** très peu de journalistes généralistes.
   **C** très peu de journalistes spécialisés dans l'univers des chevaux.
   **D** un grand nombre de journalistes spécialisés dans l'univers des chevaux.

**1** écouter  **Listen to the interview with Arno Lamarre, a French comedian and presenter. Answer the questions in English.**

   **(a)** When Arno was still at school, what did he do in class, apart from not working hard? Give <u>one</u> example.
   **(b)** Where did he do his first comedy performances?
   **(c)** How was he paid?
   **(d)** How was he punished at school? Give <u>one</u> example.
   **(e)** How did he first get onto the radio?

⭐ While you are waiting for the recording to start, always read through the questions and try to predict the language you might hear. However, take care! Some of the answers might be a bit unexpected, particularly with questions (b) and (c).

**2** écouter  **Listen to the news report and interview about work experience. Answer the questions in English.**

   **(a)** What do all French students in year 10 have to do and for how long?
   **(b)** Give <u>one</u> reason why some people think this is a waste of time.
   **(c)** What did Dylan do at the primary school? Give <u>two</u> details.
   **(d)** How was his work experience a positive experience for him? Give <u>two</u> examples.

| *un stage en entreprise* | *a work experience placement* |

# Module 7 Contrôle oral

## A – Picture-based discussion

### Topic: Work

Regarde la photo et prépare des réponses sur les points suivants:

- la description de la photo
- le secteur dans lequel tu voudrais travailler
- un petit boulot que tu as eu
- l'importance des langues
- **!**

**1** écouter

**Look at the picture and read the task. Then listen to Fawad's answer to the first bullet point.**

**1** In what order does Fawad mention the following?
   **A** what the woman in the photo is wearing
   **B** her expression
   **C** her age
   **D** what Fawad thinks of her job
   **E** where she is
   **F** what she's doing

**2** What phrase does he use to say what the woman is in the process of doing?

**3** Fawad uses an example of the present perfect ('after having done/been/gone', etc.). Pick out the phrase that he uses.

**4** What do you think *la caserne* means in this context?

**2** écouter

**Listen to and read how Fawad answers the second bullet point.**

**1** Write down the missing word(s) for each gap.

**2** Look at the Answer booster on page 156. Note down at least six things that he does to make his answer a good one.

L'orientation qui **1** ________ le plus, c'est les sciences et les technologies. Je voudrais faire quelque chose pour **2** ________ la société; le salaire a **3** ________ d'importance pour moi. Je m'intéresse beaucoup à la nourriture, alors mon rêve **4** ________ de travailler comme diététicien, comme ma tante. Elle **5** ________ aussi que je fasse ça. Son travail consiste à concocter des régimes pour les personnes qui viennent **6** ________ consulter. L'année dernière, je **7** ________ à l'hôpital où elle travaille. Je l'ai **8** ________ pendant une journée, et c'était très intéressant.

Listen to Fawad's response to the <u>third</u> bullet point.

1 Make a note in English of <u>six</u> details that he gives.
2 Which two tenses does he use?

*livrer* to deliver
*faire la vaisselle* to do the dishes

 Listen to Fawad's response to the <u>fourth</u> bullet point. Note down examples of how he <u>justifies</u> what he says.

 Prepare your own answers to the first four bullet points. Try to predict which unexpected question you might be asked. Then listen and take part in the full picture-based discussion with your teacher.

This is your chance to shine. Your teacher will be listening out for your points of view, so give them wherever possible and don't forget to justify your opinions, as Fawad did when answering the fourth bullet point.

## B – General conversation

 Listen to Jamie introducing her chosen topic. Are the following statements true or false?

A She had always wanted to work in a garage.
B She answered the phone and washed cars.
C She wasn't allowed to mend any vehicles.
D Her colleagues weren't nice.
E She did lots of different tasks.
F She doesn't think work experience is essential.

*balayer le plancher* to sweep the floor

 The teacher then asks Jamie: «Qu'est-ce que tu voudrais faire comme travail?»
Listen to how she develops her answer.

1 Jamie answers lots of 'hidden questions', but which <u>two</u> from the list below does she <u>not</u> answer?

A Would you like to be well paid?
B What languages do you speak?
C Where would you like to work?
D Would you like to work in a team?
E Does your brother have a dog?
F Would you like to work abroad?
G What did your brother used to do?
H What sort of personality do you have?

2 Can you think of at least <u>two more</u> that she <u>does</u> answer?

 Listen to how Jamie answers the next question: «Qu'est-ce que tu voudrais faire plus tard dans la vie, à part le travail?» Look at the Answer booster on page 156. Write down <u>six</u> examples of what Jamie says to give her best possible answer.

 Prepare answers to these questions. Then practise with your partner.

1 Est-ce que tu as fait un stage?
2 Qu'est-ce que tu voudrais faire comme travail?
3 Qu'est-ce que tu voudrais faire plus tard dans la vie, à part le travail?
4 Qu'est-ce que tes parents font comme travail?
5 Est-ce que tu veux aller à l'université?

| Answer booster | Aiming for a solid answer | Aiming higher | Aiming for the top |
|---|---|---|---|
| **Verbs** | **Three time frames:** present, past, future | **Different persons of the verb:** not just *je* but *il/elle/on/nous/vous*<br><br>**The conditional of *aimer* and *vouloir*** ( *j'aimerais* and *je voudrais*) | **Different tenses:** imperfect, future and conditional<br><br>**The perfect infinitive:** *après avoir fait, après être allé(e)*<br><br>***en* + present participle**<br><br>**A subjunctive verb:** *Mes parents veulent que j'aille à l'université.* |
| **Opinions and reasons** | *Je pense que …*<br>*À mon avis, …*<br>*Pour moi, …*<br>  *parce que …* | **More variety:**<br>*Je trouve que …*<br>*Je crois que …*<br>*Personnellement, …*<br>*De préférence …*<br>*Cela m'a plu.* | **More sophisticated phrases:**<br>*Si je réussis mes examens, je ferai du bénévolat en Angleterre.*<br>*Ce que je trouve bien, c'est …*<br>*Le mieux/Le pire, c'est …*<br>*Ça m'intéresserait de …* |
| **Connectives** | *et, ou, mais, aussi, puis, ensuite*<br>*quand, lorsque*<br>*parce que, car* | *où, comme* | *cependant, pourtant* |
| **Other features** | **Negatives:** *ne … pas, ne … jamais, ne … rien*<br><br>**Qualifiers:** *très, un peu, assez, vraiment, trop, presque* | ***avant de* + infinitive**<br><br>**A range of negatives:** *ne … que, ne … ni … ni …, ne … rien*<br><br>**The relative pronoun *qui*:**<br>*L'orientation qui m'attire …* | **The relative pronoun *que*:**<br>*Je vais vous parler du stage que j'ai fait.*<br><br>**Direct object pronouns:**<br>*Je le/la/les déteste.*<br><br>**Direct object pronouns in the perfect tense:** *Je l'ai observé(e).* |

## A – Extended writing task

**1** lire **Look at the task. For each bullet point, make notes on:**

- the tense(s) you will need to use
- the structures and vocabulary you could use
- any details and extra information you could include to improve your answer.

### Au travail!

Un magazine français cherche des articles sur le travail pour son site Internet.

Écrivez un article sur le travail pour intéresser les lecteurs.

Vous **devez** faire référence aux points suivants:

- un stage que vous avez fait
- ce que vous pensez des petits boulots
- vos projets d'avenir
- les avantages de parler une langue étrangère.

Justifiez vos idées et vos opinions.

Écrivez 130–150 mots environ en français.

**2** lire **Read Flynn's answer on the next page. What do the phrases in bold mean?**

**3** **lire** **Look at the Answer booster. Note down <u>eight</u> examples of language that Flynn uses to improve the quality of his answer.**

Au mois de mai, j'ai fait un stage dans un bureau. **Malheureusement, il n'y avait pas grand-chose à faire**. Je faisais le café pour les autres employés, qui n'étaient pas aimables, et mon patron était toujours de mauvaise humeur! **C'était une perte de temps** et **j'étais très déçu** parce que je n'ai rien appris!

J'aimerais bien avoir un petit boulot parce que ce serait bien d'être plus indépendant et d'**avoir un peu d'argent à moi**. Pourtant, **ma mère veut que je finisse** mes études au collège avant d'avoir un job.

Après le lycée, je chercherai tout de suite un poste dans une entreprise locale. Mon ambition est de travailler dans le commerce. **Je ne veux ni aller à l'université, ni prendre une année sabbatique**. Un jour, je serai chef d'entreprise!

**Dans le monde du travail**, si on parle une langue étrangère, on a plus de possibilités d'obtenir une promotion, donc c'est un atout. Cependant, ce n'est pas seulement une question de travail. En apprenant une langue étrangère, **on peut mieux connaître les gens** et la culture d'un pays.

 **4** **écrire** **Now prepare your own answer to the task.**

- Look at the Answer booster and Flynn's text for ideas.
- Try to impress by using more than one tense in each paragraph. For instance, you could write about the jobs you have already done or about the work experience you would like to do in the future.

## B – Translation

 **1** **écrire** **Read the English text and the translation. Write down the missing word(s) for each gap.**

When I was younger, I wanted to be a mechanic, but now my dream would be to work as an engineer. The important thing for me is to do something interesting. My aim is to study abroad and then, after returning to England, I will look for a position in an international company. However, before going to university, I would like to do work experience.

Quand j'étais plus jeune, je **1** [_____] être mécanicien mais maintenant, mon rêve **2** [_____] de travailler comme ingénieur. **3** [_____] pour moi est de faire quelque chose d'intéressant. Mon **4** [_____] est de faire des études **5** [_____] et puis, après **6** [_____] en Angleterre, je **7** [_____] un poste dans une entreprise internationale. Cependant, **8** [_____] à l'université, je voudrais faire un **9** [_____].

 **2** **écrire** **Translate the following passage into French.**

I work as a sales assistant but I would like to change career path. My ambition is to be a fashion designer because the important thing for me is to do something creative. After finishing my studies, I would like to take a gap year and then I will try to find a job.

⭐ Take care to get your tenses right. Watch out in particular for the tricky perfect infinitive ('after having done'). Remember that you need *après* + the auxiliary verb + the past participle.

## Les professions — Jobs

| | |
|---|---|
| Ma mère/Mon père est … | My mum/dad is a(n) … |
| Je voudrais être … | I would like to be a(n) … |
| acteur/-trice | actor/actress |
| agent de police | policeman/woman |
| agriculteur/-trice | farmer |
| architecte | architect |
| boucher/-ère | butcher |
| boulanger/-ère | baker |
| caissier/-ère | cashier |
| coiffeur/-euse | hairdresser |
| créateur/-trice de mode | fashion designer |
| dentiste | dentist |
| directeur/-trice | director |
| électricien(ne) | electrician |
| employé(e) de bureau | office worker |
| facteur/-trice | postman/postwoman |
| fonctionnaire | civil servant |
| infirmier/-ère | nurse |
| informaticien(ne) | computer scientist |
| ingénieur(e) | engineer |
| journaliste | journalist |

| | |
|---|---|
| maçon(ne) | builder |
| mécanicien(ne) | mechanic |
| médecin | doctor |
| professeur | teacher |
| secrétaire | secretary |
| serveur/-euse | waiter/waitress |
| soldat | soldier |
| steward/hôtesse de l'air | flight attendant |
| vendeur/-euse | sales assistant |
| vétérinaire | vet |
| J'adore (la campagne). | I love (the countryside). |
| Je suis passionné(e) par (la loi et la justice). | I'm passionate about (the law and justice). |
| Je suis fort(e) en (maths). | I'm good at (maths). |
| Je suis (courageux/-euse). | I am (brave). |
| (Voyager), c'est ma passion. | (Travelling) is my passion. |
| (Les avions) me fascinent. | (Planes) fascinate me. |
| Je préférerais travailler (en plein air). | I would prefer to work (outdoors). |
| Je voudrais travailler avec (des enfants). | I would like to work with (children). |
| Je voudrais/J'aimerais travailler comme … | I would like to work as … |
| Je veux être … | I want to be … |

## L'orientation — Career paths

| | |
|---|---|
| Dans quel secteur voudrais-tu travailler? | In which area would you like to work? |
| l'audiovisuel et les médias | audiovisual and media |
| l'informatique et les télécommunications | IT and telecommunications |
| l'hôtellerie et la restauration | hotel and catering |
| les arts et la culture | arts and culture |
| le commerce | business |
| le sport et les loisirs | sport and leisure |
| la médecine et la santé | medicine and health |
| les sciences et les technologies | science and technology |
| Ça m'intéresserait de travailler dans … | I would be interested in working in … |
| Mon rêve serait de faire carrière dans … | My dream would be to have a career in … |
| Mon ambition/Mon but est de trouver un poste dans … | My ambition/aim is to find a job in … |
| Le secteur/L'orientation qui m'attire/ m'intéresse (le plus), c'est … | The sector/career path that attracts/ interests me (the most) is … |
| L'important pour moi est d'avoir un métier bien payé. | The important thing for me is to have a well-paid job. |
| Le plus important est de … | The most important thing is to … |
| faire quelque chose de satisfaisant/ stimulant/gratifiant/d'intéressant | do something satisfying/ stimulating/rewarding/interesting |
| faire quelque chose pour améliorer la société/aider les autres | do something to improve society/ help others |

| | |
|---|---|
| Le salaire a moins d'importance/est très important pour moi. | The salary is less/very important to me. |
| À mon avis, c'est un secteur d'avenir. | In my opinion, it's an area with prospects. |
| Je suis … depuis (trois) ans. | I have been a … for (three) years. |
| C'est un métier (stimulant). | It's a (stimulating) job. |
| La chose qui me plaît le plus, c'est … | What I like best is … |
| L'inconvénient, c'est que … | The disadvantage is that … |
| les horaires sont très longs | the hours are very long |
| c'est fatigant | it's tiring |
| Le mieux/pire, c'est … | The best/worst thing is … |
| Je suis assez satisfait(e) de mon travail. | I'm quite satisfied with my job. |
| Avant, j'étais/je travaillais comme … | In the past, I was/worked as … |
| C'était affreux/stressant/mieux/pire. | It was awful/stressful/better/worse. |
| C'était mal payé. | It was badly paid. |
| Le travail était monotone. | The work was monotonous. |
| Il n'y avait aucune possibilité d'avancement. | There was no chance of promotion. |
| Je m'entendais mal avec mon patron. | I didn't get on well with my boss. |
| J'ai décidé de (suivre une formation). | I decided to (take a course). |
| Maintenant, je suis diplômé(e). | Now I am qualified. |
| Mon nouveau boulot est (plus créatif). | My new job is (more creative). |
| Mes collègues sont tous très sympa. | My colleagues are all very nice. |

## Les ambitions — Ambitions

| | |
|---|---|
| Avant de continuer mes études, … | Before I continue my studies … |
| Après avoir terminé mes examens, … | After having finished my exams … |
| Après avoir quitté le collège, … | After having left school … |
| Plus tard/Un jour, … | Later on/One day … |
| Je veux/J'aimerais/Je préférerais/ J'espère … | I want/I would like/I would prefer/ I hope to … |
| J'ai envie de/d' … | I want to … |
| J'ai l'intention de/d' … | I intend to … |
| Mon rêve serait de/d' … | My dream would be to … |
| aller à l'université/à la fac | go to university |

| | |
|---|---|
| entrer en apprentissage | do an apprenticeship |
| faire du bénévolat/travail bénévole | do charity/voluntary work |
| prendre une année sabbatique | take a gap year |
| J'espère me marier/me pacser. | I hope to get married/register a civil partnership. |
| J'ai l'intention de faire le tour du monde. | I intend to travel round the world. |
| Mon but est de fonder une famille. | My aim is to start a family. |
| Je ne veux pas avoir d'enfants. | I don't want to have children. |
| Je n'ai aucune intention de m'installer avec mon copain/ma copine. | I have no intention of moving in with my boyfriend/girlfriend. |

## Les langues — Languages

| Les langues | Languages |
|---|---|
| Tu parles quelles langues? | Which languages do you speak? |
| Je parle bien/couramment/un peu/mal … | I speak … well/fluently/a bit/badly. |
| Je me débrouille en … | I get by in … |
| Ma mère parle … | My mother speaks … |
| Mon beau-père se débrouille en … | My stepfather gets by in … |
| Actuellement, ma sœur apprend… | Currently, my sister is learning … |
| l'allemand | German |
| l'anglais | English |
| l'arabe | Arabic |
| le français | French |
| l'espagnol | Spanish |
| l'italien | Italian |
| le japonais | Japanese |
| le mandarin | Mandarin |
| le portugais | Portuguese |
| le russe | Russian |
| Mon frère ne parle aucune langue étrangère. | My brother doesn't speak any foreign languages. |
| Ma grand-mère parle seulement le hindi. | My grandmother only speaks Hindi. |
| évidemment | obviously |
| actuellement | currently |
| naturellement | naturally, of course |
| vraiment | really |
| seulement | only |
| bien | well |
| mal | badly |
| mieux | better |
| Savoir parler des langues … | Knowing how to speak languages … |
| est indispensable pour certaines professions | is indispensable for certain jobs |
| ne sert à rien pour d'autres | is of no use for others |
| donne plus de possibilités de carrière | provides more career possibilities |
| est un atout | is an asset |
| On peut trouver plus facilement un bon emploi dans un autre pays. | You can find a job more easily in another country. |
| On comprend mieux sa propre langue. | You understand your own language better. |
| On a plus de chances d'obtenir une promotion. | You have more chance of promotion. |
| On peut mieux connaître les gens et la culture d'un pays. | You can get to know the people and culture of a country better. |
| On peut voyager/se faire des amis partout dans le monde. | You can travel/make friends all over the world. |

## Au téléphone — On the telephone

| Au téléphone | On the telephone |
|---|---|
| Allô? | Hello? |
| Je voudrais parler avec … | I would like to talk to … |
| Sa ligne est occupée. | His/Her line is busy. |
| Est-ce que je peux laisser un message? | Can I leave a message? |
| Je vais vous transférer vers sa messagerie vocale | I will transfer you to his/her voicemail. |
| Ne quittez pas. | Stay on the line. |
| Je vous le passe. | I'll pass you over to him/her. |
| Je peux vous être utile? | Can I help you/be of help? |
| Au revoir! | Goodbye! |

## Un entretien d'embauche — A job interview

| Un entretien d'embauche | A job interview |
|---|---|
| Enchanté. | Pleased to meet you. |
| Asseyez-vous. | Sit down. |
| Parlez-moi un peu de ce que vous faites actuellement. | Talk to me a little bit about what you are doing at the moment. |
| Actuellement, je suis (au lycée). | At the moment, I am (in sixth form college). |
| Je suis en train de (préparer le baccalauréat/mes examens de GCSE). | I am in the middle of (preparing to take my baccalauréat/ my GCSE exams). |
| Quelles matières étudiez-vous? | What subjects are you studying? |
| J'étudie (huit) matières, dont (l'EPS). | I'm studying (eight) subjects, including (PE). |
| Qu'est-ce que vous ferez après vos examens? | What will you do after your exams? |
| Si je réussis mes examens, j'espère (aller à l'université). | If I pass my exams, I hope (to go to university). |
| J'aimerais également (prendre une année sabbatique). | I would also like (to take a gap year). |
| Pourquoi vous intéressez-vous à ce poste? | Why are you interested in this position? |
| Je crois que ce serait une bonne expérience pour moi. | I think it would be a good experience for me. |
| Quelles sont les qualités personnelles que vous apporteriez à ce poste? | What personal qualities would you bring to this position? |
| Je suis quelqu'un de (bien organisé/ de très motivé/de créatif). | I am a (well organised/very motivated/ creative) person. |

## Mon boulot dans le tourisme — My job in tourism

| Mon boulot dans le tourisme | My job in tourism |
|---|---|
| Je suis étudiant(e) en … | I am studying … |
| J'apprends à devenir … | I'm learning to become … |
| Il y a six mois, j'ai commencé à travailler dans/chez/en … | Six months ago I started work in/ with … |
| Je voudrais travailler à plein temps/ mi-temps dans (le tourisme). | I would like to work full-time/ part-time in (tourism). |
| Lorsque j'étais plus jeune, je rêvais d'être (infirmier/-ière). | When I was younger, I dreamed of being a (nurse). |
| J'ai décidé de changer d'orientation à cause de … | I decide to change direction because of … |
| Mon travail consiste à (accueillir les clients). | My work involves (welcoming clients). |
| Je m'occupe aussi (des réservations). | I also take care of (reservations). |
| Je vends (des billets). | I sell (tickets). |
| Je suis passionné(e) par mon travail. | I am passionate about my job. |
| J'apprécie surtout (le contact avec les gens). | I particularly enjoy (dealing with people). |
| Le seul inconvénient de mon métier, c'est que … | The only disadvantage of my job is that … |
| Pour faire ce métier, il faut … | To do this job you have to … |
| être souriant | be smiley |
| savoir parler d'autres langues | know how to speak other languages |
| Plus tard/Quand je serai diplômé(e), … | Later on/When I am qualified … |
| je partirai en vacances | I will go on holiday |
| j'essaierai d'apprendre le japonais | I will try to learn Japanese |

## Les mots essentiels — High-frequency words

| Les mots essentiels | High-frequency words |
|---|---|
| au sujet de | about, on the subject of |
| avant tout | above all |
| malgré | despite, in spite of |
| non seulement | not only |
| plus tard | later |
| plutôt | rather, instead |
| quant à … | regarding …, as for … |

# 8 Un œil sur le monde

## Point de départ

● *Talking about what makes you tick*

**1** Écoutez et écrivez les <u>deux</u> priorités pour chaque personne, en choisissant les bons mots de l'encadré. (1–4)

**1** Zélie **2** Maé

**3** Léon **4** Salomé

| le sport | la musique | ma santé | ma famille |
|---|---|---|---|

| mes études | mes animaux | mes amis | l'argent |
|---|---|---|---|

**2** Écoutez encore une fois. Qui dit ça? Notez les lettres des <u>deux</u> bonnes phrases pour chaque personne. (1–4)

*Exemple:* **1** Zélie – g, …

**a** Tout le monde a besoin de partager ses expériences.

**b** Ça m'aide à décompresser et à oublier mes soucis.

**c** Ils me remontent le moral!

**d** Il faut s'occuper de son corps et de son bien-être.

**e** Ça t'ouvre des portes et c'est important pour l'avenir.

**f** Ça me permet de m'exprimer et de me détendre.

**g** Ils m'aiment et ils me protègent.

**h** Il en faut pour vivre.

**3** Lisez la liste. Reliez les dessins et les droits.

*Exemple:* **1** e

### Droits de l'enfant

1 Le droit d'être aimé et respecté
2 Le droit d'être nourri
3 Le droit d'être soigné
4 Le droit d'avoir une identité
5 Le droit d'avoir une éducation
6 Le droit d'être protégé de la violence
7 Le droit à l'égalité, en particulier entre filles et garçons
8 Le droit de rêver, de rire et de jouer
9 Le droit de ne pas être exploité
10 Le droit de s'exprimer et de donner son avis

**4** À deux. Quel est le droit le plus important pour vous? Donnez votre avis, à tour de rôle.

● *À mon avis, le droit numéro 1 est le plus important car …*

■ *Non, je ne suis pas d'accord. À mon avis, le droit numéro 5 est le plus important car …*

⭐ Borrow or adapt some of the things the people in exercise 1 said, e.g.

*Tout le monde a besoin de/d' (être aimé).*
*Mes parents m'aiment et me protègent.*
*Il faut (de la nourriture)/Il en faut pour vivre.*
*(Jouer/Rêver), ça me permet de (me détendre).*

**5** écouter

Écoutez et lisez. Écrivez la lettre de la bonne image pour chaque personne.

## Qu'est-ce qui te préoccupe? Qu'est-ce qu'on peut faire face à ce problème?

Ce qui me préoccupe, c'est la pauvreté dans le monde et surtout les enfants qui n'ont pas assez à manger. Luttons contre la faim! Il est possible de parrainer un enfant en Afrique, par exemple, ou on peut au moins faire un don à une association caritative. **Vincent**

Ce que je n'aime pas, c'est l'injustice. Des personnes qui sont emprisonnées à tort, par exemple. Ne rien faire, ce n'est pas une option. Il faut lancer des pétitions, écrire à son député et participer à des manifestations! **Léna**

Ce qui m'inquiète le plus, c'est l'environnement. La planète est en mauvais état! Il faut agir maintenant. Chaque geste compte! Il faut aussi mener des campagnes de sensibilisation. **Matthieu**

Ce qui m'inquiète, ce sont les sans-abri. Je ne comprends pas cette inégalité. Il ne faut pas ignorer ces gens. On peut faire du bénévolat avec une organisation qui les aide. **Cécile**

 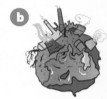  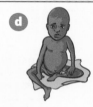

**6** lire

Relisez les textes de l'exercice 5. Trouvez l'équivalent français de ces expressions.

1 Every gesture counts.
2 We cannot ignore these people.
3 Let's fight against hunger!
4 people who are falsely imprisoned
5 to write to your MP
6 to sponsor a child
7 to participate in demonstrations
8 to make a donation to a charity

**7** parler

Sondage en classe: posez ces questions et répondez-y.

• Qu'est-ce qui est important pour toi dans la vie? *Ce qui est important pour moi, c'est …*
• Qu'est-ce qui te préoccupe dans la vie? *Ce qui me préoccupe, c'est …*
• Qu'est-ce qu'il faut faire face à ce problème? *À mon avis, il faut …*

**8** lire

Lisez le texte. Écrivez V (vrai) ou F (faux) pour chaque phrase.

1 Pour Ousmane, sa priorité est sa famille.
2 Il va fêter son anniversaire ce week-end.
3 Il s'engage contre l'injustice.
4 Il est membre de Greenpeace France.
5 Plus tard, Ousmane compte être plus actif.

Ousmane

Ce qui est important pour moi, c'est d'abord ma famille. Je compte sur elle. Ce week-end, je vais manger au restaurant avec mes parents, mes frères et mes cousins car on va fêter l'anniversaire de ma tante. Je suis impatient!

Ce qui me préoccupe énormément dans la vie, c'est l'état de la Terre. Récemment, j'ai lu un article sur le réchauffement climatique et par la suite, j'ai décidé de devenir membre de Greenpeace France, une organisation qui protège l'environnement.

Pour l'instant, je me renseigne. Je reçois beaucoup de mails et je lis énormément. Quand je serai plus âgé, je m'engagerai plus concrètement.

**9** écrire

Écrivez un paragraphe sur ce qui est important pour vous et sur ce qui vous préoccupe.

Ce qui est important pour moi dans la vie, c'est d'abord … Ensuite, c'est …

Ce qui me préoccupe, c'est …

J'ai lu un article sur …

J'ai décidé de …

**1** parler

À deux. Parlez de ces problèmes: c'est quoi l'équivalent en anglais? Ensuite, catégorisez les problèmes.

| catastrophes naturelles | problèmes provoqués par l'homme |
|---|---|
| un typhon (*typhoon*) ... | |

le déboisement

un typhon

une fuite de pétrole

la pollution de l'air

des inondations

la sécheresse

la destruction de la couche d'ozone

un tremblement de terre

un incendie

**2** écouter

Écoutez. Quel est le plus grand problème pour la planète, selon ces personnes? (1–6)

la surpopulation

la disparition des espèces

la guerre

le manque d'eau douce

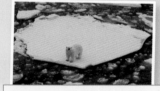
le changement climatique

la destruction des forêts tropicales

**3** écouter

Écoutez encore une fois. Qu'est-ce qu'ils disent à propos de chaque problème? Écrivez la bonne lettre. (1–6)

**a** Beaucoup de plantes et d'animaux sont en train de disparaître. Voici les causes: l'agriculture intensive, la chasse illégale, la surpêche ...

**être en train de** *to be in the process of*

**b** La population de la Terre n'arrête pas d'augmenter mais les ressources naturelles ne sont pas infinies. Comment la planète peut-elle nourrir tout le monde?

**c** Dans le futur, on ne sait pas s'il y en aura assez sur notre planète. C'est très inquiétant, étant donné que c'est une ressource vitale.

**d** Plusieurs pays dans le monde sont ravagés par des conflits. Des milliers de personnes se font tuer et d'autres deviennent des réfugiés. Cela a mené à la récente crise migratoire.

**e** Des millions d'hectares disparaissent chaque année. Les hommes trafiquent le bois ou bien entreprennent des activités agricoles. C'est grave.

**f** On pollue l'air et ça contribue à l'effet de serre. La Terre est en train de se réchauffer! Ça se manifeste par des événements météorologiques de plus en plus extrêmes. On est en train de détruire la planète!

**4** lire **Trouvez dans les exercices 1–3 un mot (adjectif, verbe ou nom) qui a un lien avec chacun des mots ci-dessous. Ensuite, traduisez les paires de mots en anglais.**

*Exemple:* **a** changer – le changement: *to change – the change*

a changer
b la nourriture
c la météo
d pêcher

e chaud
f l'agriculture
g sec
h la manifestation

> ⭐ When you come across an unfamiliar word in a text, try to make a connection with a word that you do know. And when you're learning verbs, see if there's a related noun you could learn as well, e.g. *polluer* (to pollute), *la pollution* (pollution); *détruire* (to destroy), *la destruction* (destruction).

**5** écrire **Écrivez une réponse à cette question.**

> *À ton avis, quel est le plus grand problème pour la planète, et pourquoi?*

**6** écouter **Écoutez et écrivez les mots manquants.**

## L'eau douce

**Même si l'eau recouvre une immense partie de notre planète, les ressources en eau utilisable et consommable sont très limitées:**

L'eau salée des mers et des océans représente plus de **1** _____ % du volume d'eau total;

sur les **2** _____ % d'eau douce, moins de **3** _____ % est accessible aux êtres vivants.

Par ailleurs, les ressources en eau sont très inégalement réparties à la surface de la **4** _____ : quelques pays dont le Brésil, la **5** _____ , la Chine, les États-Unis, l'Indonésie et l'Inde se partagent **6** _____ % de l'eau douce disponible tandis qu'un milliard de personnes n'ont pas accès à l'eau potable.

Longtemps considérée comme inépuisable, l'eau douce est devenue un bien précieux. Préserver sa qualité, maîtriser les besoins et mieux la distribuer sont un challenge majeur qui pourrait créer des **7** _____ dans le futur.

| | |
|---|---|
| *l'eau douce* | fresh water |
| *l'eau potable* | drinking water |
| *un milliard* | a billion |

**7** lire **Lisez l'extrait littéraire et répondez aux questions en anglais.**

### Eau, vent, poussière

[…] Voici les sujets que nous évoquerons au cours de notre flash météo offert par AirPlus, l'air sain de vos logis. Les îles Britanniques font le gros dos sous l'ouragan de force 12 qui a abordé les côtes il y a plus d'une heure, on compte déjà une trentaine de victimes: notre fait du jour. Les Pays-Bas renforcent leurs digues et se préparent tant bien que mal à résister: nos conseils pratiques.

Treizième mois de sécheresse en Andalousie, les derniers orangers se meurent: notre dossier spécial société. Enfin, si vous circulez dans les Alpes, prenez garde aux glissements de terrain, de nombreuses routes sont coupées: le point sur la situation.

> **Aqua™** is a science-fiction novel by Jean-Marc Ligny. In it, he imagines a world in the future where global warming has made fresh water so scarce that nations have to fight for it.

| | |
|---|---|
| *la digue* | flood barrier |

1 Where has there been a force 12 hurricane?
2 When did it strike?
3 How many people have been killed so far?
4 What is happening in the Netherlands?

5 What is the problem in Andalusia?
6 How long has it been going on for?
7 What is dying there?
8 What is the result of landslides in the Alps?

● *Talking about protecting the environment*
● *Using the modal verbs* **pouvoir** *and* **devoir** *in the conditional*

**1** écouter **Écoutez et lisez. Reliez les tweets et les hashtags.**

## Que devrait-on faire pour sauver notre planète? Que pourrais-tu faire?

**MaudAcker** @Maud12
Actuellement, je ne fais pas grand-chose pour protéger l'environnement, mais je pourrais trier les déchets et faire du compost à la maison.

**Natalie** @Natfille
Tout le monde devrait éteindre les appareils électriques et la lumière en quittant une pièce. On devrait aussi baisser le chauffage et mettre des pulls. C'est ce que je fais, moi!

**Loic** @LoicK
Moi, je devrais utiliser du papier recyclé. Je devrais aussi éviter les produits jetables et acheter des produits verts. Je pourrais peut-être privilégier les produits bio.

**AntoninLahoud** @Antonin46
On devrait utiliser les transports en commun ou privilégier le covoiturage. Moi, je pourrais même aller au collège à vélo.

**Mimi** @Mlleunetelle
Je fais déjà pas mal de choses mais je pourrais faire plus, comme refuser les sacs en plastique. Je devrais aussi apporter une bouteille d'eau au lieu d'utiliser un gobelet jetable.

**a** #consommer_moins_d'énergie
**b** #réutiliser
**c** #recycler
**d** #se_déplacer_autrement
**e** #faire_des_achats_responsables

**2** lire **Dans les tweets de l'exercice 1, trouvez la phrase qui correspond à chaque image.**

*Exemple:* **1** acheter des produits verts

> **G** *Using the modal verbs* **pouvoir** *and* **devoir** *in the conditional* **＞ Page 220**
>
> Use *pouvoir* and *devoir* in the conditional, followed by the infinitive of another verb, to mean 'could' or 'should'.
>
> Add the usual endings for the conditional to the stem of the verb, which is irregular in each case:
>
> **pouvoir:** je **pourr**ais     tu **pourr**ais     il/elle/on **pourr**ait
> (I could)       (you could)     (he/she/one could)
> **devoir:**   je **devr**ais     tu **devr**ais     il/elle/on **devr**ait
> (I should)     (you should)   (he/she/one should)
>
> **Je pourrais** aller au collège à vélo.  **I could** go to school by bike.
> **On devrait** utiliser les transports en commun.  **We should** use public transport.

**3** écouter **Écoutez. Quelle solution n'est pas mentionnée?**

## Que pourrait-on faire de plus pour économiser l'eau?

**a** On devrait récupérer l'eau de pluie pour arroser le jardin.

**b** On devrait fermer le robinet pendant qu'on se lave les dents.

**c** On devrait boire l'eau du robinet.

**d** On devrait prendre une douche au lieu de prendre un bain.

**e** On devrait tirer la chasse d'eau des WC moins fréquemment.

Si vous ne faites pas ces actions chez vous, vous devriez commencer tout de suite!

**4** parler **Préparez une présentation qui dure une minute. Répondez à cette question.**

Que pourrais-tu faire pour protéger notre planète?

**5** lire **Lisez le blog et complétez les phrases en anglais.**

Jean

## UNE ÉCOLE VERTE EST UNE ÉCOLE HEUREUSE

Je tiens à faire tout ce que je peux pour protéger l'environnement et je suis très content de faire partie de l'équipe verte de mon collège.

L'année dernière, nous avons défini nos objectifs ensemble et nous avons décidé de:

 **1** *réduire les émissions de gaz à effet de serre*

 **2** *utiliser moins d'eau*

 **3** *générer moins de déchets*

 **4** *sensibiliser les jeunes à l'importance de la protection de l'environnement en général.*

Nous avons introduit une opération de réutilisation et de recyclage, et mobilisé les élèves.

Maintenant, tous les jours, on trie, on recycle et on réutilise. On éteint les ordinateurs quand on n'en a pas besoin et on ferme les robinets le plus vite possible. De plus en plus d'élèves viennent au collège à vélo et les profs qui habitent plus loin partagent leurs voitures, comme ça, nous polluons moins. C'est beau à voir!

Mais notre plus grande victoire est celle-ci: nous avons économisé 50% sur le chauffage et la ventilation! J'en suis très fier.

Notre prochaine bataille, ce sera d'installer des panneaux solaires sur le toit!

**1** The green team's four objectives were: **1** …, **2** …, **3** …, **4** …
**2** They introduced …
**3** Now, every day, …
**4** More and more pupils … and the teachers …
**5** They saved 50% on … and …
**6** Their next battle is to …

> ⭐ Get into the habit of learning new verbs in the infinitive form. However, make sure that you check whether they are irregular and note the past participle, e.g. *éteindre* (irreg.) – *j'éteins, j'ai éteint*.
>
> You need to be able to recognise them when they are conjugated.

**6** écouter **Écoutez. Copiez et complétez le tableau en anglais. (1–3)**

| | past | present | future |
|---|---|---|---|
| l | just threw everything away, … | | |

**7** écrire **Écrivez un paragraphe sur les gestes quotidiens qu'on pourrait faire afin de mieux protéger l'environnement.**

> ⭐ Show what you can do!
> - Use the imperfect to say what things were like: *Avant, à la maison, on ne triait pas …*
> - Use the perfect to say what you did recently: *L'autre jour, par exemple, j'ai …*
> - Use the present to say what you do every day: *Actuellement, je trie/je recycle/j'économise/je consomme …*
> - Use the conditional to say what you could do more of: *Je pourrais trier/recycler/économiser …*

**1**  écouter Écoutez et lisez. Reliez les images et les titres.

## D'OÙ VIENT TON TEE-SHIRT «J'ADORE PARIS»?

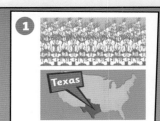

**1** Le coton de ton tee-shirt est cultivé et récolté au Texas, aux États-Unis. (Oui, le coton est une plante. Le savais-tu?)

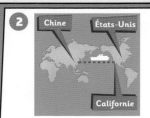

**2** Ensuite, les balles de coton sont transportées en Californie où elles sont chargées sur des bateaux et exportées vers la Chine.

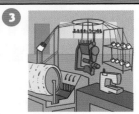

**3** À Shanghai, les fibres de coton sont transformées en fils, qui sont transformés en tissu. Une fois que le tissu a été fabriqué, il est transporté vers une usine de vêtements où il est transformé en tee-shirt.

**4** Le tee-shirt continue son voyage et repart pour la France où le motif «J'adore Paris» est imprimé dessus.

**5** Tu le vois à Paris, tu l'aimes, tu l'achètes. Tu le portes pendant un moment et puis tu le jettes ou tu le donnes à une association caritative.

**6** Après un certain temps, le plus probable, c'est que ton tee-shirt sera envoyé en Afrique où il sera vendu sur un marché à un prix très favorable.

Tu n'oublieras jamais ton tee-shirt «français», fabriqué avec du coton américain par des ouvriers chinois, acheté par toi, une touriste belge, et qui a fini sur un marché sénégalais.

**a** La fabrication du tee-shirt

**b** Le destin final du tee-shirt

**c** La culture du coton

**d** Le transport du coton

**e** L'achat du tee-shirt

**f** La personnalisation du tee-shirt

**2** lire Relisez le texte de l'exercice 1 et trouvez l'équivalent français de ces expressions.

1 The cotton for your T-shirt is grown and harvested.
2 The cotton balls are transported to California.
3 The cotton fibres are transformed into threads.
4 Once the fabric has been made, …
5 The logo is printed on it.
6 Your T-shirt will be transported to Africa, where it will be sold.

**G** **The passive** **> Page 234**

The passive is used to talk about things that **are done** (or **have been done**, **will be done**, etc.). To form it, use **être** in the appropriate tense, followed by a past participle. The past participle must agree with the subject.

| present | Le coton **est cultivé**. Les balles de coton **sont transportées**. | Cotton **is grown**. The cotton balls **are transported.** |
|---|---|---|
| perfect | Le tissu **a été fabriqué**. | The fabric **has been made/was made.** |
| future | Ton tee-shirt **sera vendu**. | Your T-shirt **will be sold**. |

**3** écouter **Écoutez et choisissez la bonne option.**

1 Pour cultiver le coton, il faut beaucoup …
   **a** de patience. **b** de terre. **c** d'eau.
2 Si la culture n'est pas bio, beaucoup de … sont utilisés.
   **a** produits verts **b** pesticides **c** produits recyclés
3 Un tee-shirt produit des émissions $CO_2$ car il …
   **a** est transporté sur de longues distances. **b** est blanchi. **c** est fabriqué sur place.
4 Des produits chimiques sont utilisés …
   **a** pour rendre les ouvriers malades. **b** pour transporter le tee-shirt. **c** pour transformer le coton.

**4** écrire **Traduisez ces phrases en français.**

1 Lots of clothes are made abroad.
2 The T-shirts are bought in Europe.
3 $CO_2$ emissions are produced.
4 The cotton for my jeans was grown in the USA.
5 My skirt will be sold at a market.

**5** écouter **Écoutez et lisez. Répondez aux questions.**

Les produits pas chers sont souvent fabriqués dans des conditions de travail inacceptables. Les ouvriers sont sous-payés et leur journée de travail est trop longue. Du coup, si un produit est bon marché, je ne l'achète pas.    *Ethan*

Pour moi, le prix est important. Cependant, je pense que c'est mieux de payer un peu plus pour avoir quelque chose de qualité. On devrait tous acheter des habits issus du commerce équitable.    *Margot*

Je suis d'accord. Trop de travailleurs sont exploités ou exposés à des risques. À mon avis, on devrait boycotter les grandes marques qui ne respectent pas leurs ouvriers.    *Tobie*

À part tout cela, il faut réfléchir à l'impact sur l'environnement. On devrait acheter des vêtements fabriqués en France. Comme ça, on sait que l'empreinte carbone de nos habits est moins élevée.    *Esteban*

On pourrait les boycotter, mais ceci dit, les gens dans les pays pauvres ont besoin de travailler. On devrait plutôt forcer les grandes marques à garantir un salaire minimum.    *Leïla*

Oui. En ce qui concerne le shopping, tout le monde devrait essayer de respecter l'homme et l'environnement à la fois.    *Blanche*

**Who …**
1 thinks that companies should guarantee a minimum wage?
2 thinks that workers' days can be too long?
3 mentions the carbon footprint of clothes?
4 thinks that we should buy fairly traded clothing?
5 thinks that both people and the planet should be considered?
6 thinks that workers are exposed to risks?

**6** lire **Relisez le texte de l'exercice 5. Trouvez l'équivalent français de ces expressions.**

1 as a result
2 that said
3 however
4 apart from all that
5 in this way
6 as far as … is concerned

**7** parler **À deux. Posez cette question et donnez votre avis, à tour de rôle.**

*Si un produit est bon marché, tu l'achètes?*

Borrow ideas from the texts in exercise 5. Try to include phrases like *comme ça* and *du coup* to make your French sound more authentic.

# 4 Je suis solidaire

**1** parler

**À deux. À haute voix, faites ce quiz sur le bénévolat.**

## Es-tu fait(e) pour être bénévole?

**1 Tu penses être …**
  **a** une personne sociable qui a l'esprit d'équipe.
  **b** une personne renfermée qui préfère être seule.

**2 Tu estimes …**
  **a** que c'est important d'aider les autres. Tu te passionnes pour les droits de l'Homme.
  **b** qu'il vaut mieux passer son temps à la plage. Chacun pour soi!

**3 Une personne aveugle demande ton aide pour traverser la rue.**
  **a** Tu lui donnes le bras.
  **b** Tu lui tournes le dos.

**4 Un sans-abri veut te parler.**
  **a** Tu lui offres un café.
  **b** Tu lui donnes un coup de poing.

**5 Tes voisins sont âgés.**
  **a** Tu leur rends visite.
  **b** Tu ne leur parles jamais.

**Réponses**

**Si tu as une majorité de 'a':**
Bravo! Tu es fait(e) pour être bénévole.
Tu aideras les autres et en tireras profit toi-même.

**Si tu as une majorité de 'b':**
Elle est bien triste, ton existence. Bonne chance pour l'avenir!
Il t'en faudra, avec ton attitude!

| | |
|---|---|
| *aveugle* | *blind* |
| *un coup de poing* | *a punch* |

**2** écouter

**Écoutez. Qu'est-ce qu'ils disent? Écrivez les <u>deux</u> bonnes lettres pour chaque personne. (1–3)**

 *Pourquoi être bénévole?*

**a** Ça me permet d'élargir mes compétences.

**b** Ça me donne le sentiment d'être utile.

**c** Ça me donne plus confiance en moi.

**d** C'est important de participer à la vie en société.

**e** On a la responsabilité d'aider les autres et de ne pas se focaliser sur soi-même.

**f** Il y a beaucoup de personnes qui ont besoin d'un peu de gentillesse.

**3** écouter

**Écoutez encore une fois. Notez en anglais ce qu'ils font comme bénévolat. (1–3)**

**4** écrire

**Traduisez ces phrases en français.**

**1** They give us presents.
**2** She talks to me every evening.
**3** I offer them a little kindness.
**4** I would turn my back to him.
**5** It allows you to be useful.

---

**G** **Indirect object pronouns** 〉 *Page 230*

Indirect object pronouns mean 'to me', 'to him', etc. They replace nouns that are used after the preposition *à*, e.g. after the verbs *dire à* (to say to) and *offrir/donner à* (to offer/give to). The word 'to' is not always used in English.

Indirect object pronouns go in front of the verb.

| | indirect object pronoun |
|---|---|
| (to) me | ***me*** or ***m'*** |
| (to) you | ***te*** or ***t'*** |
| (to) him/her | ***lui*** |
| (to) us | ***nous*** |
| (to) you | ***vous*** |
| (to) them | ***leur*** |

*Je **lui** donne le bras.* I give **him/her** my arm.
*Je **leur** rends visite.* I visit **them**.

**5** *lire* **Lisez le texte. Trouvez l'équivalent anglais des verbes en rouge. Utilisez un dictionnaire, si nécessaire.**

## Profils de bénévoles

Pendant l'été, Gaël, 21 ans, travaille sur un stand d'Oxfam pendant les grands festivals de musique, dans le but de **sensibiliser** les festivaliers au changement climatique. On s'adresse aux festivaliers et on leur demande de manger moins de viande, d'acheter local, de **prendre conscience des** problèmes en ce qui concerne l'environnement, et d'agir. En même temps, les bénévoles profitent de l'ambiance et de la musique! L'année dernière, les bénévoles d'Oxfam ont réussi à motiver 7 543 festivaliers!

Anaïs, 18 ans, travaille dans un refuge pour animaux trois soirs par semaine après le lycée. Son travail consiste à s'occuper des animaux qui ont été abandonnés. Beaucoup d'animaux sont traumatisés quand ils arrivent. Anaïs les **soigne** et leur donne à manger. Elle promène les chiens et **accueille** les personnes qui voudraient adopter un animal. Elle adore le bénévolat et espère consacrer sa vie à ces animaux sans défense.

Oriane, 24 ans, fait partie de l'organisation Autremonde. Autremonde envoie des petits groupes de bénévoles dans la rue, le soir, à la rencontre des sans-abri. Ces personnes **affrontent** quotidiennement les difficultés de la rue: le froid, la faim, la solitude, le manque d'espoir. Oriane et les autres bénévoles **soutiennent** les SDF en leur rendant visite. Ils leur parlent, ils leur offrent du café et ils les aident à trouver un centre d'hébergement.

**les SDF (sans domicile fixe)** *homeless people*

**1** sensibiliser
**2** prendre conscience de
**3** soigner
**4** accueillir
**5** affronter
**6** soutenir

**6** *lire* **Relisez le texte. Copiez et complétez le tableau en anglais pour Gaël, Anaïs et Oriane.**

| name | volunteer organisation/place | what the volunteer work involves | other details |
|------|------|------|------|
| Gaël | | | |

**7** *écouter* **Écoutez. Écrivez V (vrai) ou F (faux) pour chaque phrase.**

**1** The number of homeless people in Paris has increased in the last decade.
**2** More and more women are homeless.
**3** Anne is homeless, but she still works.
**4** Anne has never had any trouble on the streets.
**5** Anne thinks that homelessness can happen to anyone.

**8** *écrire* **Écrivez votre réponse à ces questions.**

• Pourquoi devient-on bénévole?
• Que fais-tu pour aider les autres?
• Voudrais-tu faire du travail bénévole un jour?

– You can borrow language that you come across, but you also have to manipulate it to make it your own, e.g., you might need to change a verb used with *on* to the *je* form, or you might see a verb in the present tense and want to use it in another tense.
– If you get asked a question that you don't feel you have much to say on, make something up, even if it isn't true! Try to give as full an answer as possible.

**9** *parler* **Présentez à l'oral vos réponses de l'exercice 8.**

- *Discussing big events*
- *Giving arguments for and against*

**1** écouter **Écoutez Luc. Reliez chaque événement et les <u>deux</u> avantages mentionnés. (1–4)**

le Tour de France

la Coupe du monde de rugby

le festival d'Avignon

le carnaval de Nice

Un avantage de cet événement, c'est que ça …
a met en avant la culture.
b encourage la pratique du sport.
c met en avant la ville hôte.
d attire les touristes.
e unit les gens.
f donne des modèles aux jeunes.
g crée un sentiment de fierté nationale.
h permet aux gens de passer un bon moment.

**les chars**   *(festival) floats*

**2** lire **Lisez le texte. Corrigez les erreurs dans les phrases anglaises.**

### Être ville hôte pour les Jeux olympiques: le pour et le contre!

L'organisation de chaque festival ou événement sportif a des conséquences pour la ville hôte et pour ses habitants. Et encore plus quand il s'agit d'un événement international tel que les Jeux olympiques!

D'un côté, les J.O. sont un moteur important de développement. Il faut construire des stades, des maisons pour les athlètes: toute une infrastructure. Ça crée du travail et facilite la régénération des centres urbains. En plus, les J.O. apportent une activité économique importante dans un pays en attirant des visiteurs. Les hôtels et les restaurants en profitent.

D'un autre côté, les habitants peuvent se plaindre parce que les prix augmentent. En plus, après avoir accueilli les Jeux, les pays sont souvent endettés. Créer toute cette infrastructure coûte très cher. Par ailleurs, dans certains pays, les ouvriers sont exploités et maltraités. C'est franchement scandaleux!

Et ça, c'est sans compter l'impact sur l'environnement. Construire toutes les structures requises et accueillir autant de personnes venues de très loin, ça laisse une empreinte carbone très importante.

Il y a du pour et du contre, c'est sûr. Bien que ce soit un honneur d'accueillir ce genre d'événement, les organisateurs devraient faire des efforts pour réduire son impact.

*Guillaume Dupont*

1 M. Dupont thinks that there are fewer consequences when the event is an international one like the Olympic Games.
2 On the one hand, when a city hosts the Olympics, many people lose their jobs.
3 The Olympics put tourists off coming.
4 On the other hand, the host city or country is usually better off financially after the Olympics.
5 Workers are always valued and treated appropriately.
6 The impact of the Olympics on the environment is negligible.
7 Nevertheless, hosting the Olympics is shameful.

| | |
|---|---|
| **tel(le)(s) que** | *such as* |
| **se plaindre** | *to complain* |
| **bien que** (+ subjunctive) | *although* |

**3** lire **Traduisez les deux paragraphes en violet dans le texte de l'exercice 2 en anglais.**

**4** parler   À quatre. Pour ou contre les grands événements sportifs? Préparez un débat.

| Un avantage, c'est que D'un côté, En plus, | ça encourage la pratique du sport. ça unit les gens. ça donne des modèles aux jeunes. ça crée du travail. ça attire des touristes. ces événements sont un facteur de développement économique. |
|---|---|
| Cependant, Un inconvénient, c'est que D'un autre côté, Par ailleurs, | les ouvriers qui construisent les stades sont souvent exploités. les prix augmentent. la ville hôte est souvent endettée après l'événement. ça laisse une empreinte carbone très importante. |

| J'estime Je trouve Je suis persuadé(e) | que/qu' | il y a du pour et du contre. les festivals sont une chose positive/négative pour un pays ou une région. |
|---|---|---|

> ⭐ If you are presenting two sides of an argument when speaking or writing, try to link your ideas together using sophisticated expressions like *d'un côté* and *d'un autre côté*.

**5** écouter   Écoutez Violaine qui parle de l'organisation du festival *les Vieilles Charrues*. Quels <u>deux</u> moyens de rendre le festival plus écologique <u>ne sont pas</u> mentionnés?

**6** parler   À deux. Regardez la photo et préparez vos réponses à ces questions.

- Où sont ces jeunes?
- Tu es déjà allé(e) à un festival de musique ou à un concert?
- C'était comment?

**7** écrire   Traduisez ce texte en français.

> Use the perfect tense.

> Don't try to translate the text word for word. Check the key language on this page and on page 170.

I love festivals! In my opinion, this type of event <u>promotes culture</u>. What's more, it unites people. Last year, I went to the cinema festival in La Baule. The atmosphere was fantastic and <u>everyone had a great time</u>. However, there are positives and negatives. <u>On coming out</u> of a cinema, I saw rubbish everywhere. The organisers <u>should</u> make more effort <u>as far as the environment is concerned</u>.

> Which structure do you need here?

> Use *en ce qui concerne …*

> Use the conditional of *devoir*.

**1**  **Read the literary extract. Fatou is watching her neighbour.**

*FDD Fatou Diallo Détective* by Emmanuel Trédez

> À 8h17, M. Benguigui est arrivé avec un gros sac rempli de déchets de tout genre qu'il a jeté dans le bac jaune: au moins deux bouteilles en verre dépassaient du sac en plastique. Je me suis ruée dehors, mais M. Benguigui, avec ses grandes jambes, était déjà au bout de la rue lorsque j'ai atteint la grille. Je suis allée vérifier le contenu de son sac. Visiblement, le bonhomme se fichait pas mal du tri sélectif. Outre les bouteilles et les bocaux en verre, il s'était débarrassé d'un tas d'objets plus suspects les uns que les autres: des cintres en fil de fer, un cordon de douche percé, un vieux radio-réveil …

**Answer the questions in English.**

**(a)** What did Monsieur Benguigui arrive with?

**(b)** By the time Fatou got to the metal railings, where had Monsieur Benguigui got to?

**(c)** Why did she check what he'd had in his bag?

**(d)** What does Fatou think about the items (apart from the bottles and jars) that Monsieur Benguigui put in the recycling bin?

**2**  **Lis cette page Web.**

> **La Banane à tout prix**
>
> *À la découverte du fruit le plus vendu au monde*
>
> La banane est l'un des plus anciens fruits au monde et aujourd'hui, c'est le fruit le plus consommé au monde. Dans les immenses plantations d'Amérique latine qui produisent des bananes pour les multinationales, les conditions de travail sont extrêmement dures. Les journées de travail varient de 10 à 12 heures. Le salaire moyen d'un ouvrier de la banane est d'environ 5 à 6 euros par jour. Cela ne couvre pas les besoins essentiels d'une famille (logement, nourriture, éducation).
>
> Pesticides et autres produits toxiques sont le lot quotidien des bananiers et des ouvriers dans les grandes plantations. Les pesticides sont des substances chimiques toxiques qui détruisent les organismes qui s'attaquent aux cultures agricoles.
>
> Un de ces pesticides s'appelle le Nemagon. Bien qu'interdit aux États-Unis dès 1979, certaines multinationales ont continué à l'utiliser dans les plantations durant les années 80. Il a contaminé 22 000 personnes au Nicaragua. Son utilisation peut provoquer la stérilité et le cancer.
>
> «Je l'appliquais tous les jours, mais je n'avais pas de vêtements de protection. Par ailleurs, je n'étais pas formé à son utilisation,» a expliqué Victor, qui a été contaminé par le Nemagon.

**Réponds aux questions en français. Il n'est pas nécessaire d'écrire des phrases complètes.**

*Exemple:* Où est-ce qu'on produit des bananes? dans les immenses plantations d'Amérique latine

**(a)** Donnez <u>deux</u> exemples des dures conditions de travail dans les plantations.

**(b)** Que font les pesticides?

**(c)** Trouvez <u>deux</u> problèmes de santé liés au Nemagon.

**(d)** Comment est-ce que Victor a été contaminé par le Nemagon? Donnez <u>un</u> détail.

> ⭐ Having to answer questions in French can seem quite daunting, but don't panic. The instructions say *Il n'est pas nécessaire d'écrire des phrases complètes*, so you don't have to answer in full sentences. You can usually lift your answer directly from the text, but make sure you only write the relevant words – don't copy out huge chunks.

**1** écouter

**Sandrine is being interviewed about a festival in France. Listen and write the letter of the correct ending for each sentence.**

*Example:* Sandrine is talking about … *B*

**A** a surfing festival.   **B** a kite festival.   **C** a music festival.   **D** a food festival.

**1** On the Sunday there …
**A** are demonstrations.
**B** are competitions.
**C** is an Easter egg hunt.
**D** is a dance.

**2** Sandrine likes to …
**A** do water sports.
**B** make things.
**C** fly things.
**D** go for balloon rides.

**3** The sound and light show is at …
**A** 9 o'clock.
**B** 10 o'clock.
**C** 11 o'clock.
**D** 12 o'clock.

**2** écouter

**You hear this discussion among some young people on a radio phone-in. Listen and write the letter of the correct ending for each sentence.**

**1** Romy's parents …
**A** don't understand why she does volunteering.
**B** want her to do her homework.
**C** are proud of her.
**D** work with children.

**2** Chloé's brother …
**A** trusts her.
**B** started a sports club.
**C** has volunteered for a year.
**D** is still at school.

**3** Chloé is encouraged to volunteer …
**A** by her parents.
**B** by her brother.
**C** by her school.
**D** by other young people.

**4** Luc …
**A** can't see very well.
**B** doesn't have time to volunteer.
**C** doesn't help other people.
**D** isn't selfish.

**5** Marie …
**A** likes to volunteer.
**B** knows how she can help.
**C** lives on an estate.
**D** feels she isn't well informed.

**6** Marie …
**A** is worried about homeless people.
**B** doesn't like homeless people.
**C** ignores homeless people.
**D** helps homeless people.

> ⭐ Take care with multiple-choice tasks like this one. They may seem easy at first, but each question has been set to test your understanding. For example, with question 1, Romy refers to elements of all four of the options. You have to listen very carefully to find the answer that fits exactly.

**3** écouter

**You hear this report about an environmentally friendly company. Listen and answer the questions in English.**

**Part 1**
**(a)** Where is Pocheco?
**(b)** How many envelopes does Pocheco make a year?
**(c)** How does having plants on the roof help to protect the environment? Give <u>one</u> detail.
**(d)** How do they use the water that the plants don't drink? Give <u>two</u> examples.
**(e)** How else is the roof environmentally friendly?

**un milliard**   *a billion*

**Part 2**
**(a)** Besides making the envelopes, how do the machines help the company? Give <u>two</u> details.
**(b)** How much paper is used by the factory?
**(c)** How does the company offset the environmental cost of the paper it uses?

## A – Picture-based discussion

**Topic: Bringing the world together**

Regarde la photo et prépare des réponses sur les points suivants:

- la description de la photo
- un festival ou un concert auquel tu es allé(e)
- conséquences des grands événements
- la possibilité de faire du travail bénévole dans le futur
- **!**

**1** **Look at the picture and read the task. Then listen to Farah's answer to the <u>first</u> bullet point.**

1 In addition to saying who is in the picture, where they are and what they are doing, what else does Farah say to expand her answer?
2 What does *ils sont assis par terre* mean?
3 What do you think *devant une scène* means?

**2** **Listen to and read how Farah answers the <u>second</u> bullet point.**

1 Write down the missing word(s) for each gap.
2 Look at the Answer booster on page 176. Note down at least <u>six</u> things that she does to make her answer a good one.

> Oui, l'année dernière, je suis allée à un festival de musique **1** _____ dans un parc près de chez moi. Le festival n'a duré qu'**2** _____, mais c'était génial. **3** _____ avec quatre copines et on s'est très bien amusées! On a vu un groupe de reggae et un duo hip-hop que j'ai adorés mais l'artiste que j'**4** _____, c'était une jeune chanteuse française. Il y avait beaucoup de festivaliers et **5** _____ était chouette! La musique, ça **6** _____ les gens! **7** _____ de la musique, on a mangé des pizzas délicieuses. **8** _____, j'aimerais aller à un festival qui dure trois jours parce que je suis passionnée de musique et parce que j'aime faire **9** _____. Ce serait une expérience pleine de convivialité.

**3** écouter **Listen to how Farah answers the third bullet point.**

1 What does she say the disadvantages are?
2 What does she say the advantages are?
3 Look at the 'opinions and reasons' and 'connectives' rows of the Answer booster. Note down the phrases that Farah uses to present both sides of the argument.

> ⭐ You will be asked your opinion on different topics, so it's useful to have a stock of phrases at the ready which you can reuse regardless of what you are discussing. You should find a few you could use in Farah's third answer.

**4** écouter **Listen to Farah's response to the fourth bullet point. Note down examples of how she justifies what she says.**

**5** parler **Prepare your own answers to the first four bullet points. Try to predict which unexpected question you might be asked. Then listen and take part in the full picture-based discussion with your teacher.**

## B – General conversation

**1** écouter **Listen to Fraser introducing his chosen topic. In which order does he mention these problems?**

A le changement climatique
B la surpopulation
C la pollution de l'air
D la disparition des espèces

**2** écouter **The teacher then asks Fraser: «Que devrait-on faire pour sauver notre planète?» Below are the things that Fraser says we should do to protect the environment. However, he doesn't just say them in a long list! What extra information does he add to expand on each of these points?**

1 use public transport more often
2 save water
3 recycle
4 consume less energy

**3** écouter **Listen to how Fraser answers the next question: «Je pense que ça ne sert à rien d'acheter vert. Quel est ton avis?» Look at the Answer booster on page 176. Write down six examples of what he does to give his best possible answer.**

**4** parler **Prepare answers to these questions. Then practise with your partner.**

1 À ton avis, quelle est la plus grande menace pour la planète dans le futur?
2 Que devrait-on faire pour sauver notre planète?
3 Je pense que ça ne sert à rien d'acheter vert. Quel est ton avis?
4 Qu'est-ce que tu as déjà fait pour aider les pauvres?
5 Quels sont les plus grands problèmes pour les sans-abri?

| Answer booster | Aiming for a solid answer | Aiming higher | Aiming for the top |
|---|---|---|---|
| **Verbs** | **Three time frames:** present, past, future | **Different persons of the verb:** not just *je* but *il/elle/on/nous/ vous*<br><br>**The conditional of *aimer* and *vouloir*:** ( *j'aimerais* and *je voudrais*) | **Different tenses:** imperfect, future and conditional<br><br>**The perfect infinitive:** *après avoir fait, après être allé(e)(s)*<br><br>**The conditional of *pouvoir* and *devoir*:** *je pourrais, on devrait*<br><br>**The passive:** *les ouvriers sont exploités* |
| **Opinions and reasons** | *Je pense que …*<br>*À mon avis, …*<br>*Pour moi, …*<br>  *parce que …* | **More variety:**<br>*Je trouve que …*<br>*Je crois que …*<br>*J'estime que …*<br>*Personnellement, …*<br>*De préférence, …* | **More sophisticated phrases:**<br>*Ce qui m'inquiète/me préoccupe, c'est …*<br>*Ce que je trouve bien, c'est …*<br>*Il y a du pour et du contre.* |
| **Connectives** | *et, ou, mais, aussi, puis, ensuite*<br>*quand, lorsque*<br>*parce que, car* | *où, comme*<br>*cependant, pourtant* | *néanmoins, ceci dit*<br>*d'un côté … d'un autre côté …*<br>*à part tout cela, par ailleurs*<br>*comme ça/du coup* |
| **Other features** | **Negatives:** *ne … pas, ne … jamais, ne …rien*<br><br>**Qualifiers:** *très, un peu, assez, vraiment, trop, presque*<br><br>**Sequencers:** *(tout) d'abord, en premier, ensuite* | ***avant de* + infinitive**<br><br>**A range of negatives:** *ne … que, ne … ni … ni …, ne … rien*<br><br>**The pronoun y:** *J'y travaille.*<br><br>**The relative pronoun *qui*:** *un animal qui a faim* | **The relative pronoun *que*:** *un événement que j'apprécie*<br><br>**Direct object pronouns:** *Je le/la/les déteste.*<br><br>**Direct object pronouns in the perfect tense:** *Je l'ai observé(e).*<br><br>**Indirect object pronouns:** *Je leur ai servi un repas.* |

## A – Extended writing task

**1** **Look at the task. For each bullet point, make notes on:**

- the tense(s) you will need to use
- the structures and vocabulary you could use
- any details and extra information you could include to improve your answer.

### Je voudrais être bénévole!

Vous voulez faire du volontariat, alors vous contactez une organisation qui met en relation les associations et les personnes qui veulent être bénévoles.

Écrivez une lettre pour convaincre les organisateurs de vous offrir une mission bénévole.

Vous **devez** faire référence aux points suivants:

- ce que vous voudriez faire comme travail bénévole
- pourquoi il est important de faire du volontariat
- un travail bénévole que vous avez déjà fait
- comment faire du volontariat vous aidera plus tard.

Justifiez vos idées et vos opinions.

Écrivez 130–150 mots environ en français.

**2** **Read Rhiannon's answer on the next page. What do the phrases in bold mean?**

**3** Look at the Answer booster. Note down <u>eight</u> examples of language that Rhiannon uses to improve the quality of her answer.

Madame, Monsieur

Je vous écris pour demander une mission bénévole. Ce qui m'inquiète, c'est la cruauté envers les animaux. **Je voudrais les protéger:** les chiens et les chats **qui ont été maltraités et abandonnés.** Il faut faire quelque chose **pour mettre fin à cette pratique barbare.** J'aimerais donc faire du bénévolat dans un refuge animalier.

**Bien que je n'aie que quinze ans,** je crois que c'est important de participer à la vie en société. Il est important de ne pas se focaliser sur soi-même.

**Je n'ai pas encore beaucoup d'expérience,** mais l'hiver dernier, mon frère a fait du bénévolat dans une organisation qui aide les sans-abri et un soir, je suis allée avec lui. J'ai parlé aux jeunes **qui étaient à la rue** et **je leur ai servi un repas chaud.** Ça a été une expérience révélatrice.

**Faire du bénévolat sera une expérience enrichissante** qui me permettra d'élargir mes compétences. Ça pourrait aussi être un tremplin pour trouver du travail dans le futur car après avoir quitté le lycée, j'aimerais travailler dans le secteur animalier.

**Je vous prie d'agréer l'expression de mes sentiments distingués.**

...

 **4** Now write your own answer to the task, using the Answer booster and Rhiannon's text for ideas.

## B – Translation

 **1** Read the English text. Look at the phrases that are numbered and compare them with the French translation. What structures do you need to use in French to translate each of them?

*Example:* **1** Use the imperfect tense (not just one occasion in the past).

Before, when I used to go shopping, the price was important. But now, I think that you need to consider the environmental impact. After having watched a programme about the global clothing industry with my mum, I talked to her and we decided to buy clothes which are made in France. The clothes will be more expensive but it will be more environmentally friendly.

Avant, quand je faisais du shopping, le prix était important. Mais maintenant, je pense qu'il faut réfléchir à l'impact sur l'environnement. Après avoir regardé une émission sur l'industrie mondiale du vêtement avec ma mère, je lui ai parlé et on a décidé d'acheter des vêtements qui sont fabriqués en France. Les vêtements seront plus chers mais ce sera plus écologique.

 **2** Translate the following passage into French.

My brother always used to buy inexpensive products. I told him that too many workers are exploited and that their working conditions are often unacceptable. After having read an article, I chose to boycott the big brands who don't respect their workers. My brother agrees so in the future we will buy fairly traded products.

## Ce qui me préoccupe
**What worries me**

| | |
|---|---|
| Ce qui est important pour moi dans la vie, c'est d'abord … | *The most important thing to me in life is above all …* |
| Ensuite, c'est … | *Then it's …* |
| le sport | *sport* |
| la musique | *music* |
| ma santé | *my health* |
| ma famille | *my family* |
| l'argent (m) | *money* |
| mes études | *my studies* |
| mes animaux | *my pets* |
| mes amis | *my friends* |
| Ce qui me préoccupe/m'inquiète (le plus), c'est … | *What worries me (the most) is …* |
| l'état (m) de la Terre | *the state of the Earth/planet* |
| le réchauffement climatique | *global warming* |
| la pauvreté dans le monde | *world poverty* |
| l'injustice (f) | *injustice* |
| l'environnement (m) | *the environment* |

| | |
|---|---|
| les sans-abri | *homeless people* |
| les personnes qui sont emprisonnées à tort | *people who have been wrongly imprisoned* |
| les enfants qui n'ont pas assez à manger | *children who don't have enough to eat* |
| On peut/Il est possible de … | *You can/It's possible to …* |
| parrainer un enfant en Afrique | *sponsor a child in Africa* |
| faire un don à une association caritative | *donate to a charity* |
| faire du bénévolat | *do voluntary work* |
| Il faut … | *We must/You have to …* |
| lutter contre la faim | *fight against hunger/famine* |
| lancer des pétitions | *launch petitions* |
| écrire à son/sa député(e) | *write to your MP* |
| participer à des manifestations | *take part in demonstrations* |
| agir maintenant | *act now* |
| faire des campagnes de sensibilisation | *carry out campaigns to raise awareness* |
| Il ne faut pas ignorer (ces gens). | *We must not ignore (these people).* |

## Notre planète
**Our planet**

| | |
|---|---|
| Le plus grand problème pour la planète, c'est … | *The greatest problem for the planet is …* |
| le changement climatique | *climate change* |
| le déboisement | *deforestation* |
| la destruction de la couche d'ozone | *the destruction of the ozone layer* |
| la destruction des forêts tropicales | *the destruction of tropical rainforests* |
| la disparition des espèces | *species dying out* |
| la guerre | *war* |

| | |
|---|---|
| le manque d'eau douce | *the lack of fresh water* |
| la pollution de l'air | *air pollution* |
| la sécheresse | *drought* |
| la surpopulation | *overpopulation* |
| un incendie (m) | *a fire* |
| une fuite de pétrole | *an oil spill* |
| des inondations (f) | *flooding/floods* |
| un tremblement de terre | *an earthquake* |
| un typhon | *a typhoon* |

## Protéger l'environnement
**Protecting the environment**

| | |
|---|---|
| Que devrait-on faire pour sauver notre planète? | *What should we do to save our planet?* |
| Actuellement, je ne fais pas grand-chose pour protéger l'environnement. | *Currently, I don't do much to protect the environment.* |
| Je fais déjà pas mal de choses. | *I already do quite a lot.* |
| Je pourrais/On devrait … | *I could/We ought to …* |
| trier les déchets | *separate the rubbish* |
| faire du compost à la maison | *make compost at home* |
| éteindre les appareils électriques et la lumière en quittant une pièce | *turn off appliances and the light when leaving a room* |
| baisser le chauffage et mettre un pull | *turn down the heating and put on a sweater* |
| utiliser du papier recyclé | *use recycled paper* |
| éviter les produits jetables | *avoid disposable products* |
| acheter des produits verts | *buy green products* |
| privilégier les produits bio | *where possible, choose organic products* |

| | |
|---|---|
| utiliser les transports en commun | *use public transport* |
| favoriser le covoiturage | *encourage car-sharing* |
| aller au collège à vélo | *go to school by bike* |
| refuser les sacs en plastique | *turn down plastic bags* |
| apporter une bouteille d'eau au lieu de prendre un gobelet jetable | *carry a bottle of water instead of using disposable cups* |
| récupérer l'eau de pluie pour arroser le jardin | *collect rainwater for watering the garden* |
| fermer le robinet pendant qu'on se lave les dents | *turn off the tap while you brush your teeth* |
| boire l'eau du robinet | *drink tap water* |
| prendre une douche au lieu de prendre un bain | *have a shower instead of having a bath* |
| tirer la chasse d'eau moins fréquemment | *flush the toilet less frequently* |
| faire plus | *do more* |

## D'où vient ton tee-shirt? / *Where does your T-shirt come from?*

|  |  |
|---|---|
| Les produits pas chers sont souvent fabriqués dans des conditions de travail inacceptables. | *Cheap products are often made in unacceptable working conditions.* |
| Les ouvriers sont sous-payés. | *The workers are underpaid.* |
| Leur journée de travail est trop longue. | *Their working day is too long.* |
| Si un produit est bon marché, je ne l'achète pas. | *If a product is cheap, I don't buy it.* |
| Trop de travailleurs sont exploités/exposés à des risques. | *Too many workers are exploited/exposed to risks.* |
| À mon avis, on devrait … | *In my opinion, people should …* |
| boycotter les grandes marques qui ne respectent pas leurs ouvriers | *boycott big brands that don't respect their workers* |
| forcer les grandes marques à garantir un salaire minimum | *force big brands to guarantee a minimum wage* |
| acheter des habits issus du commerce équitable | *buy fairly traded clothes* |
| acheter des vêtements fabriqués en France | *buy clothes made in France* |
| réfléchir à l'impact sur l'environnement | *think about the impact on the environment* |
| essayer de respecter l'homme et l'environnement à la fois | *try to respect mankind and the environment at the same time* |

## Faire du bénévolat / *Volunteering*

|  |  |
|---|---|
| Ça me permet d'élargir mes compétences. | *It allows me to expand my skills.* |
| Ça me donne plus confiance en moi. | *It gives me more confidence in myself/makes me feel more confident.* |
| Ça me donne le sentiment d'être utile. | *It makes me feel useful.* |
| C'est important de participer à la vie en société. | *It's important to participate in society.* |
| On a la responsabilité d'aider les autres et de ne pas se focaliser sur soi-même. | *We have a responsibility to help others and not focus on ourselves.* |
| Il y a beaucoup de personnes qui ont besoin d'un peu de gentillesse. | *There are lots of people who need a little kindness.* |
| Je travaille … | *I work …* |
| sur un stand d'Oxfam | *on an Oxfam stand* |
| dans un refuge pour les animaux | *in an animal sanctuary* |
| Je fais partie de l'organisation X. | *I'm a member of X.* |
| Je rends visite à une personne âgée. | *I visit an elderly person.* |
| Je participe à des projets de conservation. | *I take part in conservation projects.* |
| J'aide des enfants du primaire à faire leurs devoirs. | *I help primary school children to do their homework.* |
| Je soigne les animaux. | *I look after/treat animals.* |
| Je soutiens les SDF. | *I support homeless people.* |
| On s'adresse aux … | *We appeal to …* |
| sensibiliser | *to raise awareness* |
| prendre conscience de | *to become aware of* |
| soigner | *to look after, treat* |
| accueillir | *to welcome* |
| affronter | *to face, confront* |
| soutenir | *to support* |

## Les grands événements / *Big events*

|  |  |
|---|---|
| Un avantage de cet événement, c'est que … | *An advantage of this event is that …* |
| D'un côté, ça … | *On the one hand, it …* |
| En plus, ça … | *What's more/Moreover, it …* |
| met en avant la culture | *promotes the culture* |
| met en avant la ville hôte | *promotes the host city* |
| crée un sentiment de fierté nationale | *creates a sense of national pride* |
| permet aux gens de passer un bon moment | *allows people to have a good time* |
| encourage la pratique du sport | *encourages participation in sport* |
| unit les gens | *unites people* |
| donne des modèles aux jeunes | *gives young people role models* |
| crée du travail | *creates jobs* |
| attire des touristes | *attracts tourists* |
| Cependant, … | *However, …* |
| Un inconvénient, c'est que … | *A disadvantage is that …* |
| D'un autre côté, … | *On the other hand, …* |
| Par ailleurs, … | *What's more, …* |
| les ouvriers qui construisent les stades sont souvent exploités | *the workers who build the stadiums are often exploited* |
| les prix augmentent | *prices rise* |
| la ville hôte est souvent endettée après l'événement | *the host city is often in debt after the event* |
| ça laisse une empreinte carbone très importante | *it leaves a significant carbon footprint* |
| J'estime/Je trouve/Je suis persuadé(e) que/qu' … | *I reckon/find/am convinced that …* |
| il y a du pour et du contre | *there are pros and cons* |
| les festivals sont une chose positive/négative pour un pays/une région | *festivals are positive/negative for a country/region* |
| les panneaux solaires | *solar panels* |
| les toilettes sèches | *dry toilet* |
| les véhicules électriques | *electric vehicles* |
| le papier recyclé | *recycled paper* |

## Les mots essentiels / *High-frequency words*

|  |  |
|---|---|
| à part tout cela | *apart from all that* |
| bien que (+ subjunctive) | *although* |
| ceci dit | *that said, …* |
| comme ça … | *in this way …* |
| du coup, … | *as a result, …* |
| en ce qui concerne … | *as far as … is concerned* |
| en même temps | *at the same time* |
| en train de | *in the process of (doing)* |
| il s'agit de | *it's about, it's a matter of* |
| pas mal de | *quite a lot of* |
| quotidiennement | *daily* |
| tel(le)(s) que | *like, such as* |
| tout le monde | *everyone* |

**1** *parler*

*Refresh your memory!* **In pairs. Look at the adjectives on page 28. Then close the book and play 'personality ping-pong': one person says a positive adjective; the other says a negative one.**

*Example:*
● Aimable.
■ Égoïste.

> ⭐ For extra challenge, give both the masculine and feminine forms, if they are different, e.g. paress**eux**/paress**euse**.

**2** *écouter*

*Refresh your memory!* **Listen. Copy and complete the grid in English. (1–4)**

|   | who they are talking about | what they look like | their personality | good/bad points about relationship |
|---|---|---|---|---|
| 1 |   |   |   |   |

**3** *écrire*

*Refresh your memory!* **Copy and complete the following sentences, using your own ideas.**

1 Je m'entends bien avec ▮▮▮▮▮▮▮ car ▮▮▮▮▮▮▮.
2 Je me dispute avec ▮▮▮▮▮▮▮ parce que ▮▮▮▮▮▮▮.
3 Mon meilleur copain/Ma meilleure copine est ▮▮▮▮▮▮▮.
4 Quand j'étais petit(e), je ▮▮▮▮▮▮▮.
5 Une personne que j'admire, c'est ▮▮▮▮▮▮▮, puisque ▮▮▮▮▮▮▮.

**4** *écouter*

**Listen to Olivia talking about her best friend. What does she say? Write the letter of the correct ending for each sentence.**

*Example:* Lucie and Olivia are … B

| **A** sisters. | **B** cousins. | **C** not related. | **D** not friends. |
|---|---|---|---|

1 Yasmine and Olivia …

| **A** are in the same class. | **B** walk to school together. | **C** go out together after school. | **D** phone each other a lot. |
|---|---|---|---|

2 When she is with Yasmine, Olivia becomes …

| **A** more shy. | **B** more funny. | **C** more generous. | **D** more talkative. |
|---|---|---|---|

3 Yasmine and Olivia …

| **A** argue a lot. | **B** argue occasionally. | **C** argue about some things. | **D** never argue. |
|---|---|---|---|

4 The thing Olivia likes most about Yasmine is that …

| **A** she believes in her. | **B** she can confide in her. | **C** she takes care of her. | **D** she knows her so well. |
|---|---|---|---|

> ⭐ There are three people involved here: Olivia (who is the speaker), Lucie and Yasmine. Listen carefully to make sure the answer you choose refers to the right person, not one of the other two girls. Also remember to listen for tenses: Olivia uses both the present and the imperfect, and this may affect whether certain answers are correct.

**5** lire  Read the comments on the internet chat forum. Answer the questions in English.

### Les sportifs sont-ils des héros?

Quand j'étais plus jeune, j'admirais beaucoup les participants au Tour de France, à cause de leur détermination et de leur courage. Mais depuis tous les scandales de dopage, j'ai changé d'avis. Je suis très déçue et je ne regarderai plus le cyclisme. **Louanne**

Pour moi, les sportifs amateurs sont souvent plus admirables que les professionnels. Les coureurs du marathon aux Jeux olympiques m'ont inspiré à faire pareil et j'ai déjà commencé à m'entraîner pour ma première course. **Salim**

Certains sportifs donnent le mauvais exemple aux jeunes. On ne peut pas respecter des footballeurs qu'on voit à la télé se disputer ou se battre au cours d'un match. Les gens ordinaires, tels que les médecins ou les policiers, sont de meilleurs modèles. **Baptiste**

1  Who thinks people in non-sporting jobs make better role models?
2  Who has stopped enjoying a particular sport?
3  Who has taken up sport because of good role models?
4  What is Louanne's attitude towards doping in sport?
5  Why does Baptiste think some footballers are a bad example?

**6** lire  Translate Baptiste's comments into English.

**7** parler  Prepare and perform this picture-based discussion.

### Topic: Who am I?

Regarde la photo et prépare des réponses sur les points suivants:

- la description de la photo
- ton avis sur les qualités d'un(e) bon(ne) ami(e)
- une bonne expérience que tu as eue avec tes amis
- ce que tu vas faire avec tes amis pendant les grandes vacances
- !

**8** écrire  Translate this passage into French.

When my mother was younger, she wanted to be a nurse, but she now works as a lawyer. She finds her job really rewarding. I get on well with her because we have the same interests, especially music. I admire her because she is hard-working and funny. She makes me laugh!

⭐ At least one of the bullet points will require you to give your opinion. Your teacher may state his/her opinion, then ask yours. If you agree with him/her, say so, but <u>always</u> add something to what he/she has said, to develop your answer: *Je suis d'accord, et de plus/par exemple …*

**If you disagree, give reasons:** *Je ne suis pas (tout à fait) d'accord. Je pense que … parce que/car/puisque/par exemple …*

**1** *parler*  *Refresh your memory!* **In pairs. Try to find a hobby for each letter of the alphabet.**

*Example:* **a** – accordéon, jouer de l'accordéon, **b** – blog, écrire un blog …

**2** *écrire*  *Refresh your memory!* **Look back at the vocabulary on pages 50–51, then close the book. Copy and complete the grid with as many ideas as possible.**

| film genres | types of TV programmes | phrases for describing films/TV programmes | phrases for describing actors |
|---|---|---|---|
| les films romantiques | les émissions de sport | c'est/c'était génial | je le/la trouve … |

**3** *écouter*  *Refresh your memory!* **Listen. Copy and complete the grid in English. (1–4)**

| | hobby | what they enjoy about it | other details |
|---|---|---|---|
| 1 | | | |

**4** *écouter*  **Écoute. Sandrine parle de films. Complète les phrases en choisissant un mot ou des mots dans la case. Il y a des mots que tu n'utiliseras pas.**

| | | | |
|---|---|---|---|
| sur Internet | costumes | jeune | ennuyeux |
| film historique | doué | film romantique | |
| à la télévision | chansons | intéressant | |

(a) Hier, Sandrine a regardé un ▓▓▓▓▓▓.
(b) Le scénario n'était pas ▓▓▓▓▓▓.
(c) Elle pense que l'acteur principal est très ▓▓▓▓▓▓.
(d) Sa mère a préféré les ▓▓▓▓▓▓.
(e) Sandrine préfère regarder des films ▓▓▓▓▓▓.

⭐ Often, a listening task will contain distractors or 'red herrings'. These answer options will relate to something that is mentioned in the audio, but they are not the right answer! Listen very carefully to choose the correct option to complete each sentence.

**5** *écrire*  **Translate this passage into French.**

I admire my cousin Marc, who is really sporty. He has been playing volleyball every Thursday for a year. He used to prefer individual sports, but now he loves being part of a team. Next month, his team is going to participate in a competition. They think that if they work well together, they will win.

**6** lire

**Read this literary extract. Salomé, the narrator, is talking about chatting online. Answer the questions in English. You do not need to write in full sentences.**

*Je voudr@is que tu …* by Frank Andriat (abridged)

**Samedi 25 octobre**

Quand Papa et Maman font les courses de la semaine, Salomé en profite pour *chatter*. Mais cette fois, pas de secret: ils savent que le samedi matin, je reste rivée à l'écran de mon ordinateur. Les ados interdits de chat pendant la semaine s'éveillent et nous sommes nombreux à échanger les pires bêtises.

À l'écran on se lâche beaucoup plus. On n'a pas la pression de l'autre, on n'a pas peur de tout dire. On sait qu'on parle à quelqu'un, mais c'est un peu comme si on se parlait à soi-même en plus large.

Et sur le Web, si la personne importune, on la zappe! Un clic et tu n'es plus mon ami! Accès interdit à ma vie!

Mes parents croient que je chatte avec des gens du bout du monde.

– Salomé, tu ne sais pas à qui tu parles. Il faut te méfier.

– J'ai bientôt quatorze ans, Maman! Je ne suis plus une gamine!

**1** What are Salomé's parents doing while she is chatting online?
**2** Why do so many young people chat on a Saturday?
**3** Why does Salomé say you can open up more when you talk to people online? Give <u>one</u> reason.
**4** What does Salomé do if someone is bothering her online? Give <u>one</u> detail.
**5** Why does Salomé's mum worry?

**7** écrire

**Look at the task card and do this short writing task.**

## La technologie

Un site Internet français pour les jeunes voudrait avoir ton opinion sur la technologie.

Écris à ce site Internet. Tu **dois** faire référence aux points suivants:

- comment tu utilises ton téléphone portable
- ce que tu as fait sur Internet hier soir
- pourquoi les réseaux sociaux sont utiles ou non
- comment la technologie va pouvoir nous aider à l'avenir.

Écris 80–90 mots environ en français.

- Ask yourself what tense each bullet is in and therefore which tense you will need to answer in.
- Think creatively. Look back at the text in exercise 1 on page 44. Are there any phrases you can borrow or rework?

**1** *parler*

*Refresh your memory!* **In pairs. Look at the food vocabulary on pages 72–73 for <u>5 minutes only</u>. Then give the French for:**

- 10 fruits or vegetables
- 8 things that you can eat or drink at breakfast
- 6 things that are eaten at Christmas or Easter
- 5 things that you ate or drank yesterday.

**2** *écouter*

*Refresh your memory!* **Listen. Copy and complete the grid in English. (1–4)**

| | which special occasion? | present, past or future? | details |
|---|---|---|---|
| 1 | | | |

**3** *lire*

*Refresh your memory!* **Copy and complete the grid with the correct verb forms. Then translate the missing verbs into English.**

| infinitive | present tense | perfect tense | simple future tense |
|---|---|---|---|
| fêter (*to celebrate*) | **1** | j'ai fêté | je fêterai |
| recevoir (*to receive*) | je reçois | **2** | je recevrai |
| ouvrir (*to open*) | j'ouvre | **3** | j'ouvrirai |
| sortir (*to go out*) | **4** | je suis sorti(e) | je sortirai |
| manger (*to eat*) | on mange | on a mangé | **5** |
| boire (*to drink*) | on boit | **6** | on boira |
| aller (*to go*) | **7** | on est allé(e)s | **8** |
| faire (*to do/make*) | on fait | **9** | **10** |

**4** *écouter*

**Listen to Nathan being interviewed about Christmas in his town. Write the letter of the correct answer to each question.**

> ★ You need to listen closely for <u>detail</u>. In Question 3, the speaker mentions all four things, but which does he say he likes <u>best</u>?

**1** The starting date of the Christmas markets is …

    **A** 20 November.    **B** 10 December.    **C** 20 December.    **D** 30 December.

**2** He says the ideal gift to buy is …

    **A** candles.    **B** decorations.    **C** toys.    **D** chocolates.

**3** What he likes best is …

    **A** the bread.    **B** the pastries.    **C** the sweets.    **D** the wine.

**5** *écrire*

**Translate this passage into French.**

> Usually, on Saturday afternoon, Manon has to stay at home and do her homework. However, in the evening, if she has money, she goes out with her friends. But last weekend it was her birthday, so she went to an Italian restaurant with her family. She likes eating pasta, but she also loves ice creams and she ate two of them!

**6** parler

**Prepare and perform this picture-based discussion.**

## Topic: Cultural life

Regarde la photo et prépare des réponses sur les points suivants:.

- la description de la photo
- ton avis sur l'importance du mariage aujourd'hui
- une occasion spéciale que tu as fêtée en famille
- comment tu fêteras ton prochain anniversaire
- !

 Answer each question in the correct tense. Remember, you will always be asked for your opinion – if you don't have one, invent one!

**7** lire

**Read the article about French cooking, then answer the questions that follow.**

### La cuisine française

C'est le célèbre chef Auguste Escoffier qui a établi la réputation mondiale de la cuisine française, il y a plus de 100 ans, avec la publication de son livre *Le Guide culinaire*.

Il ne faut pas non plus ignorer l'importance du fameux *Guide Michelin*, publié en même temps que le livre d'Escoffier. Avec son système d'étoiles attribuées aux hôtels et aux restaurants de la plus haute qualité, le *Michelin* a lui aussi beaucoup contribué à la renommée de la cuisine française, en indiquant les meilleurs endroits où bien manger.

Pourtant, il est difficile de parler de «cuisine française» puisqu'il existe différentes cuisines régionales. La cuisine du nord-ouest, fort influencée par la proximité de la mer, se caractérise par le poisson et les fruits de mer, de même que par l'utilisation de produits laitiers tels que le beurre et la crème.

Le sud-ouest de la France est connu pour sa charcuterie et pour ses recettes à base de volailles (poulet, oie, canard, etc.), tandis que dans le sud-est du pays, ce sont les légumes, les fruits et les fines herbes qui dominent la cuisine.

Enfin, chaque région a sa propre spécialité de fromage, du camembert de Normandie au roquefort d'Aveyron.

**1 What does the article tell us? Write down the letters of the <u>three</u> correct statements.**

**A** Auguste Escoffier lived to be 100 years old.
**B** The *Michelin Guide* was first published at the same time as Escoffier's book.
**C** Seafood is used a lot in dishes in north-west France.
**D** Dairy products are not often used in food from north-west France.
**E** Recipes from south-west France use a lot of beef and lamb.
**F** The region best known for using vegetables is the south-east.
**G** The Aveyron region is famous for its Camembert cheese.

**Answer the following questions in English.**

**2** How did the *Michelin Guide* help to establish the reputation of French cooking?
**3** Why is it difficult to define typical French cooking?

 Pay attention to small words, like *même* (same), as they can often be key to finding the correct answer. How does en *même temps* in the text help you with statement B in question 1?

Note also *de même que*, which means 'as well as' or 'in addition to'.

**8** lire

**Translate the third paragraph (the one that starts with *Pourtant*) into English.**

**1** *parler* *Refresh your memory!* **Challenge your partner to a French 'spelling bee', using the words below.**

*Example:*
● *'Castle'.*
■ *Château: C-H-A circumflex-T-E-A-U.*

> Remember, accents are part of accuracy in French!
> acute accent: **é**
> grave accent: **à, è, ù**
> circumflex: **â, ê, î, ô**
> cedilla: **ç**

countryside   forest   hiking   library   nightclub

noise   pedestrian precinct   river   suburbs

theatre   traffic   unemployment   west

**2** *écouter* *Refresh your memory!* **Listen. Copy and complete the grid in English. (1–4)**

| | where they live | good points about it | bad points about it | how they would change it |
|---|---|---|---|---|
| 1 | | | | |

**un immeuble** *block of flats*

> Remember, you use the conditional to say 'would':
> *je voudrais améliorer* I'd like to improve
> *je créerais* I would create
> *ce serait* that would be
> *on devrait construire* we should build

**3** *écrire* *Refresh your memory!* **Change each sentence into the negative, using a different negative expression each time. You may need to change some of the other words.**

**1** C'est propre.
**2** C'est calme.
**3** Il y a beaucoup de choses à faire.
**4** Il y a un espace vert.
**5** Il y a un club de jeunes.
**6** Il y a un parc et une aire de jeux.

**4** *écouter* **Listen to Anissa, who lives in Marrakesh, in Morocco. Answer the questions in English.**

**1** What does Anissa say about the climate in her area? Give <u>two</u> details.
**2** Give <u>one</u> reason why tourists visit Marrakesh.
**3** What does Anissa not like about living in Marrakesh?
**4** How does she feel, overall, about living there?

> Listen carefully for small words and phrases. They often change the meaning of a sentence, or give you clues about someone's opinion. In Anissa's interview, what do *même si …, ce qui me plaît* and *malgré cela* tell you?

**5** *écrire* **Translate this passage into French.**

> A region that I know well is the south-east of France. I really like the town of Annecy, because there is lots to do. I went there on holiday last year and it was very interesting. You can go for a boat ride on the lake, or visit the old town. And you mustn't miss the exhibition at the castle as it's really impressive!

**6** écrire **Look at the task card and do this extended writing task.**

### Votre ville

Un magazine français cherche des articles sur ce que les jeunes aimeraient changer dans leur ville ou village.
Écrivez un article sur votre ville ou village pour intéresser les lecteurs.

Vous **devez** faire référence aux points suivants:
- comment est votre ville ou village
- quelque chose que vous y avez fait récemment
- le positif et le négatif de votre ville ou village
- ce que vous aimeriez changer dans votre ville ou village.

Justifiez vos idées et vos opinions.
Écrivez 130–150 mots environ en français.

> ⭐ The prompts always require you to use different tenses. Which ones require you to use the perfect tense and the conditional? Try to go further: can you add an example of the imperfect, or the future tense? Also aim to use a range of negatives, especially more complex ones, like *ne … aucun(e)*, *ne … que* or *ne … ni … ni …*

**7** lire **Read this literary extract. In the narrator's imagination, an ordinary classroom object becomes something magical and mysterious. Write the letter of the correct answer for each question.**

'Voyager sur un planisphère', from *C'est toujours bien* by Philippe Delerm

Le planisphère est accroché au mur de la classe, à gauche du tableau. C'est une carte qui paraît immense, parce qu'elle représente le monde entier, avec des lignes arrondies vers les deux pôles. C'est une carte magique, car elle voudrait être ronde et elle reste parfaitement plate. C'est comme si elle était à la fois ronde et plate, à la fois immobile et pleine de vertige. Cela fait longtemps sans doute que le planisphère est accroché là. Il paraît que, depuis, la Haute-Volta s'appelle Burkina Faso, mais c'est le monde quand même. Les lacs et les rivières sont bleu pâle, et les océans plus pâles encore. Les montagnes sont jaune moutarde, les déserts jaune citron. En vert, ça doit être les forêts, mais les plaines aussi – il n'y a quand même pas toutes ces forêts en France! Tous les pays, tous les continents sont enfermés dans un quadrillage de lignes bleu foncé – les méridiens et les parallèles.

*Example:* The planisphere is a kind of … B

   **A** painting.    **B** map.    **C** book.    **D** mirror.

**1** It is hanging on the classroom …

   **A** blackboard.   **C** wall.
   **B** door.   **D** window.

**2** It shows …

   **A** the world.   **C** the planets.
   **B** only France.   **D** roads.

**3** It was hung up in the classroom …

   **A** today.   **C** recently.
   **B** yesterday.   **D** a long time ago.

**4** On the planisphere, the colour blue represents …

   **A** water.   **C** cold places.
   **B** sky.   **D** France.

**5** The forests are the same colour as …

   **A** the mountains.   **C** the plains.
   **B** the deserts.   **D** the continents.

> ⭐ Sometimes, the questions can help you with unfamiliar words in a text. For example, from question 1, can you work out what *accroché* means?

**1** *parler* — *Refresh your memory!* In pairs. In 90 seconds, say the names of all the countries that you know in French.

**2** *écrire* — *Refresh your memory!* Copy the grid and put these expressions into the correct column. Then add <u>five</u> sentences to each column using verbs related to holidays. Make sure you use a suitable tense!

| past | present | future |
|------|---------|--------|
|      |         |        |

Normalement,

Le week-end prochain,

L'année dernière,

Tous les ans,

Hier,

Demain,

Le week-end dernier,

Tous les étés,

L'année prochaine,

**3** *écouter* — *Refresh your memory!* Listen to Sandra and make notes for each of the following headings.

- where she went and who with
- the flight
- the weather
- what each person liked
- Sandra's overall opinion

**4** *lire* — *Refresh your memory!* What do these abbreviations stand for? Research them if you need to.

**DOM**    **RER**    *SNCF*    **TGV**    **UE**

**5** *écouter* — Listen to Karim talking about the holidays he used to go on when he was little. What does he talk about? Write down the letters of the <u>three</u> correct headings.

- **A** where he used to go on holiday
- **B** how he used to get there
- **C** the type of accommodation he used to stay in
- **D** how he felt about the holidays
- **E** what he used to eat
- **F** the sports he used to do
- **G** what the weather was like

> ⭐ Listening out for tenses is key in this activity.
> Karim mentions all of the topics covered by headings A to G: places, transport, accommodation, etc., but for some of them, he's talking about the type of holiday he goes on now – not his holidays when he was little!

**6** lire Lis ces descriptions.

| la Gironde | Aimez-vous les balades à bicyclette parmi les collines pittoresques? Si oui, la Gironde est pour vous! Il y a de nombreux sites à découvrir. C'est la destination idéale pour des vacances familiales. |
| --- | --- |
| l'île d'Oléron | Terrain de jeu extraordinaire pour la pratique du sport sur mer, l'île d'Oléron vous offrira la pêche, la voile et les sports de glisse tels que le surf et le kite-surf. Tout est possible sur les nombreuses plages. |
| Dijon | Dijon: la capitale des ducs de Bourgogne. C'est une ville historique à découvrir à travers des visites guidées informatives. Vous profiterez aussi des circuits gastronomiques et artistiques – à ne pas rater! |
| l'Auvergne | Vous souhaitez surtout vous détendre? Partez alors à la découverte de l'Auvergne, avec ses beaux lacs et ses volcans magiques. Passez aussi par le musée de l'agriculture: ça vaut le coup! |

**Quelle est la bonne destination? Choisis entre la Gironde, l'île d'Oléron, Dijon et l'Auvergne.**

*Exemple:* Si l'histoire vous intéresse, visitez Dijon.

**1** Si vous voulez vous reposer, visitez …
**2** Pour faire du vélo, visitez …
**3** Les touristes qui aiment être au bord de la mer devraient choisir …

**4** Si vous aimez bien manger, choisissez …
**5** Si vous voulez partir avec vos enfants, … est pour vous.

 **7** lire Translate the text on *l'île d'Oléron* into English.

 **8** parler Prepare and perform this role play.

### Topic: Travel and tourist transactions

You are at the reception of a hotel in France. The teacher will play the role of the receptionist and will speak first.

You must address the receptionist as *vous*.

You will talk to the teacher using the five prompts below.

- Where you see – **?** – you must ask a question.
- Where you see – **!** – you must respond to something you have not prepared.

**Vous êtes à la réception d'un hôtel en France. Vous parlez avec le/la réceptionniste.**

**1** Problème avec la chambre – description
**2** Numéro de chambre
**3** !
**4** ? Réservation de taxi ce soir
**5** ? Petit-déjeuner – heures

> It's up to you to invent the problem here. Here are a few ideas to get you started:
> *Il y a … Il n'y a pas de …*
> *Le/La … ne marche pas.*
> *Le/La … est cassé(e).*

 **9** écrire Translate this passage into French.

In June I went on holiday to Italy with my family. We had booked our hotel before leaving but when we arrived there, we were very disappointed. There was neither a swimming pool nor a restaurant, and what's more, there was too much noise. When I go to Spain next year, I will book a luxury hotel!

**1** parler — *Refresh your memory!* **In pairs. Look at the school subjects on page 138. Make a list of all the subjects you can study in your school and give your opinion of each one.**

**2** écrire — *Refresh your memory!* **What's your school day like? Copy out the text and fill in the gaps.**

Les cours commencent à ▓▓▓▓▓▓. La récré est à ▓▓▓▓▓▓ et dure ▓▓▓▓▓▓ minutes.

On a ▓▓▓▓▓▓ pour le déjeuner et les cours finissent à ▓▓▓▓▓▓.

Il y a ▓▓▓▓▓▓ cours par jour, et chaque cours dure ▓▓▓▓▓▓.

Je trouve que les journées sont ▓▓▓▓▓▓.

En tout, il y a ▓▓▓▓▓▓ élèves et ▓▓▓▓▓▓ professeurs.

Pour la plupart, les profs sont ▓▓▓▓▓▓ mais il y en a qui sont ▓▓▓▓▓▓.

J'étudie ▓▓▓▓▓▓.

Ma matière préférée, c'est ▓▓▓▓▓▓ car ▓▓▓▓▓▓.

**3** écouter — *Refresh your memory!* **Listen to Grégory and make notes for the following headings.**

- where he goes to school and where he used to go
- what he says about his school in general
- what he says about the facilities
- activities he is involved in
- what the teachers are like
- what he says about bullying

**4** écouter — **Listen to Hélène being interviewed about her experience of school. Answer the questions in English.**

**1** What was Hélène's weakest subject at school?
**2** Why didn't she get into trouble much? Give <u>one</u> detail.
**3** What school activity helped her to become more confident?
**4** What negative thing does she say about her exchange trip to Spain?
**5** When did she decide that she wanted to become a lawyer?

**5** écrire — **Translate this passage into French.**

Education is important to me and I think that you should work hard at school. Last year, I found history very interesting, but this year, the subject that I prefer is maths. The teacher is nice but it is forbidden to use your mobile in class. If I have good grades, I will go to university to study politics.

**6** lire

Read what these teenagers say about the school they go to in France, then answer the questions that follow.

**Antoine** explique que le collège n'est pas suffisamment bien équipé: la cour de récréation est trop petite et il manque un terrain de sport. En plus, il dit que les professeurs ont tendance à vouloir parler tout le temps plutôt que de donner aux élèves la possibilité de travailler en groupe.

**Magali** ajoute que les sorties scolaires ont une valeur éducative importante, surtout quand il s'agit d'un échange à l'étranger, mais malheureusement, ils ont peu d'occasions d'en faire.

Selon **Delphine**, on met trop de pression sur les élèves. Leurs journées à l'école sont déjà bien chargées mais après être rentrés à la maison vers 19 heures, ils doivent commencer à faire leurs devoirs. Elle trouve que c'est excessif.

Deux des trois élèves viennent au collège en car de ramassage scolaire parce qu'ils habitent loin de la ville. Ils doivent se lever très tôt, entre 5h30 et 6 heures. L'autre est à l'internat et dort sur place mais elle rentre chez elle le week-end.

**1** What information is given in the text? Complete each sentence with the correct name: Antoine, Magali or Delphine.

**A** [        ] thinks that their days at school are overloaded.
**B** [        ] says that teachers tend to talk too much.
**C** [        ] would like to see more opportunities to travel.
**D** [        ] thinks that the facilities could be improved.

**Answer the following questions in English.**

**2** Why do two students get the bus to school?
**3** What does the other student do?

Questions won't always use the direct English equivalent of a French phrase used in the text. Sometimes you need to <u>infer</u> an answer. For example, for question 1C, you won't find the words *voyager* and *plus* in the text. You will find something related to travelling, though!

**7** écrire

Look at the task card and do this extended writing task.

### Votre collège

Un magazine recherche des articles sur la scolarité.

Écrivez un article sur votre collège pour intéresser les lecteurs.

Vous **devez** faire référence aux points suivants:

- les points positifs de votre collège
- un événement intéressant que votre collège a organisé
- pourquoi il est important de participer à des activités en dehors des cours
- comment serait votre collège idéal.

Justifiez vos idées et vos opinions.

Écrivez 130–150 mots environ en français.

- Brainstorm ideas on each bullet point. Always start with what you <u>can</u> say. For example, *un événement intéressant* could be anything – it doesn't have to be the talent show that you put on last year if you don't know the French for 'talent show'!
- It's really important to justify your ideas and your opinions. Give reasons.
- Remember to use the conditional for the final bullet point: 'it would be' is *il serait* … and 'there would be' is *il y aurait*.

**1** *parler*

*Refresh your memory!* **In pairs. Look at the job nouns on page 158. Then close the book and play 'jobs ping-pong': one person says the masculine form; the other says the feminine.**

*Example:*
● *Facteur.*
■ *Factrice.*

**2** *écouter*

*Refresh your memory!* **Listen to Camille and note down the following details in English.**

- her plans before continuing her studies
- her plans for further study
- her career plans
- her future plans apart from work

**3** *écrire*

*Refresh your memory!* **Copy and complete the following sentences with your own ideas.**

1 Avant de continuer mes études, j'ai envie de …
2 J'ai l'intention d'étudier …
3 Le secteur qui m'attire le plus est …
4 Mon rêve serait de travailler …
5 L'important pour moi dans un métier est …
6 Plus tard dans la vie, j'aimerais …

**4** *écouter*

**Listen to Antonin talking about part-time jobs and work experience. Write down the letters of the <u>two</u> correct statements for each question.**

**1 What does Antonin say about money?**

   **A** His parents give him a lot of pocket money.
   **B** Both his parents are unemployed.
   **C** He has had a part-time job for six months.
   **D** He would like to be able to do a part-time job.
   **E** He is not old enough to have a job.

**2 What does Antonin say about his English penfriend?**

   **A** She is the same age as him.
   **B** She has a part-time job in a butcher's shop.
   **C** Her boss is strict and demanding.
   **D** She did work experience in a hairdresser's.
   **E** She has decided she doesn't want to be a hairdresser.

> ⭐ Listen carefully for negatives, which can make a big difference when choosing the correct answer options. And be careful not to confuse words that sound alike (e.g. *boucherie, boulangerie*).

**5** *écrire*

**Translate this passage into French.**

> My English friend Laura has a part-time job in a tourist office. She works there every Saturday, and she really likes the contact with people. Last year, she did work experience in a supermarket, but she found it boring. Now, she has decided to study languages at university because she would like to work full-time in tourism.

**6** parler **Prepare and perform this role play.**

### Topic: Work

You are having an interview for a summer job at a holiday camp. The teacher will play the role of the interviewer and will speak first.

You must address the interviewer as *vous*.

You will talk to the teacher using the five prompts below.

- Where you see **– ?** – you must ask a question.
- Where you see **– !** – you must respond to something you have not prepared.

> **Un entretien au centre de vacances. Vous cherchez un poste temporaire.**
>
> **1** Qualités personnelles
> **2** Langues étrangères
> **3** !
> **4** ? Horaires du poste
> **5** ? Hébergement pendant le travail

⭐ The unprepared question usually requires a response in a past tense – the perfect or imperfect. Think of a few questions that you could be asked and plan how you could answer them.

**7** lire **Lis cette page Web. Réponds aux questions en français. Il n'est pas nécessaire d'écrire des phrases complètes.**

> **Qui sommes-nous?**

*Projects Abroad* est une organisation internationale de volontariat entièrement indépendante. Nous permettons à nos volontaires d'apporter une aide là où elle est nécessaire, tout en les faisant progresser à un niveau personnel.

> **Pourquoi partir avec nous?**

L'expérience internationale que vous allez vivre avec *Projects Abroad* sera un atout formidable pour vos futures candidatures. Aujourd'hui, il ne suffit plus d'avoir fait du volontariat en Europe pour rendre votre CV unique. Mais si vous avez eu une expérience de travail en Chine, en Inde, au Ghana ou au Pérou, vous vous ferez vite remarquer par des employeurs!

Votre recherche de fonds pour financer votre mission à l'étranger démontrera aussi aux employeurs votre détermination et votre capacité de persuasion.

De plus, les missions et les stages de *Projects Abroad* vous donneront l'occasion d'enrichir non seulement votre CV mais aussi votre personnalité. Vous aurez en effet l'occasion:

- d'élargir votre horizon
- de développer des compétences essentielles, dont le sens des responsabilités, l'initiative, la persévérance et le travail en équipe
- d'apprendre à vous adapter à une société et une culture complètement différentes
- de voir et de vivre quelque chose de totalement nouveau.

**1** Quel sera l'avantage de faire du volontariat dans un pays non-européen?
**2** Qu'est-ce qui démontrera aux employeurs que vous avez de la détermination?
**3** Qu'est-ce qu'un stage vous permettrait d'enrichir, à part votre CV?
**4** Quelles compétences pouvez-vous développer en faisant une mission ou un stage? Donnez <u>deux</u> exemples.

**1** écrire *Refresh your memory!* **Spend five minutes looking back at the different things you can do to protect the environment on page 178. Complete this sentence with as many ideas as you can.**

> Afin de protéger l'environnement, moi je pourrais …

**2** écouter *Refresh your memory!* **Listen to Vincent talking about social responsibility. Put the English phrases below into the order in which he says them.**

**a** I only buy Fairtrade products.
**b** I make a donation to charity when I can.
**c** Lots of people are too focused on themselves.
**d** It's essential to respect the environment and human beings.
**e** I sponsor a child in Africa.
**f** I don't volunteer at the moment.
**g** Everyone has a responsibility to act!
**h** I separate my rubbish and make compost.

**3** lire **Lis le texte.**

> L'année dernière, j'ai fait la «course contre la faim» à mon collège. Je voulais me mobiliser contre le fléau de la faim et me montrer solidaire avec ceux qui en souffrent. Avec mes copains de l'école, nous avons proposé à notre établissement d'organiser cette course. Ce qu'il faut faire, c'est partir à la recherche de sponsors qui vous parrainent pour chaque kilomètre que vous courez. À la fin de la course, on collecte l'argent.
>
> Le jour de la course, l'ambiance était festive et solidaire. Il y avait peu de rivalité et chacun courait à son rythme. Après avoir fini, j'étais fatigué, mais vraiment fier de moi. Nous avons pu améliorer le quotidien de familles au Burkina Faso et en Haïti.
> **Hugo**

| | |
|---|---|
| **la course** | *race* |

**Écris la bonne lettre pour compléter chaque phrase.**

**1** Hugo a fait la course pour se montrer solidaire avec …
  **A** les sans-abri.
  **B** les enfants exploités.
  **C** les gens qui n'ont pas assez à manger.
  **D** les victimes d'un typhon.

**2** Organiser la course, c'était l'idée …
  **A** des professeurs de l'école.
  **B** de Hugo et ses camarades de classe.
  **C** des parents.
  **D** des célébrités.

**3** Avant la course, il fallait trouver …
  **A** des baskets.
  **B** des parrains.
  **C** des costumes.
  **D** des juges.

**4** À la fin de la course, Hugo se sentait …
  **A** content.
  **B** plein d'énergie.
  **C** déçu.
  **D** compétitif.

**4** lire **Translate the second paragraph of Hugo's text into English.**

**5** écouter

**Listen to this discussion among some young people on a radio phone-in. Write down the correct letter to complete each statement.**

*Example:* Alice … A

| | |
|---|---|
| **A** cares a lot about the environment. | **C** cares a lot about homeless people. |
| **B** is not very bothered about the environment. | **D** cares a lot about Fairtrade. |

**1** Alice's mum …
| | |
|---|---|
| **A** is not at all concerned about the environment. | **C** always travels by public transport. |
| **B** always travels by car. | **D** always travels by bike. |

**2** Léon's sister …
| | |
|---|---|
| **A** understands the need to protect the environment. | **C** recycles glass and plastic. |
| **B** refuses to go to big supermarkets. | **D** likes to buy organic products. |

**3** His sister has learned about environmental problems from …
| | |
|---|---|
| **A** her parents. | **C** the internet. |
| **B** Léon. | **D** her teacher. |

**4** When it comes to protecting the environment, Matthieu's dad …
| | |
|---|---|
| **A** is lazy. | **C** turns off the heating. |
| **B** makes a bit of effort. | **D** wastes water. |

**5** Céline's brother …
| | |
|---|---|
| **A** makes little gestures towards helping the environment. | **C** does more for the environment than she does. |
| **B** thinks that he does not do enough to help the environment. | **D** doesn't do as much for the environment as she does. |

**6** Her brother wants their parents to …
| | |
|---|---|
| **A** buy a new car. | **C** install solar panels. |
| **B** install a security camera. | **D** sell their house. |

**6** écrire

**Look at the task card and do this extended writing task.**

### Je veux faire du bénévolat aux Jeux olympiques!

Vous voulez devenir bénévole aux prochains Jeux olympiques.

Écrivez une lettre pour convaincre les organisateurs de vous offrir une place.

Vous **devez** faire référence aux points suivants:

* la sorte de personne que vous êtes
* le travail bénévole que vous avez déjà fait
* pourquoi les Jeux olympiques sont importants
* comment cette expérience vous aidera à l'avenir.

Justifiez vos idées et vos opinions.

Écrivez 130–150 mots environ en français.

> ⭐ Remember that the purpose of your writing is to convince the organisers to offer you a place. You need to be persuasive! Look back at the Answer booster on page 176. What can you include to write a really impressive answer?

**7** écrire

**Translate this passage into French.**

In my opinion, the biggest problem for the world in the future will be global warming: it is necessary to act! If everyone used public transport, that would help. Last year I decided to leave the car at home and I started to take my bike. What do you do to protect the environment?

# General conversation questions

The Edexcel GCSE French course is made up of several topics (e.g. holidays, cultural life), which are grouped into five **themes**:

- Theme 1 – Identity and culture
- Theme 2 – Local area, holiday and travel
- Theme 3 – School
- Theme 4 – Future aspirations, study and work
- Theme 5 – International and global dimension.

For the General conversation, you can choose a **topic** (e.g. school activities) from **one** of the themes for your discussion. You will be allowed to speak about this for up to one minute at the start. After that you will be required to continue with the discussion on your chosen topic (or the wider theme). Your teacher will then ask you questions on a second theme. You can use the questions below in order to help prepare.

## Module 1

### Theme: Identity and culture (who am I?)

1  Quelle est ta personnalité?
2  Décris ton/ta meilleur(e) ami(e).
3  C'est quoi un bon ami, pour toi?
4  Parle-moi de ta famille.
5  Tu t'entends bien avec ta famille? Pourquoi?
6  Qu'est-ce que tu vas faire ce soir/ce week-end avec tes amis/ta famille?
7  Est-ce que tu es sorti(e) récemment avec ta famille/tes amis?
8  Comment étais-tu quand tu étais plus jeune?
9  Qui est ton modèle?
10  Pourquoi est-ce que tu admires cette personne?

## Module 2

### Theme: Identity and culture (daily life; cultural life)

1  Qu'est-ce que tu fais pendant ton temps libre?
2  Qu'est-ce que tu aimes comme sport?
3  Qu'est-ce que tu aimes comme musique?
4  Qu'est-ce que tu aimais lire quand tu étais plus jeune?
5  Que fais-tu quand tu es connecté(e)?
6  Quelle est ton émission préférée?
7  Qu'est-ce que tu vas regarder à la télé ce soir?
8  Parle-moi d'un film que tu as vu récemment.
9  Qui est ton acteur/actrice préféré(e)? Pourquoi?
10  Que penses-tu des réseaux sociaux?

## Module 3

### Theme: Identity and culture (daily life; cultural life)

1  Quel est ton repas préféré?
2  Qu'est-ce que tu portes normalement, le week-end?
3  Parle-moi d'une journée typique pour toi.
4  Quel est ton jour préféré, et pourquoi?
5  Parle-moi de ton repas d'hier soir.
6  Quelle est ta fête préférée?
7  Que fais-tu normalement pour fêter Noël?
8  Comment vas-tu fêter ton prochain anniversaire?
9  Parle-moi d'une occasion spéciale que tu as fêtée en famille.
10  Est-il important d'avoir une fête nationale, comme le 14 juillet?

## Module 4

### Theme: Local area, holiday and travel (town, region and country; travel and tourist transactions)

1  Où habites-tu?
2  Qu'est-ce qu'il y a dans ta région?
3  Qu'est-ce qu'on peut faire dans ta région?
4  Le climat est comment?
5  Quels sont les avantages et les inconvénients de ta région?
6  Qu'est-ce que tu as fait récemment dans ta ville/dans ton village?
7  Qu'est-ce que tu aimerais changer dans ta ville/dans ton village? Pourquoi?
8  Quels sont les avantages d'habiter en ville ou à la campagne?
9  Comment vas-tu à l'école?
10  Que feras-tu ce week-end?

## Module 5

**Theme: Local area, holiday and travel (holidays; travel and tourist transactions)**

1 Où vas-tu en vacances, d'habitude?
2 Où loges-tu?
3 Qu'est-ce que tu aimes faire en vacances?
4 Où es-tu allé(e) en vacances l'année dernière?
5 Comment est-ce que tu vas passer les grandes vacances cette année?
6 Comment seraient tes vacances idéales?
7 Parle-moi de la dernière fois que tu as mangé dans un restaurant.
8 C'est quoi, ton moyen de transport préféré?
9 Tu aimes faire du shopping quand tu es en vacances?
10 Parle-moi d'un problème que vous avez eu pendant des vacances.

## Module 6

**Theme: School (what school is like; school activities)**

1 Fais-moi une description de ton collège.
2 Quelle est ta matière préférée? Pourquoi?
3 Tu voudrais étudier quelles matières l'année prochaine?
4 Parle-moi d'une journée type au collège.
5 Parle-moi du règlement de ton collège.
6 Est-ce que tu es pour ou contre l'uniforme scolaire? Pourquoi?
7 Tu fais partie d'un club à l'école? Pourquoi?
8 Quels sont tes plus grands accomplissements au collège, et pourquoi?
9 Parle-moi un peu d'une visite scolaire que tu as faite récemment.
10 Que penses-tu des échanges scolaires?

## Module 7

**Theme: Future aspirations, study and work (work; ambitions; using languages beyond the classroom)**

1 Qu'est-ce que tes parents font comme travail?
2 Voudrais-tu travailler dans un bureau?
3 Dans quel secteur voudrais-tu travailler?
4 Quel est ton emploi idéal?/Qu'est-ce que tu voudrais faire comme travail?
5 Quel est le plus important pour toi dans un métier?
6 À part le travail, quels sont tes projets pour le futur?
7 Tu veux te marier un jour? Pourquoi?/Pourquoi pas?
8 Parler d'autres langues, c'est important ou non?
9 Quelles sont tes qualités personnelles?
10 Quel travail est-ce que tu voulais faire quand tu étais plus jeune?

## Module 8

**Theme: International and global dimension (bringing the world together; environmental issues)**

1 À ton avis, quelle sera la plus grande menace pour la planète à l'avenir? Pourquoi?
2 Que fais-tu pour protéger l'environnement?
3 Qu'est-ce que tu pourrais faire de plus pour protéger l'environnement?
4 Qu'est-ce que ton école fait pour protéger l'environnement?
5 Tu achètes des produits issus du commerce équitable?
6 Qu'est-ce que tu as fait récemment pour aider les autres?
7 Tu voudrais faire du travail bénévole un jour?
8 Quels sont les problèmes pour les SDF?
9 Quels sont les avantages des grands événements sportifs?
10 Es-tu déjà allé(e) à un festival de musique?

**1** lire  **Read about the problems, then answer the questions.**

 J'ai un gros problème. J'habite avec ma mère et mon beau-père. Je ne m'entends pas avec le fils de mon beau-père. Je me dispute avec lui tout le temps. Je ne sais pas quoi faire. **Nicolas**

 Hier, je suis sorti avec Maya pour la première fois. Au début, on s'entendait bien. Mais quand on est allés en boîte, Maya est partie avec deux filles de sa classe. Elle ne m'a pas dit «au revoir». Je suis vraiment déçu. **Markus**

 Pour moi, une bonne amie est une personne fidèle, honnête et ouverte. Mon problème, c'est que je me sens très isolée car les filles de ma classe refusent de me parler. Je suis vraiment triste. **Siana**

 Quand j'étais petite, tout le monde disait que j'étais très jolie. Mais maintenant, j'ai plein de boutons et je porte un appareil dentaire. Qui va sortir avec une fille aussi laide que moi? Tu peux m'aider? **Chibuzo**

 Avant, la personne que j'admirais le plus, c'était mon frère. Il est dyslexique mais il a travaillé très dur à l'école et il est allé à l'université. Maintenant, il a commencé à boire et il est très déprimé. Comment est-ce que je peux l'aider? **Charlotte**

**1** Qui a un problème avec sa petite copine?
**2** Qui s'inquiète pour un membre de sa famille?
**3** Qui n'a pas d'amies?
**4** Qui n'est pas sûr(e) de soi?
**5** Qui n'aime pas son demi-frère?

**s'inquiéter** to worry

**2** lire  **Read these replies. Which person from exercise 1 is each reply addressed to?**

*Example:* **1** Siana

 **emmylou72** *J'avais le même problème au collège. J'ai commencé à faire du sport après les cours et je me suis fait beaucoup de copines.*

 **mlle101** Tu sais, à notre âge, tout ça, c'est normal. Tu es trop pessimiste. Pour les garçons cool, c'est la personnalité qui compte.

 **bizouH** Il avait de la détermination quand il était jeune. Est-ce qu'il a vu un médecin?

 **DrQui** C'est vraiment une fille impolie. Il y a beaucoup d'autres filles qui vont apprécier ta compagnie.

**mélimélo** J'avais le même problème avec ma belle-mère. J'ai parlé à mon père et maintenant, ma belle-mère et moi, nous ne nous disputons plus.

**3** lire  **Find the French for these phrases in the texts in exercises 1 and 2.**

**1** I have a big problem.
**2** I don't know what to do.
**3** I am really disappointed.
**4** My problem is that …
**5** I am really sad.
**6** Can you help me?
**7** How can I help him?
**8** I had the same problem.

**4** écrire  **Imagine that you have a problem. Describe it in French. Then exchange problems with a classmate and write a reply to his or her problem.**

**1** *lire*  Read the article and match each paragraph to one of the titles below.

**a** Il garde les pieds sur terre

**c** Ça n'a pas toujours été facile

**b** Auteur-compositeur folk et hip-hop

**d** Sa carrière est lancée!

## Ed Sheeran casse la baraque!

### Le chanteur le plus écouté en streaming en 2014 a l'avenir devant lui.

**1** Toujours habillé comme s'il sortait du lit et loin des stars préfabriquées des télécrochets, Ed compose et écrit lui-même ses chansons. Tout en douceur, il emmène ses fans dans son univers folk et hip-hop, romantique et sensible.

**2** À onze ans, Ed s'entraîne sur sa guitare et il écrit ses premiers textes. En 2008, il décide de tout plaquer, parents et études, pour tenter sa chance à Londres. Il enchaîne les concerts dans les bars et il dort sur les canapés de ses copains ou dans la rue. Mais pas question d'abandonner!

**3** Ed poste des chansons sur Internet et ensuite il enregistre deux albums truffés de tubes. Avec ses talents de compositeur, il devient le chouchou des stars: Taylor Swift l'invite sur sa tournée et la superstar Pharrell Williams participe à son dernier album!

**4** Ed Sheeran reste simple, dans sa vie quotidienne comme dans ses chansons. Il parle à ses 12 millions de *followers* sur Twitter tous les jours et prend le temps de rencontrer ses fans, les «Sheerios», après chaque concert. Il a tout pour faire une longue carrière!

**2** *lire*  Find the correct definition for each phrase.

**1** «casse la baraque» signifie
  **a** casser un stylo
  **b** remporter un grand succès

**2** un télécrochet, c'est
  **a** un concours de chansons à la télé
  **b** un pull qu'on porte quand on regarde la télé

**3** «tout en douceur» signifie
  **a** gentiment
  **b** en tournée

**4** «tout plaquer» veut dire
  **a** abandonner sa vie pour recommencer dans un autre environnement
  **b** se brosser les dents

**5** «tenter sa chance» signifie
  **a** faire du camping
  **b** essayer

**6** «truffés de tubes» signifie
  **a** plein de chansons à succès
  **b** enregistrés en métro

**7** «le chouchou» veut dire
  **a** le légume
  **b** le favori

**8** les «Sheerios» sont
  **a** des céréales
  **b** les admirateurs d'Ed Sheeran

**3** *écrire*  Write a paragraph about a musician, sportsperson, author or actor that you admire.

⭐ Try to copy the style of the article. Write your paragraph in the present tense. Borrow phrases like *casse la baraque* and *a l'avenir devant lui/elle*.

**1** *lire*  **Read the text and put the pictures into the right order.**

> Ma grand-mère, Valentine, est née en février, trois jours après la Saint-Valentin. D'habitude, elle aime fêter son anniversaire en invitant toute la famille à manger, de préférence dans un restaurant italien car elle adore les pâtes.
>
> Pourtant, il y a deux ans, elle a fêté ses soixante ans et elle a décidé de partir en vacances à la neige dans les Alpes. Elle a invité mes parents et moi, plus sa meilleure amie, son mari et leurs enfants.
>
> J'ai skié pour la première fois et j'ai trouvé ça génial! Mamie faisait du ski quand elle était plus jeune, mais cette fois elle voulait essayer le snowboard et elle a adoré! L'année prochaine, elle va partir aux Antilles pour faire du surf! C'est vraiment une personne extraordinaire et pleine de vie. Je l'admire beaucoup!  **Mathis**

**2** *lire*  **Read the text again and answer the questions in English.**

1 What is the precise date of Mathis's grandmother's birthday?
2 How does she usually celebrate her birthday? Give <u>two</u> details.
3 What did she decide to do two years ago and why?
4 Apart from Mathis and his family, who else did she invite?
5 Who has had more experience of skiing: Mathis, or his grandmother?
6 How does Mathis feel about his grandmother? Give <u>two</u> details.

**3** *écrire*  **Translate this paragraph into French.**

Use ***cinquantième***.

> My uncle was born in April. Usually, he celebrates his birthday with his wife and their children. Sometimes they go to the theatre or to the cinema. However, three years ago, he celebrated his <u>fiftieth</u> birthday and he invited the whole family to a party at his home. When he was younger, he <u>used to be a DJ</u>, so at the party <u>he played</u> his favourite music and everybody danced. Next year, he is going to go <u>to Italy</u>, to visit the monuments.

'DJ' is the same in French. You don't need an indefinite article.

Change of tense here. 'played' is a single event in the past. Perfect or imperfect?

With feminine countries like ***Italie***, use ***en*** for 'to'.

**1**  Find the correct ending for each sentence and copy out the complete text.

1 Ma ville s'appelle Parfaiteville et elle mérite bien son nom parce que …
2 C'est très animé et il y a toujours beaucoup de choses à faire: il y a …
3 De plus, il y a plusieurs espaces verts où …
4 Ma ville est aussi très propre et tranquille: il n'y a jamais …
5 Au centre-ville, il y a une zone piétonne, donc …
6 Il y a également plusieurs entreprises, alors …

a trop de bruit pendant la nuit.
b tout est parfait ici!
c il n'y a pas trop de circulation.
d les enfants peuvent jouer.
e il y a peu de chômage.
f deux cinémas, un bowling et un centre de loisirs.

**2**  Imagine that you live in Nulleville! Adapt the text in exercise 1.

*Example:* Ma ville s'appelle Nulleville et elle mérite bien son nom parce que tout est nul ici! C'est trop tranquille et il n'y a pas grand-chose …

⭐ Use as many different negatives as possible to describe Nulleville. See page 80 for a complete list of negatives.

**3**  Read the article and answer the questions in English.

## Quand le GPS se trompe …

Un automobiliste qui voulait faire le trajet de Liège à Namur, en Belgique, a inscrit «Namur» sur son GPS. En passant par le petit village de Donceel, le GPS a indiqué qu'il faut tourner à droite dans 250 mètres. Après avoir suivi ces indications, il a été bien surpris de se retrouver dans la cour d'une maison!

La propriétaire de la maison, qui s'appelle Aliénor, a dit que cela dure depuis presque un an! Les touristes voulant visiter Namur se retrouvent souvent au beau milieu de chez elle. L'été dernier, pendant les vacances, elle a reçu plus de cinq visites par jour!

Aliénor a finalement décidé d'en parler au maire du village, qui a eu l'idée de placer un panneau sur la route, pour guider les automobilistes. Il a aussi écrit à L'IGN (L'Institut géographique national belge), pour qu'ils corrigent l'erreur du GPS.

1 What directions did the satnav give the driver?
2 Where did the driver end up?
3 Who is Aliénor?
4 How long has this problem been going on?
5 When was the problem particularly bad and why?
6 What two things did the local mayor do to address the problem?

⭐ Use the questions to help you and try to work out new words from context. You know *maison*, so can you work out *la cour d'une maison?* Only use a dictionary as a last resort, as you will not be able to use one in your exam!

# Module 5  À toi

**1** *lire*   At the hotel reception. Put the lines of the dialogue into the correct order.

**a** Oui, monsieur, nous avons une très grande piscine. Voyons … j'ai la chambre 232 au deuxième étage.

**b** Oui, monsieur. Pour combien de nuits?

**c** Une chambre pour deux personnes avec vue sur la mer et un grand lit. Vous avez la climatisation?

**d** C'est moi, monsieur. Je vous souhaite un excellent séjour!

**e** Et vous avez un restaurant?

**j** Oui, pour huit heures. Je vous remercie, madame.

**f** Bonjour, madame. Avez-vous une chambre de libre, s'il vous plaît?

**g** Pour deux nuits. Est-ce qu'il y a une piscine?

**h** Oui. Le dîner est servi entre 19h et 22h. Voulez-vous réserver une table pour ce soir?

**i** Quelle sorte de chambre souhaitez-vous?

**2** *lire*   Corinne has written a review for the website *Écureuil curieux*. Copy out the text and fill in the gaps with the words from the box. There are three words too many!

J'ai passé une seule nuit dans cet hôtel et ça s'est très mal passé. En arrivant, personne ne m'a aidée avec ma **1** ⬚⬚⬚⬚⬚ et à la réception, le personnel était **2** ⬚⬚⬚⬚⬚. J'avais réservé une chambre avec vue sur la **3** ⬚⬚⬚⬚⬚, mais en regardant par la **4** ⬚⬚⬚⬚⬚, je ne voyais que le **5** ⬚⬚⬚⬚⬚. La télévision ne marchait pas, il y avait très peu d'**6** ⬚⬚⬚⬚⬚, les serviettes étaient **7** ⬚⬚⬚⬚⬚, le **8** ⬚⬚⬚⬚⬚ n'était pas confortable et il y avait des araignées dans la **9** ⬚⬚⬚⬚⬚. Quelle horreur! Le lendemain matin, je suis partie direct. Je n'avais aucune envie de tester le **10** ⬚⬚⬚⬚⬚!

> eau chaude  armoire
> parking  fenêtre
> baignoire  lit  balcon
> mer  impoli  sales
> valise  petit-déjeuner
> climatisation

**3** *écrire*   Imagine your own really bad holiday experience. Write a review for the *Écureuil curieux* website.

⭐ Borrow ideas from this page, but also look back to at pages 80 and 105 for more ideas. What language can you adapt from there to use in this new context?

**1** *lire* **Read the poem and use a dictionary to look up what the words in bold mean.**

### «Le Cancre»

Il dit non avec la tête
mais il dit oui avec le **cœur**
il dit oui à ce qu'il aime
il dit non au professeur
il est **debout**
on le questionne
et tous les problèmes sont posés
soudain le **fou** rire le prend
et il **efface** tout
les **chiffres** et les mots
les dates et les noms
les phrases et les **pièges**
et malgré les **menaces** du maître
sous les **huées** des **enfants prodiges**
avec des **craies** de toutes les couleurs
sur le **tableau noir** du **malheur**
il dessine le visage du bonheur.

*Jacques Prévert*

**2** *lire* **Copy out the summary of the poem and fill in the gaps with the correct words from the box.**

Un petit **1** ▨▨▨▨▨ est en classe. Il est questionné par son **2** ▨▨▨▨▨ mais il ne peut pas **3** ▨▨▨▨▨ aux questions. Soudain, il **4** ▨▨▨▨▨ à rire. Il **5** ▨▨▨▨▨ tout ce qu'il y a sur le tableau noir et il dessine en couleur un visage **6** ▨▨▨▨▨.

| répondre | heureux | professeur |
| garçon | commence | efface |

**3** *écrire* **Write two or three sentences, giving your opinion of the poem.**

| Je trouve «Le Cancre» | émouvant/bête/triste/sentimental/ amer/profond/original/comique | car | j'aime | le rythme/les idées/ les descriptions/le langage/ les personnages/le symbolisme. |
| | | | je n'aime pas | |

**4** *écrire* **Write an article on the positive and negative aspects of your school life.**

Vous pouvez mentionner:
- les bâtiments/les aménagements
- vos camarades de classe
- vos matières
- vos activités extra-scolaires (clubs, sports)
- vos professeurs
- le règlement.

**1** lire **Read Amy's covering letter and note the details in English.**

Madame, Monsieur

J'ai vu votre annonce en ligne pour un poste de vendeur ou de vendeuse au magasin de souvenirs de votre club de vacances, et je voudrais y postuler. Je suis actuellement en première au lycée, où j'étudie neuf matières, dont le commerce et deux langues étrangères.

Je m'intéresse à ce poste parce que j'aime le contact avec les gens et travailler en équipe. J'ai déjà un peu d'expérience de ce genre de travail, puisque j'ai eu un petit job à temps partiel dans un supermarché. J'y ai travaillé tous les samedis matin pendant un an et cela m'a beaucoup plu.

En ce qui concerne mon caractère, je suis travailleuse, polie et très honnête. Je parle couramment l'anglais qui est ma langue maternelle, et je parle bien le français et l'espagnol que j'apprends au lycée. Je me débrouille aussi en allemand.

En vous remerciant par avance de votre attention à ma candidature, je vous prie d'agréer l'expression de mes sentiments distingués,

**Amy Harrison**

- Name:
- Job applied for:
- Current occupation:
- Reason(s) for applying:
- Experience:
- Personality:
- Languages spoken:

**2** écrire **Apply for the job advertised here, adapting the text in exercise 1. Invent the details.**

## On recherche ...
### un(e) serveur/serveuse de restaurant

**Responsabilités:**
- Servir les repas (midi et soir)
- Aider en cuisine (vaisselle, etc.)

**Compétences:**
- Expérience souhaitée
- Maîtrise d'au moins une langue étrangère essentielle

**Atouts:**
- Organisé(e)
- Adaptable
- Calme

⭐ Use the correct expressions for 'Dear Sir/Madam' and 'Yours faithfully'. (See the exercise 1 letter.)

**3** lire **Read the article and translate it into English. Use a dictionary if you need to.**

*passer pour*
*to come across as*
**le talon** *heel*
**cirer** *to polish*

### Que porter lors d'un entretien d'embauche?

#### Les femmes

Vous pouvez vous habiller sérieusement, sans passer pour une serveuse! Si vous optez pour du blanc et du noir, ajoutez une touche d'originalité avec une chemise de couleur ou de petits bijoux.

Pour les chaussures, vous pouvez porter de petits talons (les talons aiguilles sont interdits!). Évitez de mettre trop de parfum et trop de maquillage, surtout du rouge à lèvres.

#### Les hommes

Un costume bleu marine ou gris foncé est fort recommandé. Votre pantalon ne doit être ni trop court ni trop long. Mettez une chemise blanche classique, avec une cravate.

Optez pour des chaussettes de la même couleur que votre costume et une paire de chaussures noires, bien cirées.

Les pires erreurs à éviter sont un costume noir (c'est seulement pour les funérailles) et des couleurs trop vives.

**1** lire  **Read the text. Copy and complete the grid with the letters of the correct pictures.**

**Rosemarie Tessier** est notaire à Lyon. Il y a un certain temps, elle s'est mise à réfléchir à son mode de vie et à sa manière de consommer.

Depuis, elle a changé ses habitudes! D'abord, au revoir le supermarché! Rosemarie va au marché pour acheter des produits locaux et de saison qui ont poussé au grand air et n'ont pas voyagé depuis l'Afrique ou l'Amérique du Sud avant de terminer sur les étals. Elle a repris plaisir à cuisiner au lieu de manger des plats tout préparés qui contiennent des ingrédients industriels et ne sont pas équilibrés. Elle va aussi devenir végétarienne pour lutter contre l'élevage intensif et réduire les risques pour sa santé.

Pour les trajets courts, elle n'utilise plus sa voiture, qui reste au garage: Rosemarie prend les transports en commun ou son vélo électrique, quand il fait beau.

Elle va avoir des mini-éoliennes sur son toit et va produire sa propre énergie verte. Voilà une femme qui agit!

| un étal | market stall |
| éolienne | windmill |

| maintenant | e, … |
| avant | |
| dans l'avenir | |

 **a**

 **b**

 **c**

 **d**

 **e**

 **f**

 **g**

 **h**

**2** lire  **Match the sentence halves.**

1 Avant, Rosemarie faisait …
2 Avant, elle voyageait …
3 Actuellement, elle voyage …
4 Elle n'achète pas …
5 Elle cuisine elle-même …
6 Dans le futur, elle ne mangera plus …

a de produits hors saison.
b de viande.
c ses courses au supermarché.
d son dîner.
e en bus ou à vélo.
f en voiture.

**3** écrire  **Write a paragraph about Dorine, who has become an eco-warrior.**

**Avant, …**

**Actuellement, …**

**Dans le futur, …**

# Grammaire
## Regular verbs in the present tense

**What are these?**
Regular verbs are verbs which follow the same pattern. In French, there are three types of regular verbs: -er verbs (the biggest group), -ir verbs and -re verbs.

**When do I use them?**
You use the present tense of regular verbs to talk about what <u>usually</u> happens or what is happening <u>now</u>.

**Why are they important?**
Verbs are crucial: every sentence contains a verb! The most common kind is the -er verb. When new verbs are invented, they are usually regular -er verbs e.g. *googler* (to google), *youtuber* (to watch videos on YouTube).

**Things to look out for**
In French, there is only one present tense. So a verb like *je joue* can mean 'I play' or 'I am playing'. If a present tense verb is used with a negative (e.g. *je ne joue pas*), it can mean 'I don't play' or 'I am not playing'.

**How do they work?**
- When you look up a verb, you find the original, unchanged form which is called **the infinitive**. Regular verbs have infinitives which end in **-er, -ir** or **-re**. To use the verb in the present tense:
  1 Remove the *-er/-ir/-re* from the end of the infinitive.
  2 Add the correct ending. The ending agrees with the subject of the verb.
- Here are the subject pronouns:

| *je* | I | shortens to *j'* before a vowel or *h* |
|---|---|---|
| *tu* | you | for a child, young person, friend (or animal!) |
| *il* | he/it | means 'it' when replacing a masculine noun |
| *elle* | she/it | means 'it' when replacing a feminine noun |
| *on* | one/we/you | often used in French instead of *nous* |
| *nous* | we | |
| *vous* | you | used for more than one person, or someone you don't know very well |
| *ils* | they | used for masculine nouns or a mixed group |
| *elles* | they | used for feminine nouns |

- Here are the verb endings for regular verbs in the present tense:

| **-er** verbs<br>e.g. **parler** (to speak) | **-ir** verbs<br>e.g. **finir** (to finish) | **-re** verbs<br>e.g. **attendre** (to wait for) |
|---|---|---|
| *je parl**e***<br>*tu parl**es***<br>*il/elle/on parl**e***<br>*nous parl**ons***<br>*vous parl**ez***<br>*ils/elles parl**ent*** | *je fin**is***<br>*tu fin**is***<br>*il/elle/on fin**it***<br>*nous fin**issons***<br>*vous fin**issez***<br>*ils/elles fin**issent*** | *j'attend**s***<br>*tu attend**s***<br>*il/elle/on attend* (no ending)<br>*nous attend**ons***<br>*vous attend**ez***<br>*ils/elles attend**ent*** |

- Watch out for:
  – verbs that end in *-cer*, like *commencer*: the *nous* form is *commençons*
  – verbs that end in *-ger*, like *manger*: the *nous* form is *mangeons*
  – verbs like *lever*: the *je/tu/il/ils* forms add a grave accent: *lève/lèvent*
  – verbs like *s'appeler*: the *je/tu/il/ils* forms have *ll*: *m'appelle/s'appellent*.

- **Reflexive verbs** are verbs that have an extra reflexive pronoun in front of the verb. The verb itself might be regular or irregular, and is conjugated as usual. The reflexive pronoun agrees with the subject of the verb, e.g. **se** disputer (to argue):

  je **me** dispute       nous **nous** disputons
  tu **te** disputes       vous **vous** disputez
  il/elle/on **se** dispute       ils/elles **se** disputent

  NB me/te/se shorten to m'/t'/s' before a vowel or h: Je **m'**appelle Yannick.

**1 Complete each sentence with the correct form of the verb.**

1 Elle ▮▮▮▮ avec son papa. (*parler*)
2 Je ▮▮▮▮ mes devoirs. (*finir*)
3 Nous ▮▮▮▮ notre amie. (*attendre*)
4 Nous ▮▮▮▮ au foot ce soir. (*jouer*)
5 Ils ▮▮▮▮ en France. (*habiter*)
6 ▮▮▮▮-tu le golf? (*aimer*)
7 Elle ▮▮▮▮ très vite. (*grandir*)
8 Il ▮▮▮▮ son professeur. (*entendre*)
9 Est-ce que vous ▮▮▮▮ le président? (*admirer*)
10 Elles ▮▮▮▮ la musique pop. (*adorer*)

**2 Choose the correct reflexive pronoun and add the verb ending in each sentence. Then translate the sentence into English.**

1 Je me / te / se disput▮ avec mes parents.
2 Elle me / te / se repos▮.
3 On me / te / se fâch▮ souvent contre lui.
4 Nous nous / vous / s' entend▮ bien.
5 Elles s' / nous / vous amus▮.
6 Tu te / se / vous châmaill▮ avec ta mère.
7 Alex me / te / se couch▮ à 21h.
8 Mes sœurs me / te / se réveill▮ à 6h30.
9 Vous se / nous / vous lev▮ à quelle heure?
10 Ma famille me / se / vous moqu▮ de moi!

**3 Copy and complete the text with the correct form of the verbs in brackets.**

En France, le collège (*finir*) tard. Quand Annie et ses amies (*quitter*) l'école, elles (*attendre*) le bus pendant un quart d'heure. Quand le bus (*arriver*), le trajet vers la maison (*durer*) 50 minutes. Annie (*se doucher*) et puis elle (*manger*) avec sa famille. Ils (*dîner*) à 20h parce que ses parents (*rentrer*) à 19h. Après, la famille (*regarder*) la télé mais Annie (*monter*) dans sa chambre où elle (*travailler*): elle a toujours beaucoup de devoirs! Ses parents (*se coucher*) vers minuit. «Je (*se coucher*) tôt» (*expliquer*) Annie, «parce que je (*se lever*) à 6h du matin. Mes copains et moi, nous (*se coucher*) tous de bonne heure car nous (*commencer*) les cours à 8h.»

# Irregular verbs in the present tense

**What are these and when do I use them?**

Lots of verbs don't follow the rules which apply to regular verbs: they are therefore called irregular verbs. You use the present tense of these verbs to talk about what is happening now, or to talk about what usually happens.

**Why are they important?**

The two most frequently used verbs in French – *être* and *avoir* – are both irregular. Many irregular verbs are ones you need to use all the time when you are talking or writing, like *aller*, *faire*, *voir* and *savoir*.

**Things to look out for**

Even though these verbs are irregular, there are patterns to look out for, e.g. the *nous* forms practically always end in *-ons*, the *vous* forms in *-ez*. You need to know the key irregular verbs by heart. To find how to conjugate a particular irregular verb, you can use the tables below or the tables on pages 236–240.

**How do they work?**

● The most frequently used irregular verbs are:

| **être** (to be) | **avoir** (to have) | **aller** (to go) | **faire** (to do/make) |
|---|---|---|---|
| *je suis* (I am) | *j'ai* (I have) | *je vais* (I go) | *je fais* (I do/make) |
| *tu es* | *tu as* | *tu vas* | *tu fais* |
| *il/elle/on est* | *il/elle/on a* | *il/elle/on va* | *il/elle/on fait* |
| *nous sommes* | *nous avons* | *nous allons* | *nous faisons* |
| *vous êtes* | *vous avez* | *vous allez* | *vous faites* |
| *ils/elles sont* | *ils/elles ont* | *ils/elles vont* | *ils/elles font* |

● Here are some more irregular verbs:

| **boire**<br>(to drink) | *je bois* | *tu bois* | *il boit* | *nous buvons* | *vous buvez* | *ils boivent* |
|---|---|---|---|---|---|---|
| **voir**<br>(to see) | *je vois* | *tu vois* | *il voit* | *nous voyons* | *vous voyez* | *ils voient* |
| **savoir**<br>(to know) | *je sais* | *tu sais* | *il sait* | *nous savons* | *vous savez* | *ils savent* |
| **venir**<br>(to come) | *je viens* | *tu viens* | *il vient* | *nous venons* | *vous venez* | *ils viennent* |
| **partir**<br>(to leave) | *je pars* | *tu pars* | *il part* | *nous partons* | *vous partez* | *ils partent* |
| **dire**<br>(to say) | *je dis* | *tu dis* | *il dit* | *nous disons* | *vous dites* | *ils disent* |
| **lire**<br>(to read) | *je lis* | *tu lis* | *il lit* | *nous lisons* | *vous lisez* | *ils lisent* |
| **prendre**<br>(to take) | *je prends* | *tu prends* | *il prend* | *nous prenons* | *vous prenez* | *ils prennent* |
| **devoir**<br>(to have to) | *je dois* | *tu dois* | *il doit* | *nous devons* | *vous devez* | *ils doivent* |
| **pouvoir**<br>(to be able to) | *je peux* | *tu peux* | *il peut* | *nous pouvons* | *vous pouvez* | *ils peuvent* |
| **vouloir**<br>(to want to) | *je veux* | *tu veux* | *il veut* | *nous voulons* | *vous voulez* | *ils veulent* |

## À vos marques …

**1 Translate each set of verbs into French.**

*avoir*
1 we have
2 they have
3 I have
4 my family has
5 you (*tu*) have

*aller*
1 she goes
2 they are going
3 I am going
4 you (*vous*) go
5 we are going

*être*
1 he is
2 you (*vous*) are
3 my brothers are
4 we are
5 I am

*faire*
1 she makes
2 he does
3 we do
4 you (*tu*) are making
5 I am making

## Prêts?

**2 Choose the correct form of the verb to complete each sentence. Then translate it into English.**

1 Je veulent / veux / veut une nouvelle voiture.
2 Nous sait / savont / savons pourquoi!
3 Maman lire / lis / lit le journal.
4 Les garçons pouvent / peuvent / peut venir aussi.
5 Vous boire / boivez / buvez de l'alcool?
6 On voit / voie / vois la différence entre les deux équipes.
7 Tu dire / dises / dis la vérité.
8 Elles devont / doivont / doivent faire leurs devoirs.
9 Le bus part / partit / parti à 16h.
10 Je doit / devois / dois partir maintenant.
11 Mes amis prendent / prennent / prends soin de moi.
12 Tu viens / vient / venir chez moi ce soir?

## Partez!

**3 Maria has written about her family but has made 12 verb mistakes. Check each present tense verb and rewrite the text, correcting her mistakes.**

Mon père s'appelle Grégoire et nous habite ensemble à Lille. Je s'entend bien avec lui mais je veut un chien car Papa sors souvent et je suis souvent toute seule à la maison. Papa dis que c'est une idée stupide car nous ont un petit appartement et un chien dois avoir beaucoup de place. Mes frères, qui habite avec notre mère, avoir deux chiens et je se sentir vraiment jalouse car les chiens dorment avec eux dans leur chambre. Je sait que c'est difficile mais j'attend mon anniversaire avec impatience: on ne sait jamais!

Lille

⭐ Some of the verbs used here are irregular but don't feature in the table on page 208. Check them in the tables on pages 236–240.

# Asking questions

## Why is this important?

To make friends and get along with people, you need to be able to ask them about themselves – and understand questions they ask you! You also need to ask questions in formal situations like at the tourist office or in a shop.

## Things to look out for

- Some questions contain a question word like 'why' or 'how'. Other questions have no question word: 'Do you live in Britain?' 'Is there a shop near here?'
- There are three different ways of asking questions in French. Some ways are easier than others: you should use the ones you feel comfortable with, but be able to recognise them all.

## How do they work?

### Questions *without* question words

- To form such a question, you can:
  1 Make a statement but raise the tone of your voice at the end/add a question mark:
     *Tu vas souvent au cinéma?* ⤴
  2 Put *est-ce que* at the start of a sentence: *Est-ce que tu vas souvent au cinéma?*
  3 Invert the subject and verb: *Vas-tu souvent au cinéma?*

An extra *t* is added between two vowels to aid pronunciation: *Aime-**t**-il ses études?* Does he like his studies?

- In the perfect tense, if inversion is used, the auxiliary verb *avoir* or *être* is inverted:
  **As-tu** *déjà vu le film?* Have you already seen the film?

### Questions *with* question words

- To form such a question, you can:
  1 Put the question word at the end and raise the tone of your voice/add a question mark:
     *Tu habites où?* ⤴
  2 Put the question word at the start and add *est-ce que*: *Où est-ce que tu habites?*
  3 Invert the subject and verb after the question word: *Où habites-tu?*

- The key question words are:
  *comment?* how?      *où?* where?      *qui?* who?      *combien (de)?* how many/much?
  *pourquoi?* why?     *que?* what?      *quand?* when?     *à quelle heure?* at what time?

- *Quel(le)(s)* means 'what' or 'which' and works like an adjective:
  *Quel hôtel …?* Which hotel …?      *Quelles filles …?* What girls …?

- *Qui* can be the subject of a question: *Qui est absent?* Who is absent?

---

### Prêts?

**1 Use each prompt to write a question in French.**

Ask a friend if he/she:                Ask:
  1 likes fast food                      6 where the cinema is
  2 is going to the beach                7 at what time the film starts
  3 lives in a big house                 8 when the cinema is open
  4 has visited Paris                    9 how you can travel to the cinema
  5 went to the cinema last night      10 who is in the film

### Partez!

**2 Write five questions of your choice to ask a French star like Romain Duris or Marion Cotillard. Use the *vous* form.**

Example: Combien gagnez-vous par film?

# The near future tense

**What is this and when do I use it?**
You use the near future tense (*le futur proche* in French) to talk about what is going to happen in the future.

**Why is it important?**
You need to be able to understand when people talk about their future plans. You also need to be able to say what you are going to do in the future.

**Things to look out for**
There are two French future tenses: the near future and the simple future. The near future is the easier of the two. It uses the verb *aller*, which makes it easy to translate because we use the verb 'to go' in the same way in English.
*Je vais faire un gâteau.* I am going to make a cake.

**How does it work?**
You use the correct part of *aller* (in the present tense) + an infinitive.
*Nous **allons** sortir ce soir.* We are going to go out this evening.

## À vos marques ...

**1 Rearrange the words to make correct sentences. Then translate each one into English.**

1 je faire vais shopping du
2 ma va Paris visiter famille
3 va un Maxime lire livre
4 allons nous vélo du faire
5 tu écrire vas e-mail un
6 finir ils leurs vont devoirs
7 les parler vont au professeur filles
8 on maison une va acheter

## Prêts?

**2 Copy and complete each sentence with the correct part of *aller* and the French infinitive.**

Example: Aurélie et Matthieu ▨▨▨ ▨▨▨ au restaurant. (*to eat*)
       Aurélie et Matthieu <u>vont</u> <u>manger</u> au restaurant.

1 Elle ▨▨▨ ▨▨▨ la télé. (*to watch*)
2 Mes copains ▨▨▨ ▨▨▨ une pizza. (*to make*)
3 Ma famille ▨▨▨ ▨▨▨ un film. (*to see*)
4 Nous ▨▨▨ ▨▨▨ nos devoirs. (*to finish*)
5 Je ▨▨▨ ▨▨▨ à la piscine. (*to go*)
6 Vous ▨▨▨ ▨▨▨ une minute! (*to wait*)
7 On ▨▨▨ ▨▨▨ une belle surprise! (*to have*)
8 Tu ▨▨▨ ▨▨▨ déçu! (*to be*)

## Partez!

**3 Write eight resolutions for the new year/the new school year using the near future tense. Use eight different infinitives.**

Example: Je vais arriver au collège avant 8h30.

**08:30**

# The perfect tense with *avoir*

**What is this and when do I use it?**
The perfect tense (called the *passé composé* in French) is used to talk about single events or actions that happened in the past.

**Why is it important?**
Talking about what has already happened is something we do all the time in everyday speech. Mastery of tenses is vital, and the perfect tense is the key past tense you need to know.

**Things to look out for**
- The perfect tense of French verbs has <u>two</u> parts: the auxiliary verb + the past participle. What is one verb in English (e.g. 'we <u>walked</u>') has two parts in French (e.g. *nous **avons marché***). Make sure you never miss out the auxiliary verb!
- The perfect tense has two meanings in English: *il **a joué** pour Arsenal* can mean 'he <u>played</u> for Arsenal' or 'he <u>has played</u> for Arsenal'.
- When used with a negative, it can also be translated in two ways: *il **n'a pas joué** pour Spurs* means 'he <u>didn't play</u> for Spurs' or 'he <u>hasn't played</u> for Spurs'.

**How does it work?**
- The perfect tense is formed using an <u>auxiliary verb</u> and a <u>past participle</u>. Most verbs use *avoir* as the auxiliary.
- To form the past participle of a regular verb:

| | | | |
|---|---|---|---|
| **-er** verbs<br>e.g. *changer* | remove *-er* and add **é** | *chang**é*** | *il a chang**é***<br>he changed/has changed |
| **-ir** verbs<br>e.g. *finir* | remove *-ir* and add **i** | *fin**i*** | *on a fin**i***<br>we finished/have finished |
| **-re** verbs<br>e.g. *entendre* | remove *-re* and add **u** | *entend**u*** | *j'ai entend**u***<br>I heard/have heard |

- Irregular verbs usually have irregular past participles: you can find them in the verb tables on pages 236–240. Here are some common examples:

| infinitive | past participle | infinitive | past participle |
|---|---|---|---|
| *boire* | **bu** | *avoir* | **eu** |
| *voir* | **vu** | *dire* | **dit** |
| *lire* | **lu** | *écrire* | **écrit** |
| *croire* | **cru** | *mettre* | **mis** |
| *pouvoir* | **pu** | *prendre* | **pris** |
| *devoir* | **dû** | *être* | **été** |
| *vouloir* | **voulu** | *faire* | **fait** |

   ***j'ai dit*** I said    ***elle a vu*** she saw

- With negatives, the negative expression (e.g. *ne ... pas*) goes around the <u>auxiliary</u> verb.
   *Elle **n'a pas vu** ce film*. She <u>hasn't seen</u> this film.
   *Je **n'ai pas fini**!* I <u>haven't finished</u>!

**À vos marques ...**

**1 Change these regular infinitives into the perfect tense, using the pronoun given.**

Example: je (*manger*) → j'ai mangé

1 je (*parler*)
2 vous (*grandir*)
3 ils (*googler*)
4 il (*entendre*)
5 tu (*attendre*)
6 nous (*oublier*)
7 mes parents (*apprécier*)
8 on (*écouter*)
9 je (*saisir*)
10 ma copine (*copier*)

 Make sure that you use the correct part of *avoir* and the correct past participle.

**Prêts?**

**2 Maria has translated some sentences into French but has made a verb error in each one. Rewrite each sentence, correcting the verb error. Explain in English what her mistake is.**

Example: I saw the programme. *Je vu l'émission.*
        *J'ai* vu l'émission. – She missed out the part of *avoir*.

1 I drank a cola. *J'ai boire un coca.*
2 We saw a film. *Nous vu un film.*
3 Alex and Fatou believed the story. *Alex et Fatou avons cru l'histoire.*
4 We had to come. *Nous avons du venir.*
5 You made a cake. *Tu fais un gâteau.*
6 I had a baby. *J'ai avoir un bébé.*
7 She read a book. *Elle a lit un livre.*
8 You put my drink here. *Tu mis ma boisson ici.*
9 He said that. *Il a dis ça.*
10 They took my bag. *Ils pris mon sac.*

**Partez!**

**3 Translate these sentences into French.**

1 I laughed a lot.
2 We have finished.
3 My parents have had to wait.
4 He saw my friends in town.
5 I took the bus at 5 p.m.
6 She played football yesterday.
7 You (*tu*) drove my car.
8 He has opened the door.
9 Manon and Emma didn't write the email.
10 You (*vous*) haven't slept at all!

Some of these verbs are irregular and have irregular past participles. You will need to check them in the verb tables on pages 236–240.

# The perfect tense with *être*

### What is this and when do I use it?
When you are talking about events in the past, you need to use the perfect tense. Some vital verbs don't use *avoir* as the auxiliary verb; instead, they use the verb *être*.

### Why is it important?
The auxiliary verb *être* is used with some vital verbs; you need to use the perfect tense with *être* to say things like 'I went', 'we stayed' or 'he has died'.

### Things to look out for
- <u>All</u> reflexive verbs use *être* as the auxiliary verb in the perfect tense.
- There are only a further 13 verbs that form their perfect tense with *être*. If you learn these, then you know that all other verbs go with *avoir*. You might find that a mnemonic like MRS VAN DER TRAMP helps you remember the 13 verbs plus reflexives.
- Compounds of these verbs also take *être,* so look out for one of these 13 verbs with an added prefix. For example, *venir* (to come) uses *être* as its auxiliary verb, and so do **re**venir (to come back) and **de**venir (to become).
- For *être* verbs in the perfect tense, the past participle agrees with the subject of the verb.

### How does it work?
- Take the part of the auxiliary (*être*) and add the past participle. Here are the 13 verbs which take *être* as the auxiliary, with their past participles:

| infinitive | past participle | infinitive | past participle |
|---|---|---|---|
| *aller* (to go) | *allé* | *entrer* (to come in) | *entré* |
| *venir* (to come) | *venu* | *sortir* (to go out) | *sorti* |
| *arriver* (to arrive) | *arrivé* | *naître* (to be born) | *né* |
| *partir* (to leave) | *parti* | *mourir* (to die) | *mort* |
| *monter* (to go up, get in) | *monté* | *rester* (to stay) | *resté* |
| *descendre* (to go down, get out) | *descendu* | *tomber* (to fall) | *tombé* |
| | | *retourner* (to return) | *retourné* |

- For *être* verbs in the perfect tense, add an ending to the past participle if the subject of the verb is feminine or plural. Using *partir* (to leave) as an example:

| | | |
|---|---|---|
| *je suis parti(**e**)* | I left | add an **e** if you are a girl |
| *tu es parti(**e**)* | you (*sg, familiar*) left | add an **e** if *tu* refers to a girl/woman |
| *il est parti* | he left | |
| *elle est parti**e*** | she left | |
| *on est parti(**e**)**s*** | we left | add an **e** if everyone covered by 'we' is a girl/woman |
| *nous sommes parti(**e**)**s*** | we left | add an **e** if everyone covered by 'we' is a girl/woman |
| *vous êtes parti(**e**)(**s**)* | you left | add an **e** if *vous* refers to one woman; add an **s** if it refers to more than one person; add **es** if it refers to two or more women. |
| *ils sont parti**s*** | they left | <u>either</u> all boys/men <u>or</u> a mixed group of male and female |
| *elles sont parti**es*** | they left | all girls/women |

- For reflexive verbs in the perfect tense, put the auxiliary verb *être* <u>after</u> the reflexive pronoun:
*Je me <u>suis</u> couché(e).* I went to bed.

## À vos marques ...

**1 Write these in French. Remember to add -*e* to the past participle if you are a girl.**

1 I went
2 I arrived
3 I have fallen
4 I went up
5 I came
6 I stayed
7 I have left
8 I returned
9 I went out
10 I was born

## Prêts?

**2 Change the verb in brackets into the perfect tense. Then translate each sentence into English.**

1 Je (*rester*) à la maison.
2 Vous (*arriver*) en retard.
3 Prince George (*naître*) à Londres.
4 Nous (*retourner*) à 20h.
5 Les filles (*aller*) au cinéma.
6 Tu (*se coucher*) à quelle heure?
7 Elle (*partir*) après moi.
8 On (*se disputer*) à cause de toi.
9 Il (*venir*) à la plage avec nous.
10 Nous (*s'amuser*) hier!
11 Nico et Lucille (*sortir*) mardi soir.
12 Vous (*partir*) sans moi!

## Partez!

**3 Rewrite this passage, changing the verbs from the present tense into the perfect tense. Take care with both the auxiliary (*avoir* or *être*) and the past participle.**

Je vais au cinéma avec mes amis où nous voyons un film de science-fiction. Nous nous amusons bien et puis nous prenons le bus et nous rentrons chez nous. À la maison, mon père décide de regarder un feuilleton mais je monte dans ma chambre où je skype ma cousine. On discute du collège mais à 21h ma cousine se couche. Je redescends au salon où je dis «bonne nuit» à mes parents. Je me déshabille, je me lave et puis … je dors!

# The imperfect tense

**What is this?**
The imperfect tense (*l'imparfait* in French) is another tense used to talk about the past.

**When do I use it?**
You use the imperfect tense to talk about what happened in the past over a period of time, rather than just one single event. You also use it to describe what <u>was happening</u> at a given time (e.g. just before a particular event happened) or what <u>used to happen</u>.

**Why is it important?**
The imperfect tense is used in key phrases like 'it was' or 'there were'. You need it to describe what things <u>were like</u> or what people <u>were doing</u>, as well as to say what you <u>used to be like</u> or <u>do</u>.

**Things to look out for**
- A verb in the imperfect tense can be translated in different ways, e.g. *elle **regardait** la télé* can mean 'she <u>used to watch</u> TV', 'she <u>was watching</u> TV' or 'she <u>watched</u> TV'.

- When you are talking about the past, you will probably need a combination of perfect tense verbs, for 'one-off' actions or events that happened and are now complete, and imperfect tense verbs, for things that <u>were happening</u> at that time or for describing what something <u>was like</u>.

  *Elle **faisait** du yoga quand le téléphone a sonné.*
  She <u>was doing</u> yoga when the phone rang.

  *Je suis allé à Berlin l'année dernière. C'**était** génial.*
  I went to Berlin last year. It <u>was</u> great.

**How does it work?**
- To form the imperfect tense, take the *nous* form of the present tense verb and remove the *-ons* (e.g. *nous dans~~ons~~ → dans-*). This is the imperfect 'stem'. Then add the imperfect endings.

The imperfect endings are:

| | |
|---|---|
| je dans**ais** | nous dans**ions** |
| tu dans**ais** | vous dans**iez** |
| il/elle/on dans**ait** | ils/elles dans**aient** |

The only exception is the most common verb of all: *être*.
The imperfect stem for *être* is **ét-**:
*j'**ét**ais* (I was).

- Look out for these common uses of the imperfect:

**c'était** (it was): *C'était top!* It was brilliant!
**il y avait** (there was/were): *Il y avait un grand défilé.* There was a big parade.
**Il faisait** (it was, to describe the weather): *Il faisait beau.* The weather was good.

**1 Choose a suitable ending for each sentence. Then translate the sentence into English.**

  1 J'avais intelligent / un journal / Paris.
  2 J'étais intelligent / une table / Manchester.
  3 Je faisais beau / mes devoirs / arriver.
  4 Elle avait les yeux bleus / petite / boire.
  5 C'était les yeux bleus / monter / super.
  6 Il faisait beau / les yeux verts / pleut.
  7 Il y avait intelligent / les cheveux marron / un concert.
  8 C'était impossible / sortir / manger.
  9 Il y avait impossible / beau / deux personnes.
 10 Il faisait deux personnes / froid / être.

**2 Translate these sentences into French using the imperfect tense.**

  1 I used to have a bike.
  2 We were watching TV.
  3 My parents used to live in London.
  4 They were waiting for the bus.
  5 He used to be a teacher.
  6 My family was eating in the kitchen.
  7 You (*vous*) were working in Bordeaux.
  8 You (*tu*) used to arrive at 5 p.m.
  9 It was excellent.

**3 Perfect or imperfect? Copy and complete the sentences, choosing the correct verb(s) each time.**

  1 J'ai regardé / Je regardais un film quand le téléphone a sonné / sonnait.
  2 Quand il était petit, mon père a habité / habitait au bord de la mer.
  3 J'ai vu / Je voyais ma cousine en ville ce matin.
  4 Avant, j'ai aimé / j'aimais la gymnastique, mais maintenant, je préfère la danse.
  5 Quand Emma était petite, elle a joué / jouait du piano, mais à quinze ans, elle a arrêté / arrêtait.
  6 Tous les étés quand nous étions petits, nous sommes allés / nous allions en vacances en Bretagne.
    Une fois, mes grands-parents sont venus / venaient avec nous.

**4 Copy out the article, changing each infinitive in brackets into either the perfect or imperfect tense, according to what fits the context. Then translate the text into English.**

Quand j'(*avoir*) 10 ou 11 ans, des voleurs (*essayer*) de cambrioler notre maison. Il (*être*) minuit et il (*faire*) mauvais dehors. Je (*dormir*) dans ma chambre et mes parents (*être*) aussi au lit, mais mon frère (*se reposer*) dans le salon où il (*regarder*) un film. Soudain, la porte (*s'ouvrir*) et deux hommes masqués (*entrer*) dans le salon. Mon frère (*se lever*) immédiatement et il (*crier*) «Au secours!» Mes parents (*entendre*) le cri et ils (*descendre*) rapidement. Quand les cambrioleurs (*voir*) mes parents, ils (*quitter*) le salon et ils (*se sauver*). Et moi? Pendant tout ce temps, je (*dormir*) tranquillement dans mon lit!

| | |
|---|---|
| *cambrioler* | *to burgle* |
| *se sauver* | *to escape* |

# The (simple) future tense and the conditional  L'indispensable!

## The simple future tense

### What is this and when do I use it?
This tense, called *le futur* in French, is used to talk about what <u>will</u> happen in the future.

### Why is it important?
The near future (*aller* + infinitive) is an easier way to talk about the future, but you will hear and see this future tense all the time in French, and so you need to master this more elegant way of talking about the future.

### Things to look out for
In English, we use the word 'will' to indicate the future, e.g. 'I will go to university'. But there is no French word for 'will'. Instead, you have to spot that 'will go' is a verb in the future tense, and use the rules below to translate it.

### How does it work?
- The future tense is formed with the future stem of the verb + the future tense endings.

| future tense stem | | future tense endings |
|---|---|---|
| **-er/-ir** verbs | use the infinitive | *je travailler**ai*** <br> *tu travailler**as*** <br> *il/elle/on travailler**a*** <br> *nous travailler**ons*** <br> *vous travailler**ez*** <br> *ils/elles travailler**ont*** |
| **-re** verbs | remove the final **-e** from the infinitive | |
| *avoir* | **aur-** | |
| *être* | **ser-** | |
| *aller* | **ir-** | |
| *faire* | **fer-** | |

You can find the future stems for other irregular verbs in the verb tables on pages 236–240.
- When you use *si* with the present tense, the second part of the sentence may use the future tense.
  **S'**il fait beau, on **ira** à la plage. If the weather is good, we will go to the beach
- When you use *quand* to talk about the future, <u>all</u> the verbs in the sentence have to be in the future tense.
  **Quand** je **serai** plus âgé, j'habiterai en Écosse. When I <u>am</u> older, I will live in Scotland.

### À vos marques …

**1 Sofia is looking ahead. Complete each verb with the right ending, then translate what she says.**

1 J'aur___ trois enfants.
2 Je ser___ agent de police.
3 J'habiter___ à Londres.
4 Je fer___ beaucoup de sport.
5 J'ir___ à la salle de gym régulièrement.
6 Mes enfants ser___ adorables.
7 Ma sœur travailler___ pour une grande banque.
8 Mon mari ser___ riche.
9 On aur___ une grande maison.
10 Nous passer___ nos vacances en Espagne.

### Prêts?

**2 Copy out the article, changing the infinitives in brackets into the future tense. Then translate the text into English.**

Dans le futur, il y (*avoir*) beaucoup de robots. Ces robots (*parler*) et (*penser*) comme nous, les humains. Un robot type (*être*) très pratique: il (*aider*) à faire le ménage, (*préparer*) nos repas et (*s'occuper*) de nos enfants. Le robot (*faire*) les devoirs et (*ranger*) la chambre des plus jeunes. Mais il ne nous (*aimer*) pas!

**Partez!**

## 3 Copy and complete the text, choosing the correct verb from the box to fill each gap.

Si je **1** [____] dur, j'**2** [____] de bonnes notes et mes parents **3** [____] très contents. Si j'**4** [____] de bonnes notes, j'**5** [____] à l'université de Nottingham où j'**6** [____] le français. Si je **7** [____], j'**8** [____] chez ma tante car elle **9** [____] à Nottingham. Si tout **10** [____] bien, je **11** [____] chez BT après l'université et je **12** [____] acheter une petite maison.

| peux  pourrai  aurai  ai  irai  va  étudierai  habiterai  habite  travaille  travaillerai  seront |
|---|

# The conditional

## What is this and when do I use it?
The conditional is used to talk about what <u>would</u> happen (if something else were the case). You use it to talk about what you would do and how things would be, for example if you were rich, or if you had more time.

## Things to look out for
As is often the case with tenses, you can't translate verbs word for word; there isn't a French word for 'would'. Instead, the word 'would' in English triggers that you need to use the conditional.

## How does it work?
- The conditional is formed with the <u>future stem</u> of the verb + the correct <u>imperfect ending</u>.

  *Mon compagnon idéal **serait** grand.* My ideal partner <u>would be</u> tall.

- When you are talking about how things would be if something else were the case, use the imperfect tense in the *si* (if) clause, and the conditional in the second part of the sentence.

  *Si j'étais riche, **j'achèterais** une Ferrari.* If I were rich <u>I would buy</u> a Ferrari.

**À vos marques ...**

## 1 Translate these sentences into English.

1 Je voudrais un chocolat chaud, s'il vous plaît.
2 J'aimerais visiter le Canada un jour.
3 Voudrais-tu un nouveau portable?

4 Ma sœur aimerait une Mercedes.
5 Ma chambre idéale serait énorme.
6 Ils feraient bien un gâteau mais ils n'ont pas de sucre.

**Prêts?**

## 2 Change each infinitive in brackets into the conditional. Then translate the text into English.

Mon rêve? Je (*vouloir*) me marier un jour. Mon compagnon idéal (*aimer*) les mêmes choses que moi: il (*lire*) beaucoup, il (*adorer*) les jeux vidéo et il (*s'intéresser*) à la photographie. Il (*avoir*) les cheveux noirs et le sens de l'humour. Il (*être*) très intelligent. Nous (*habiter*) au bord de la mer. Nous (*avoir*) deux enfants qui (*jouer*) à la plage. Pendant la journée, je (*travailler*) en ville et mon mari (*ranger*) la maison. Ça (*être*) une vie parfaite!

**Partez!**

## 3 Complete each sentence with a verb of your choice so it makes sense. Then translate your sentences into English.

1 S'il faisait beau, je/j' [____].
2 Elle [____] si elle était riche.
3 Si leurs parents achetaient une nouvelle maison, ils [____].

4 Si nous avions un problème, nous [____].
5 S'il faisait mauvais, les garçons [____].
6 Je [____] si mes parents étaient d'accord.

# Modal verbs and *il faut*

### What are modal verbs and when do I use them?
*Pouvoir* (to be able to), *devoir* (to have to) and *vouloir* (to want to) are the three key modal verbs. You use modal verbs to talk about what people can, must or want to do. Like other verbs, modals are used in different tenses.

### Why are they important?
Modal verbs are extremely useful and come up in conversation all the time. Modals are often used when asking questions or making polite requests.
*Tu peux venir au cinéma?* Can you come to the cinema?
*Voulez-vous* répéter, *s'il vous plaît?* Do you mind repeating that, please?

### What is *il faut*?
The expression *il faut* means 'it is necessary to'/'you have to'. It is an impersonal verb: the subject of the verb is always *il*.

### Things to look out for
In English, the translation of the verb *pouvoir* is 'to be able to'. But *je peux* can be translated as 'I can'. Similarly, *devoir* means 'to have to', but you can translate *je dois* as 'I must'.

### How do modal verbs and *il faut* work?
- No matter which tense the modal verb or *il faut* is in, it is always followed by the infinitive.

Here are the three modal verbs and *il faut* in different tenses:

| | *pouvoir* (to able to) | *devoir* (to have to) | *vouloir* (to want to) | *il faut* (it is necessary to) |
|---|---|---|---|---|
| **present** | *je peux* (I can) *tu peux* *il peut* *nous pouvons* *vous pouvez* *ils peuvent* | *je dois* (I must) *tu dois* *il doit* *nous devons* *vous devez* *ils doivent* | *je veux* *tu veux* *il veut* *nous voulons* *vous voulez* *ils veulent* | *il faut* |
| **perfect** | *j'ai pu* | *j'ai dû* | *j'ai voulu* | *il a fallu* |
| **imperfect** | *je pouvais* | *je devais* | *je voulais* | *il fallait* |
| **future** | *je pourrai* | *je devrai* | *je voudrai* | *il faudra* |
| **conditional** | *je pourrais* | *je devrais* | *je voudrais* | *il faudrait* |

- To make a modal negative, put the negative expression around the modal verb.
  *Elle **ne peut pas** arriver avant 16h.* She <u>can't</u> arrive before 4 p.m.

- When you are talking about the past, the imperfect form of modals is often used.
  *Je **devais** rester à la maison.* I <u>had to</u> stay at home.

- Modals are also frequently used in the conditional.
  *Je **voudrais** être agent de police.* I <u>would like to</u> be a police officer.
  *On **pourrait** commencer plus tard.* We <u>could</u> start later.
  *Tu **devrais** parler au prof.* You <u>should/ought to</u> speak to the teacher.

**1 Rearrange the words to make correct sentences. Then translate each sentence into English.**

  **1** je ce peux soir sortir
  **2** nous aider nos devons parents
  **3** aller tu veux au avec cinéma ? moi
  **4** visiter peut des on historiques monuments
  **5** il l'uniforme porter faut
  **6** la voir pouvez Eiffel tour vous
  **7** dois tu devoirs tes faire
  **8** classe boire il ne pas faut en
  **9** soir mes ne copains doivent pas venir ce
  **10** ma veut famille ne partir en pas vacances

**Prêts?**

**2 Maria has written some sentences in French but has made a mistake in each one. Rewrite each sentence, correcting her mistake. Explain in English what her mistake is.**

  **1** Il faut arrive à 8h.
  **2** Je peut venir au concert avec toi.
  **3** On doit ne fumer pas au collège.
  **4** Tu veux parle sur Skype ce soir?
  **5** Nous pouvez aider le prof.
  **6** Je vouloir aller aux toilettes, madame.
  **7** Les enfants doit apprendre le latin.
  **8** Vous voulez venez avec moi?
  **9** Il faut ne arriver pas en retard.
  **10** Antoine et Annie peuvent travaillent ce samedi.

**Partez!**

**3 Translate these sentences into French.**

  **1** I can take the bus.
  **2** We will have to take the bus.
  **3** She had to take the bus.
  **4** My friends wanted to take the bus.
  **5** Alex will be able to take the bus.
  **6** They ought to take the bus.
  **7** You (*vous*) could (= would be able to) take the bus.
  **8** We couldn't (= were not able to) take the bus.
  **9** I didn't want to take the bus.
  **10** You (*tu*) should take the bus!

## What are these and when do I use them?

The key negative used in French is *ne ... pas*. It is used when you want to make a verb negative, i.e. when you want to say what <u>isn't</u> the case or <u>didn't</u> happen. Other negative expressions are used to say things like 'nothing', 'never', and 'no one'.

## Why are they important?

You really need to be able to say that you <u>don't</u> like something or that you <u>didn't</u> do something. You also need to spot negatives when you are reading or listening to French: you don't want to confuse 'I love you' with 'I don't love you any more', for example!

## Things to look out for

In English, negative sentences include words like 'don't', 'haven't' or 'didn't'. But these sorts of word don't exist in French. Instead, you need to spot that these are examples of negative verbs, and use *ne ... pas* to translate what you want to say into French.

*Je ne joue pas au tennis.* I don't play tennis.

## How does *ne ... pas* work?

● Put *ne ... pas* around the verb to make it negative:

   *Elle **ne** travaille **pas** le samedi.* She doesn't work on Saturdays.

   Note that *ne* shortens to *n'* before a vowel or *h*.

   *Nous **n'**allons pas à Paris.* We are not going to Paris.

● After *pas*, the article used is *de*.

   *Elle n'a pas **de** stylo.* She hasn't got a pen.

● When there are two verbs in a sentence and one is the infinitive (e.g. in the near future tense or with modals), *ne ... pas* goes around the first verb.

   *Elle **ne** va **pas** aimer cette robe.* She is not going to like this dress.

● In the perfect (and pluperfect) tense, *ne ... pas* forms a sandwich around the auxiliary verb.

   *Ils **n'**ont **pas** oublié leur visite.* They haven't forgotten their visit.

   *Je **ne** suis **pas** allée à Berlin.* I didn't go to Berlin.

## Other negative expressions

● These negative expressions work in the same way as *ne ... pas*:

   | | |
   |---|---|
   | *ne ... jamais*  never | *ne ... rien*  nothing |
   | *ne ... plus*  no longer | *ne ... personne*  nobody |
   | *ne ... que*  only | *ne ... ni ... ni ...*  neither ... nor ... |
   | *ne ... aucun(e)*  not any, none | |

   *Il **n'**a **jamais** visité Londres.* He has never visited London.
   *Je **ne** fume **plus**.* I no longer smoke./I don't smoke any more.
   *Ils **n'**aiment **ni** le sport **ni** la lecture.* They like neither sport nor reading.

● *Personne* and *rien* can be used as the subject of the sentence. Both are followed by *ne*:

   ***Personne ne** vient.* Nobody is coming.
   ***Rien ne** s'est passé.* Nothing happened.

● *Ni ... ni ... ne ...* can also start a sentence.

   ***Ni** Amy **ni** Paul **ne** va gagner.* Neither Amy nor Paul is going to win.

● *Aucun* agrees with the noun it goes with.

   *Il **n'y** a **aucun** magasin et **aucune** poste.* There is no shop and no post office.

**À vos marques …**

**1 Rearrange the words to make correct sentences. Then translate each sentence into English.**

1 au je ne pas joue rugby
2 elle va ne Édimbourg pas à
3 chien nous n' pas avons de
4 ne famille la regarde ma pas télé
5 ne elles sont contentes pas
6 on parle ne ici pas anglais
7 plus fume elle ne
8 je ce ne rien fais soir
9 vous l' n' arrivez à jamais heure
10 parents ne ni ni mes parlent espagnol français

**Prêts?**

**2 Make these sentences negative by putting the negative expression in brackets in the correct place. Then translate each sentence into English.**

1 Je vais souvent à Lyon. (*ne … pas*)
2 J'ai visité la France. (*ne … pas*)
3 Je suis très fatigué. (*ne … pas*)
4 Hier soir, je suis allée au club de basket. (*ne … pas*)
5 Je resterai à la maison. (*ne … pas*)
6 Je fume. (*ne … plus*)
7 J'ai fumé. (*ne … jamais*)
8 J'ai 10 euros. (*ne … que*)
9 J'aimais les films et la musique. (*ne … ni … ni …*)
10 Je mange à midi. (*ne … rien*)

**Partez!**

**3 Translate these sentences into French.**

1 I didn't go out yesterday.
2 I won't phone my dad tomorrow.
3 I wouldn't do that if I were you.
4 We didn't drink anything yesterday.
5 She won't see anybody today.
6 They only had 20 euros.
7 I no longer live in Britain.
8 Neither my brother nor my sister is coming tonight.
9 Nobody looked after the garden.
10 Nothing is more important.

 In sentences 9 and 10, the negative acts as the subject of the sentence.

# Adjectives and possessive adjectives

L'indispensable!

## Adjectives

### What are they and why are they important?

Adjectives are describing words like 'green', 'interesting', or 'jealous'. You need to be able to give detailed descriptions and opinions: you need adjectives to do this well.

### Things to look out for

● In French, adjectives have to 'agree' with the noun they are describing.

● Most French adjectives come <u>after</u> the noun (e.g. *le ballon rouge*).

### How do they work?

● To make an adjective agree with a noun, change the ending of the adjective according to the gender of the noun and whether it is singular or plural.

| masculine | feminine | masc plural | fem plural |
|---|---|---|---|
| *un vase noir* | *une table noire* | *des vases noirs* | *des tables noires* |

● Many adjectives are irregular and follow a different pattern. Here are some examples:

| ends in ... | masculine | feminine | masc plural | fem plural |
|---|---|---|---|---|
| -e | *optimiste* | *optimiste* | *optimistes* | *optimistes* |
| -eux/-eur | *heureux* | *heureuse* | *heureux* | *heureuses* |
| -il/-el | *gentil* | *gentille* | *gentils* | *gentilles* |
| -ien | *italien* | *italienne* | *italiens* | *italiennes* |
| -f | *actif* | *active* | *actifs* | *actives* |
| -anc | *blanc* | *blanche* | *blancs* | *blanches* |

● Some adjectives are invariable, which means they never change, e.g. *cool, super, marron*.

● Most adjectives come <u>after</u> the noun, e.g. *un **stylo rouge***. However, these common adjectives come <u>before</u> the noun:

*grand  petit  nouveau  ancien  beau  joli  jeune  vieux  bon  mauvais*

un **bon étudiant**     une **grande valise**

● As well as coming before the noun, *beau, nouveau* and *vieux* follow a special pattern:

| masculine | feminine | masc plural | fem plural | masc sg, begins with vowel or *h* |
|---|---|---|---|---|
| *beau* | *belle* | *beaux* | *belles* | *bel* |
| *nouveau* | *nouvelle* | *nouveaux* | *nouvelles* | *nouvel* |
| *vieux* | *vieille* | *vieux* | *vieilles* | *vieil* |

un **vieux bâtiment**     une **vieille maison**     un **vieil ordinateur**

---

**À vos marques ...**

### 1 Choose the correct form of the adjective to complete each sentence.

1  Mon frère est grand / grande.

2  Ma sœur est joli / jolie.

3  Mes frères sont absent / absents.

4  Mes sœurs sont amusants / amusantes.

5  La mer est bleue / bleus.

6  Ils sont animé / animés.

7  Nous sommes contente / contents.

8  J'ai les cheveux blond / blonds.

**Prêts?**

**2 Copy out the text, changing the adjectives so that each agrees with the subject of the sentence.**

Ma prof (*préféré*) s'appelle Madame Black. Elle est (*amusant*) mais (*sévère*). Quand les élèves sont (*méchant*), elle devient (*furieux*). Mais quand un (*nouveau*) élève arrive, elle est (*compréhensif*) et (*gentil*). Ma (*nouveau*) copine Anna n'est pas très (*travailleur*) et Madame Black la trouve (*agaçant*) et (*impoli*). Mais je pense qu'Anna est (*marrant*) et (*aimable*). C'est une (*joli*) fille de taille (*moyen*) et elle a les yeux (*marron*) et les cheveux (*brun*).

**Partez!**

**3 Rewrite the sentences, putting the correct form of the adjectives in the right place. You might need to add *et*, too.**

1 J'habite dans une maison. (*joli, petit, individuel*)
2 Nous aimons les chanteurs. (*nouveau, français*)
3 Je n'aime pas les filles. (*paresseux, impoli*)

4 La dame ne vient pas. (*vieux, indien*)
5 L'animal est mort. (*beau, brun*)
6 Il n'y a plus de livres. (*court, intéressant*)

## Possessive adjectives

**What are these, when are they used and why are they important?**
Possessive adjectives are words like 'my', 'your', and 'his'. They are used to say who things belong to.

**Things to look out for**
- In French, there are three different words for 'my': **mon** *frère*, **ma** *sœur*, **mes** *parents*. The possessive adjective needs to agree with the noun it comes before.

**How do they work?**
- You can find the possessive adjectives in the table to the right.

- Before a singular noun starting with a vowel or **h**, you always use *mon/ton/son*.

  *mon amie* my friend    *son école* his school

|  | masculine | feminine | plural |
|---|---|---|---|
| my | *mon* | *ma* | *mes* |
| your (friend) | *ton* | *ta* | *tes* |
| his/her/one's | *son* | *sa* | *ses* |
| our | *notre* | | *nos* |
| your (formal) | *votre* | | *vos* |
| their | *leur* | | *leurs* |

**Prêts?**

**1 Replace the English possessive with the correct French word.**

1 (*my*) maman
2 (*your*)(*friend*) parents
3 (*his*) grand-père

4 (*her*) grand-père
5 (*Our*)-Dame de Paris
6 (*your*)(*plural*) professeurs

7 (*their*) problème
8 (*my*) armoire
9 (*their*) chats

**Partez!**

**2 Maria has written a paragraph but has made lots of mistakes. Rewrite the paragraph, correcting the underlined possessives. Then translate it into English.**

<u>Mon</u> cousine et <u>sa</u> mari Marc travaillent dans un restaurant. <u>Leur</u> collègues sont gentils mais <u>leurs</u> patron est injuste. <u>Mes</u> frère et moi, nous sommes allés au restaurant avec <u>notre</u> parents. <u>Ma</u> omelette était nulle et <u>mon</u> mère était déçue car <u>son</u> légumes étaient froids. En plus, <u>nos</u> addition n'était pas correcte!

**What are these and when are they used?**
The comparative form of adjectives is used to compare things, e.g. 'x is <u>smaller than</u> y'. The superlative is used to say something is 'the small<u>est</u>', '<u>most</u> popular', '<u>best</u>', etc.

**Why are they important?**
Comparatives and superlatives make descriptions more detailed and interesting.

**Things to look out for**
You need to make the adjective agree with the noun as usual.

**How do they work?**
*Comparatives*
- *plus … que …* (more … than)
  *L'anglais est **plus utile que** les maths.* English is <u>more useful than</u> maths.

- *moins … que* (less … than)
  *Je suis **moins intelligente que** toi.* I am <u>less intelligent than</u> you.

- *aussi … que* (just as … as)
  *Les fruits sont **aussi bons que** les légumes.* Fruit is <u>just as good as</u> vegetables.

*Superlatives*
- *le/la/les plus/moins …* (the most/least …): *le garçon le plus bête* the silliest boy

- *Le/la/les* agrees with the noun: *les animaux les plus rapides* the fastest animals

- If an adjective normally comes <u>before</u> the noun, the superlative also comes first:
  *le plus grand problème* the biggest problem

- Just like in English, *bon* and *mauvais* are irregular:

  | | | |
  |---|---|---|
  | *bon* good | *meilleur* better | *le/la/les meilleur(e)(s)* the best |
  | *mauvais* bad | *pire* worse | *le/la/les pire(s)* the worst |

**À vos marques …**

**1 Copy and complete each sentence with *plus/moins/aussi*, according to your own opinion.**

1 Le français est ▮▮▮▮ intéressant que les maths.
2 Ma maison est ▮▮▮▮ grande qu'un palais.
3 Je suis ▮▮▮▮ intelligent(e) qu'Einstein.

4 La France est ▮▮▮▮ intéressante que la Russie.
5 Le collège est ▮▮▮▮ ennuyeux que les vacances.
6 Les éléphants sont ▮▮▮▮ beaux que les girafes.

**Prêts?**

**2 Translate these sentences into French.**

1 I am taller than my brother.
2 My brother is more intelligent than my sister.
3 Tennis is just as interesting as football.

4 Oranges are better than bananas.
5 Geography is worse than history.
6 Prince Harry is less handsome than my brother.

**Partez!**

**3 Write a superlative sentence using the words given. Make sure you make the adjectives agree!**

Example: le vin – délicieux – du monde: C'est le vin le plus délicieux du monde.

1 le cirque – impressionnant – du monde
2 la ville – animé – d'Angleterre
3 le pub – petit – d'Europe

4 les livres – précieux – du monde
5 la cuisine – bon – de France
6 les films – mauvais – de l'année

# Adverbs

## What are these and when are they used?
Adverbs are used to describe <u>how</u> an action is done. Words like 'slowly', 'immediately' and 'regularly' are adverbs. So are frequency words like *souvent* (often), *d'habitude* (usually), *quelquefois* (sometimes) and *tous les jours* (every day).

## Why are they important?
Adverbs provide more information and help you to describe things in more detail.

## Things to look out for
- English adverbs often end in '-ly'. French adverbs often end in **-ment**. But there are plenty of exceptions!
- Adverbs often come after the verb they are describing. But you can also put them elsewhere for emphasis, e.g. at the start of the sentence.

## How do they work?
- To make an adverb, you often add **-ment** to the feminine form of an adjective.

  *sérieuse* (serious, feminine form) → *sérieuse***ment** (serious<u>ly</u>)
  *normale* (normal, feminine form) → *normale***ment** (normal<u>ly</u>)

- However, there are plenty of exceptions to this rule, e.g. *bien* (well), *mal* (badly).
  - The comparative form of *bien* (well) is *mieux* (better).
  - The comparative form of *mal* (badly) is *pire* (worse).

### À vos marques ...

**1 Match each common adverb to its English meaning.**

| | | | |
|---|---|---|---|
| **1** | immédiatement | **a** | recently |
| **2** | d'habitude | **b** | loudly |
| **3** | malheureusement | **c** | still/always |
| **4** | soudain | **d** | quickly |
| **5** | récemment | **e** | currently |
| **6** | vraiment | **f** | immediately |
| **7** | fort | **g** | suddenly |
| **8** | toujours | **h** | really |
| **9** | vite | **i** | usually |
| **10** | actuellement | **j** | unfortunately |

### Prêts?

**2 Change these adjectives into adverbs.**

**1** lent → ▬▬▬ (*slowly*)  **4** rapide → ▬▬▬ (*quickly*)
**2** final → ▬▬▬ (*finally*)  **5** heureux → ▬▬▬ (*fortunately/happily*)
**3** triste → ▬▬▬ (*sadly*)  **6** silencieux → ▬▬▬ (*silently*)

### Partez!

**3 Rewrite this account, making it more interesting by inserting at least 5 adverbs of your choice.**

Le criminel est entré dans la chambre où la dame dormait. Il a commencé à chercher dans les tiroirs. La dame s'est réveillée. Elle a crié «Au secours! Au secours!» Le criminel a quitté la chambre. Il a descendu l'escalier et il est parti. La dame a appelé la police.

# Grammaire
## Verbs with the infinitive

**What are these and when are they used?**
These are verbs which can be used in combination with another verb, e.g. 'it <u>started</u> to rain'; 'I <u>tried</u> to leave'.

**Why are they important?**
They are useful for describing what you do or what happened in greater detail. You can show greater range in your speaking and writing by using these verbs.

**Things to look out for**
● These verbs work in a similar way to modal verbs (*devoir/pouvoir/vouloir*). However, many of them need an extra preposition (*à* or *de*) before the infinitive.

**How do they work?**
● These verbs are followed directly by the infinitive:

| | | |
|---|---|---|
| *aimer* to like to | *préférer* to prefer to | *détester* to hate to |
| *adorer* to love to | *espérer* to hope to | *sembler* to seem to |

● These verbs are followed by **à** + the infinitive:

| | | |
|---|---|---|
| *commencer à* to begin to | *réussir à* to succeed in | *inviter à* to invite to |
| *aider à* to help to | *apprendre à* to learn to | |

● These verbs are followed by **de** + the infinitive:

| | | |
|---|---|---|
| *décider de* to decide to | *choisir de* to choose to | *(s')arrêter de* to stop |
| *mériter de* to deserve to | *essayer de* to try to | *continuer de* to continue to |
| *oublier de* to forget to | *empêcher de* to prevent from | |

NB *venir de* means 'to have just' done something.
present tense: *Je **viens de** visiter Paris.* I <u>have just</u> visited Paris.
imperfect tense: *Elle **venait de** passer son examen.* She <u>had just</u> sat her exam.

● Some expressions with *avoir* are also followed by *de* + the infinitive:

*avoir l'intention de* to intend to      *avoir envie de* to want to

---

### À vos marques ...

**1 Write out and complete each sentence with *de*, *à* or no extra word.**

1 J'ai oublié – faire mes devoirs.
2 Ah non! Il commence – pleuvoir!
3 Je vais m'arrêter – fumer.

4 Elle aime – critiquer les autres.
5 J'espère – terminer mes études à New York.
6 Tu m'aides – préparer le dîner?

### Prêts?

**2 Translate these sentences into English.**

1 J'ai réussi à comprendre le texte.
2 Il m'a empêché de terminer mes devoirs.
3 J'ai envie de voir ce film.

4 Elle semble être fatiguée, aujourd'hui.
5 Ils ont mérité de gagner le championnat de rugby.
6 Ma mère vient d'arriver.

### Partez!

**3 Translate these sentences into French.**

1 I prefer to stay at home.
2 I chose to have three children.
3 I intend to be a teacher.

4 I have just finished my book.
5 We helped to clean the house.
6 They decided to learn to play the guitar.

# The pluperfect tense

## What is this and when is it used?

The pluperfect tense is used to talk about what <u>had</u> happened in the past. It is often used together with the perfect tense, e.g. 'when we <u>had finished</u>, we went out'.

## Why is it important?

The pluperfect helps you talk in more detail about the past and understand more complex texts.

## Things to look out for

This tense works in a very similar way to the perfect tense. Just remember that '<u>had</u>' with a past participle in English usually indicates that you need to use this tense.

## How does it work?

- Just like the perfect tense, the pluperfect tense is formed of two parts: the auxiliary verb (*avoir* or *être*) + the past participle. But for this tense, the <u>imperfect</u> form of *avoir* or *être* is used.

  *j'avais vu* I had seen     *j'étais parti* I had left

- The verbs that take *être* are the same ones that take *être* in the perfect tense. When using these verbs in the pluperfect tense, the past participle must also agree.

  *elle était sortie* she had gone out     *nous nous étions levés* we had got up

- Sometimes you use the pluperfect in the same sentence as the perfect, to explain what happened before something else took place.

  *Quand elle **est arrivée** à la gare, elle a réalisé qu'elle **avait oublié** son billet.*
  When she <u>arrived</u> at the station, she realised that she <u>had forgotten</u> her ticket.

---

### À vos marques ...

**1 Translate into English these sentences about what <u>had</u> happened when Éric came home last night.**

1 Son père avait brûlé les gâteaux.
2 Sa sœur était tombée dans l'escalier.
3 Sa grand-mère avait perdu ses lunettes.
4 Son petit frère s'était cassé le bras.
5 Le chien avait mangé une chaussette.

### Prêts?

**2 Complete these sentences with the correct pluperfect form of the verb in brackets. Then translate each sentence into English.**

1 J'___ ___ parce qu'il faisait beau. (*sortir*)
2 La sortie au cinéma était géniale mais j'___ déjà ___ le film. (*voir*)
3 Mes parents ___ ___ en vacances mais moi, je suis resté à la maison. (*partir*)
4 J'ai refusé de croire qu'elle ___ ___ à la loterie. (*gagner*)
5 Puisque nous ___ ___, nous sommes partis. (*finir*)
6 Je lui ai dit que j'___ ___ le dîner. (*préparer*)

### Partez!

**3 Translate this text into French using a mixture of pluperfect and perfect tense verbs.**

Last night, we had eaten and I had already finished my homework when my friend called. He said that he had gone into town and that he had seen my girlfriend with another boy. Today at school, my girlfriend said that she had stayed at home last night.

## What are <u>direct</u> object pronouns and when are they used?

Pronouns are used to replace nouns so that you don't have to keep repeating them. Direct object pronouns are used when the noun is not the subject of the sentence, e.g. 'she loves <u>him</u>', 'I watched <u>them</u>', 'I lost <u>it</u>'.

## Why are they important?

Object pronouns mean that you don't have to keep repeating a noun; you can replace it with the pronoun.

## Things to look out for

Direct object pronouns are quite tricky in French. In English, they come after the verb, e.g. 'I hate <u>it</u>'. In French, they come before, e.g. *je **le** déteste*. You need to be aware that ***le***, ***la*** and ***les*** don't always mean 'the' – you might have to translate each of them as a pronoun ('it', 'him/her' or 'them').

## How do they work?

● Here are the direct object pronouns:

| ***me*** me | ***te*** you | ***le*** him/it | ***la*** her/it | ***nous*** us | ***vous*** you | ***les*** them |
|---|---|---|---|---|---|---|

● In the present, future and imperfect tenses, the pronoun comes before the verb: *Je **les** aime*. I like <u>them</u>.

● In the perfect and pluperfect tenses, the pronoun comes before the auxiliary: *Je **l'**ai vu*. I saw <u>him</u>.
  The past participle must also agree with the direct object pronoun: *Je **les** ai vus*. I saw <u>them</u>.

● When using verbs with an infinitive, the pronoun comes before the infinitive:

  *Je vais **le** trouver*. I am going to find it.

## What are <u>indirect</u> object pronouns and when are they used?

Indirect object pronouns are used to say '<u>to</u> me', '<u>to</u> him', and so on.

## Things to look out for

● In English, we sometimes miss out the word 'to', e.g. 'I gave <u>him</u> the book'. So you need to remember to use an indirect object pronoun when you actually mean '<u>to him</u>'.

● In French, indirect object pronouns are often found with verbs like *donner, dire, parler, demander* and *téléphoner*, which are followed by *à* plus a noun. The indirect object pronoun replaces *à* + the noun.

  *J'ai donné mon livre **à mon ami***. I gave my book <u>to my friend</u>.

  → *Je **lui** ai donné mon livre*. I gave my book <u>to him</u>./I gave <u>him</u> my book.

## How do they work?

● The direct and indirect pronouns are the same, except for:

| ***lui*** to him/to her/to it | ***leur*** to them |
|---|---|

  *Je **leur** parle ce soir*. I am speaking <u>to them</u> tonight.

● Indirect object pronouns follow the same rules regarding their position in the sentence as direct object pronouns. However, in the perfect and pluperfect tenses, the past participle does not agree.

## What are ***y*** and ***en*** and how do they work?

● The pronoun *y* means 'there' or 'to there'. It is used to refer to a place which has already been mentioned and it comes before the verb.

  *Il **y** va souvent*. He goes <u>there</u> often.

● The pronoun *en* means 'some', 'of it' or 'of them'. It is used to refer back to a noun or quantity that has already been mentioned.

  *J'**en** ai mangé hier*. I ate <u>some</u> yesterday.

**What happens if you have more than one of these pronouns in a sentence?**
The pronouns go in this order:

| me te nous vous | le la les | lui leur | y | en |
|---|---|---|---|---|

*Marie **les lui** a donnés hier.* Marie gave them to him yesterday.
*Il **m'en** donne.* He is giving some of them to me.

### À vos marques ...

**1 Rearrange the French words to translate the English sentences.**

**1** je déteste les (*I hate them.*)
**2** aime je l' (*I like it.*)
**3** les elle regarde (*She watches them.*)
**4** avons nous l' (*We have it.*)
**5** adorent ils l' (*They love her.*)
**6** je mangé l' ai (*I ate it.*)
**7** les vus avons nous (*We saw them.*)
**8** l' elle appris a (*She learned it.*)
**9** nous les rencontrés avons (*We met them.*)
**10** je organisé ai l' (*I organised it.*)

### Prêts?

**2 Choose an object pronoun from the box to complete each sentence.**
**Then translate the sentences into English.**

**1** J'ai un nouveau portable. Je _____ trouve très pratique.
**2** Mon oncle est généreux. Il _____ donne de l'argent.
**3** Tu as vu mes lunettes? Je _____ ai perdues.
**4** Mère Teresa est mon modèle. Je _____ trouve incroyable.
**5** Des carottes? J'__ voudrais un kilo, s'il vous plaît.
**6** J'allais au cinéma mais je n'__ vais plus car c'est trop cher.
**7** Ma petite amie et moi sommes à Paris en ce moment, veux-tu _____ voir?
**8** Bonjour, madame Page, je _____ ai vue en ville samedi!
**9** Est-ce que je __ ai donné le numéro, Maman?
**10** C'est l'anniversaire de ma tante: je dois _____ téléphoner ce soir.

| me |
|---|
| le |
| vous |
| les |
| en |
| t' |
| la |
| nous |
| y |
| lui |

### Partez!

**3 Write a possible answer to each question. In your answer, replace the underlined words with a pronoun (1–7) or two pronouns (8–10).**

Example: Tu aimes la musique rock? *Oui, je l'aime.*

**1** Tu aimes les documentaires?
**2** Tu admires Mère Teresa?
**3** Tu as vu ce film?
**4** Tu es déjà allé(e) à Paris?
**5** Est-ce que ton père a acheté des gâteaux?
**6** Est-ce que tu vas voir tes grands-parents?
**7** Est-ce que tu aimais les chiens quand tu étais petit(e)?
**8** Est-ce que tu as donné les bonbons à ton frère?
**9** Est-ce qu'il a donné de l'argent aux réfugiés?
**10** Tu retrouves tes amis à la patinoire?

> ⭐ Make sure you make the past participle agree when you use a **direct** object pronoun (*le, la* or *les*) in the perfect tense.

# Relative pronouns

## What are these and when are they used?

These are words like 'who', 'which' and 'whose'. They refer back to a noun.

## Why are they important?

Relative pronouns help you extend your sentences and avoid repetition. You need to be able to use *qui* and *que*, and understand what *dont* means.

## Things to look out for

In English, we can miss the relative pronoun out if we want to: 'the book we read yesterday' or 'the book <u>that</u> we read yesterday'. In French, we must include the relative pronoun: *le livre **que** nous avons lu hier*.

## How do they work?

● *qui* is used to say 'who', 'which' or 'that' when 'who', 'which' or 'that' is the <u>subject</u> of the verb.

  *Bruno est un homme **qui** est très courageux.* <u>Bruno</u> is a man <u>who is</u> very brave.

● *que* is used to say 'who', 'which' or 'that' when 'who', 'which' or 'that' is the <u>object</u> of the verb in the clause.

  *L'homme **que** j'ai vu s'appelle Bruno.* The man (<u>who</u>/<u>whom</u>/<u>that</u>) <u>I saw</u> is called Bruno.

  NB When *que* is used in the perfect or pluperfect tense, the past participle must agree with the noun to which *que* refers.

  *Les livres **qu'**elle a écrit**s** sont excellents.* The books (<u>that</u>) she wrote are excellent.

● *dont* means 'whose'.

  *C'est l'homme **dont** la femme est morte.* He's the man <u>whose</u> wife died.

---

### À vos marques ...

**1 Complete each sentence with *qui* or *que*. Then translate the sentence into English.**

  **1** Ma sœur, ▱▱▱ s'appelle Annette, est à l'université.
  **2** Le livre ▱▱▱ je préfère s'appelle *Studio*.
  **3** La voiture ▱▱▱ je veux, c'est une Porsche.
  **4** La voiture ▱▱▱ est la plus pratique, c'est une Renault.
  **5** Où sont les filles ▱▱▱ étaient ici?
  **6** Où sont les garçons ▱▱▱ j'ai vus hier?
  **7** Le problème ▱▱▱ nous avons, c'est qu'il n'y a pas d'argent.
  **8** Édith Piaf est la chanteuse ▱▱▱ a chanté «Non, je ne regrette rien».

### Prêts?

**2 Join each pair of sentences by using *qui* or *que*. You might need to change or leave out some words.**

  **1** C'est l'auteur. Il a écrit *Les Misérables*.
  **2** Ma sœur est médecin. Elle travaille à Bordeaux.
  **3** J'ai un prof. Je n'aime pas le prof.
  **4** Elle porte des baskets. Je les trouve jolies.
  **5** J'ai acheté du pain. Il n'est pas frais.
  **6** Mes amis sont partis. Je les connais depuis longtemps.

### Partez!

**3 Translate each sentence into French.**

Example: My teacher, whose children love animals, has three dogs.
       *Mon professeur, dont les enfants adorent les animaux, a trois chiens.*

  **1** My cousin, who lives in Paris, is in London today.
  **2** My friend, whose mum lives in Calais, speaks French.
  **3** The problem we have is very serious.
  **4** The lesson we had yesterday was really boring.

## What are these and when are they used?

Demonstrative adjectives are 'this', 'that', 'these', 'those', followed by a noun. Demonstrative pronouns are words like 'that one', 'this one' or 'those ones'. They are used when you want to make it clear which noun you are talking about, for example when you are choosing something: 'I like <u>this</u> book. Do you prefer <u>that one</u>?'

## Things to look out for

As usual in French, the demonstrative adjective or pronoun has to agree with the noun to which it refers.

## How do demonstrative adjectives work?

● To say 'this', 'that', 'these', 'those' before a noun, use:

| masculine singular | feminine singular | plural |
|---|---|---|
| **ce** *bungalow*<br>(**cet** in front of a vowel or a silent *h*: **cet** *appartement*) | **cette** *maison* | **ces** *maisons* |

● To distinguish more clearly between 'this' and 'that', add **-ci** ('this') or **-là** ('that') to the end of the noun.

    **ce** *village-**ci*** <u>this</u> village    **ce** *village-**là*** <u>that</u> village

## How do demonstrative pronouns work?

● Here are the words you need to say 'this one', 'that one', 'these ones', 'those ones':

| masc singular | fem singular | masc plural | fem plural |
|---|---|---|---|
| *celui* | *celle* | *ceux* | *celles* |

● As before, you can add **-ci** or **-là** to the noun to distinguish between <u>this</u> one and <u>that</u> one.

    *celui-**ci*** this one    *celui-**là*** that one

● Demonstrative pronouns can also mean 'the one' or 'the ones'.

    *Je préfère **celui qui** est petit.* I prefer <u>the</u> small <u>one</u>.
    *J'ai vu **celles qui** habitent ici.* I saw <u>the ones</u> who live here.

### À vos marques …

**1 Copy and complete each sentence with *ce*, *cette*, *ces* or *cet*.**

**1** J'aime ▨▨▨ photos.
**2** ▨▨▨ animal est un puma.
**3** Tu aimes ▨▨▨ baskets?
**4** Elle préfère ▨▨▨ maison.
**5** ▨▨▨ soir, je vais à une fête.
**6** ▨▨▨ biscuits sont délicieux.

### Prêts?

**2 Match each question to a possible answer.**

1 Quel pantalon préfères-tu?
2 Quelles chaussures préfères-tu?
3 Quelle cravate préfères-tu?
4 Quels pulls préfères-tu?

a Celle-ci.
b Celles-là.
c Ceux-ci.
d Celui-là.

### Partez!

**3 Translate these sentences into English.**

1 Celui qui est absent s'appelle Max.
2 Je vais télécharger cette photo-ci car c'est celle que je préfère.
3 Ceux qui n'aident pas n'auront rien à manger.
4 Cela ne change rien: ces lunettes-là sont celles que je veux.

**What sorts of things are we talking about and why are they important?**

These are some fairly complex areas of grammar which you need to be able to understand and translate – and if you can use them as well, you will impress others with your grammatical knowledge!

**depuis: how does it work?**

You use *depuis* to say for how long you have been doing something. The tenses used with *depuis* are different from the ones we use with 'for' or 'since' in English.

– *depuis* + present tense:

J'**habite** ici **depuis** six mois. I <u>have been living</u> here <u>for</u> six months.

– *depuis* + imperfect tense:

J'y **travaillais depuis** trois semaines. I <u>had been working</u> there for three weeks.

**pour/avant de + infinitive: how do they work?**

*Pour* followed by the infinitive means 'in order' to do something. Sometimes you can translate *pour* simply as 'to'.

Je vais en France **pour** améliorer mon français. I am going to France (<u>in order</u>) to improve my French.

*Avant de* followed by the infinitive means 'before' doing something.

Il n'a pas dit «au revoir» **avant de** partir. He didn't say 'good-bye' <u>before</u> leaving.

**en + present participle: how does it work?**

The present participle is formed from the *nous* form of the present tense verb. You remove the *-ons* ending and replace it with **-ant**, e.g. entr**ant**, finiss**ant**, voy**ant**. Some verbs are irregular, e.g. **ayant** (*avoir*) and **étant** (*être*).

When the present participle follows *en*, it can mean 'while doing', 'on doing' or 'by doing' something.

Je cours **en écoutant** de la musique. I run <u>while listening</u> to music.

**En entrant** dans la salle, j'ai vu Luc. <u>On entering</u> the room, I saw Luc.

J'ai résolu le problème **en parlant** au prof. I solved the problem <u>by speaking</u> to the teacher.

**The perfect infinitive: how does it work?**

When you want to say 'after having done' something, you use *après* followed by the perfect infinitive, i.e. *avoir* or *être* + the past participle. The use of *avoir* or *être* and the agreement of the past participle work just like in the perfect tense.

**Après avoir quitté** la maison, j'ai pris le bus. <u>After having left</u> the house, I took the bus.

**Après être allés** à l'université, ils ont travaillé en Australie. <u>After having gone</u> to university, they worked in Australia.

**The passive voice: how does it work?**

When *être* is used with a past participle, it could be an example of the passive voice.

Les gâteaux **sont faits** par les élèves. The cakes <u>are made</u> by the pupils.

Les résultats **seront publiés** demain. The results <u>will be published</u> tomorrow.

Ce livre **a été écrit** en 1876. This book <u>was written</u> in 1876.

The past participle agrees with the subject. Be careful not to confuse the passive with ordinary perfect tense *être* verbs!

**The subjunctive in commonly used expressions: how does it work?**

Some common expressions use the form of the verb called the subjunctive. You need to be able to understand the meaning of these expressions and recognise the verbs.

*c'est dommage que* it's a shame that   *avant que* before   *bien que* although
*il faut que* it's necessary that   *jusqu'à ce que* until   *pour que* so that

You will usually be able to recognise verbs in the subjunctive form (e.g. **je boive/il finisse**). But some irregular verbs look quite different:

*aller* → que **j'aille**   *avoir* → que **j'aie**   *être* → que **je sois**   *faire* → que **je fasse**   *pouvoir* → que **je puisse**
**C'est dommage que** *tu ne* **viennes** *pas.* It's a shame that you aren't coming.
**Bien qu'il fasse** *mauvais, je vais sortir.* Although the weather is bad, I am going to go out.

---

**Prêts?**

**1 Translate these sentences into French.**

1 I have been living in France for five years.
2 She has been playing the violin for six months.
3 We have been waiting for ten minutes.
4 We had been waiting for five hours.
5 She had liked him for years.
6 I had been working for two days.

**2 Complete each sentence with a verb of your choice. Then translate your sentences into English.**

1 Je viens à l'école pour ▓▓▓.
2 Préparez les ingrédients avant de ▓▓▓.
3 On est allés au cinéma pour ▓▓▓ *Intouchables*.
4 Avant de ▓▓▓, je ferme les fenêtres.
5 Pour ▓▓▓ une omelette, il faut des œufs.
6 Avant de ▓▓▓, réfléchissez un peu!

**Partez!**

**3 Translate the English part of each sentence into French.**

1 (*By working hard*), elle aura de bonnes notes.
2 On ne peut pas faire ses devoirs (*while watching TV*).
3 (*By learning my verbs*), je ferai des progrès en français.
4 (*On opening the door*), j'ai vu mon cousin.

**4 Change each infinitive into *après* + the perfect infinitive. Then translate each sentence into English.**

1 (*finir mon travail*), je suis sorti avec mes copains.
2 (*quitter la maison*), il est monté dans la voiture.
3 Nous étions très émus (*voir le film*).
4 (*arriver trop tard*), nous n'avons rien mangé.
5 Elle s'est endormie devant la télé (*boire un thé*).
6 (*rentrer*), je me suis brossé les dents.

**5 Maria has written some sentences using the passive. Correct the error in each sentence.**

1 La lettre est écrit par le prof.
2 Les animaux n'est pas admis.
3 La maison a été ruiné.
4 Nous serons tous mangé par le monstre!
5 L'émission être regardée par des millions de téléspectateurs.
6 La pénicilline a été découverts par Alexander Fleming.

**6 Translate these sentences into English.**

1 Bien qu'il n'ait que 16 ans, il parle bien français.
2 C'est dommage qu'il ne fasse pas très beau aujourd'hui.
3 Je vais courir jusqu'à ce que je sois trop fatigué pour continuer.
4 Avant qu'il aille en ville avec ses amis, il doit aider son père.
5 Il faut qu'on finisse de manger avant qu'on puisse sortir.

## Regular verbs

Learn the patterns and you can use any regular verb!

| INFINITIVE | PRESENT TENSE (stem + present tense endings) | PERFECT TENSE (auxiliary + past participle) | FUTURE TENSE (infinitive + future endings) | IMPERFECT TENSE (stem + imperfect endings) |
|---|---|---|---|---|
| **regarder** to watch | je regard**e** tu regard**es** il regard**e** nous regard**ons** vous regard**ez** ils regard**ent** | j'ai regard**é** tu as regardé il a regardé nous avons regardé vous avez regardé ils ont regardé | je regarder**ai** tu regarder**as** il regarder**a** nous regarder**ons** vous regarder**ez** ils regarder**ont** | je regard**ais** tu regard**ais** il regard**ait** nous regard**ions** vous regard**iez** ils regard**aient** |
| **finir** to finish | je fin**is** tu fin**is** il fin**it** nous fin**issons** vous fin**issez** ils fin**issent** | j'ai fin**i** tu as fini il a fini nous avons fini vous avez fini ils ont fini | je finirai tu finiras il finira nous finirons vous finirez ils finiront | je finissais tu finissais il finissait nous finissions vous finissiez ils finissaient |
| **attendre** to wait | j'attend**s** tu attend**s** il attend nous attend**ons** vous attend**ez** ils attend**ent** | j'ai attend**u** tu as attendu il a attendu nous avons attendu vous avez attendu ils ont attendu | j'attendrai tu attendras il attendra nous attendrons vous attendrez ils attendront | j'attendais tu attendais il attendait nous attendions vous attendiez ils attendaient |
| **se connecter** to connect | je **me** connecte tu **te** connectes il **se** connecte nous **nous** connectons vous **vous** connectez ils **se** connectent | je me suis connecté(e) tu t'es connecté(e) il s'est connecté nous nous sommes connecté(e)s vous vous êtes connecté(e)(s) ils se sont connectés | je me connecterai tu te connecteras il se connectera nous nous connecterons vous vous connecterez ils se connecteront | je me connectais tu te connectais il se connectait nous nous connections vous vous connectiez ils se connectaient |

## Key irregular verbs

| INFINITIVE | PRESENT TENSE (watch out for the change of stems) | PERFECT TENSE (auxiliary + past participle) | FUTURE TENSE (stem + future endings) | IMPERFECT TENSE (stem + imperfect endings) |
|---|---|---|---|---|
| **avoir** to have | j'**ai** tu **as** il **a** nous **avons** vous **avez** ils **ont** | j'ai **eu** tu as eu il a eu nous avons eu vous avez eu ils ont eu | j'**aur**ai tu auras il aura nous aurons vous aurez ils auront | j'avais tu avais il avait nous avions vous aviez ils avaient |
| **être** to be | je **suis** tu **es** il **est** nous **sommes** vous **êtes** ils **sont** | j'ai **été** tu as été il a été nous avons été vous avez été ils ont été | je **ser**ai tu seras il sera nous serons vous serez ils seront | j'**ét**ais tu étais il était nous étions vous étiez ils étaient |

| INFINITIVE | PRESENT TENSE (watch out for the change of stems) | PERFECT TENSE (auxiliary + past participle) | FUTURE TENSE (stem + future endings) | IMPERFECT TENSE (stem + imperfect endings) |
|---|---|---|---|---|
| faire<br>to do/make | je **fais**<br>tu **fais**<br>il **fait**<br>nous **faisons**<br>vous **faites**<br>ils **font** | j'ai **fait**<br>tu as fait<br>il a fait<br>nous avons fait<br>vous avez fait<br>ils ont fait | je **fer**ai<br>tu feras<br>il fera<br>nous ferons<br>vous ferez<br>ils feront | je faisais<br>tu faisais<br>il faisait<br>nous faisions<br>vous faisiez<br>ils faisaient |
| aller<br>to go | je **vais**<br>tu **vas**<br>il **va**<br>nous **allons**<br>vous **allez**<br>ils **vont** | je **suis** allé(e)<br>tu **es** allé(e)<br>il **est** allé<br>nous **sommes** allé(e)s<br>vous **êtes** allé(e)(s)<br>ils **sont** allés | j'**ir**ai<br>tu iras<br>il ira<br>nous irons<br>vous irez<br>ils iront | j'allais<br>tu allais<br>il allait<br>nous allions<br>vous alliez<br>ils allaient |
| prendre<br>to take<br>(also applies<br>to: **apprendre**,<br>**comprendre**) | je **prends**<br>tu **prends**<br>il **prend**<br>nous **prenons**<br>vous **prenez**<br>ils **prennent** | j'ai **pris**<br>tu as pris<br>il a pris<br>nous avons pris<br>vous avez pris<br>ils ont pris | je prendrai<br>tu prendras<br>il prendra<br>nous prendrons<br>vous prendrez<br>ils prendront | je prenais<br>tu prenais<br>il prenait<br>nous prenions<br>vous preniez<br>ils prenaient |

The following key irregular verbs are known as 'modal' verbs.

| INFINITIVE | PRESENT TENSE (watch out for the change of stems) | PERFECT TENSE (auxiliary + past participle) | FUTURE TENSE (stem + future endings) | IMPERFECT TENSE (stem + imperfect endings) |
|---|---|---|---|---|
| vouloir<br>to want (to) | je **veux**<br>tu **veux**<br>il **veut**<br>nous **voulons**<br>vous **voulez**<br>ils **veulent** | j'ai **voulu**<br>tu as voulu<br>il a voulu<br>nous avons voulu<br>vous avez voulu<br>ils ont voulu | je **voudr**ai<br>tu voudras<br>il voudra<br>nous voudrons<br>vous voudrez<br>ils voudront | je voulais<br>tu voulais<br>il voulait<br>nous voulions<br>vous vouliez<br>ils voulaient |
| pouvoir<br>can/to be able to | je **peux**<br>tu **peux**<br>il **peut**<br>nous **pouvons**<br>vous **pouvez**<br>ils **peuvent** | j'ai **pu**<br>tu as pu<br>il a pu<br>nous avons pu<br>vous avez pu<br>ils ont pu | je **pourr**ai<br>tu pourras<br>il pourra<br>nous pourrons<br>vous pourrez<br>ils pourront | je pouvais<br>tu pouvais<br>il pouvait<br>nous pouvions<br>vous pouviez<br>ils pouvaient |
| devoir<br>must/to have to | je **dois**<br>tu **dois**<br>il **doit**<br>nous **devons**<br>vous **devez**<br>ils **doivent** | j'ai **dû**<br>tu as dû<br>il a dû<br>nous avons dû<br>vous avez dû<br>ils ont dû | je **devr**ai<br>tu devras<br>il devra<br>nous devrons<br>vous devrez<br>ils devront | je devais<br>tu devais<br>il devait<br>nous devions<br>vous deviez<br>ils devaient |

# Useful verb tables

## Other useful irregular verbs

| INFINITIVE | PRESENT TENSE (watch out for the change of stems) | PERFECT TENSE (auxiliary + past participle) | FUTURE TENSE (stem + future endings) | IMPERFECT TENSE (stem + imperfect endings) |
|---|---|---|---|---|
| **boire** to drink | je **boi**s<br>nous **buv**ons<br>ils **boiv**ent | j'ai **bu**<br>nous avons bu<br>ils ont bu | je boirai<br>nous boirons<br>ils boiront | je buvais<br>nous buvions<br>ils buvaient |
| **conduire** to drive | je **condui**s<br>nous **conduis**ons<br>ils conduisent | j'ai **conduit**<br>nous avons conduit<br>ils ont conduit | je conduirai<br>nous conduirons<br>ils conduiront | je conduisais<br>nous conduisions<br>ils conduisaient |
| **connaître** to know | je **connai**s<br>nous **connaiss**ons<br>ils connaissent | j'ai **connu**<br>nous avons connu<br>ils ont connu | je connaîtrai<br>nous connaîtrons<br>ils connaîtront | je connaissais<br>nous connaissions<br>ils connaissaient |
| **croire** to believe | je **croi**s<br>nous **croy**ons<br>ils **croi**ent | j'ai **cru**<br>nous avons cru<br>ils ont cru | je croirai<br>nous croirons<br>ils croiront | je croyais<br>nous croyions<br>ils croyaient |
| **dire** to say | je **di**s<br>nous **dis**ons<br>ils disent | j'ai **dit**<br>nous avons dit<br>ils ont dit | je dirai<br>nous dirons<br>ils diront | je disais<br>nous disions<br>ils disaient |
| **dormir** to sleep | je **dor**s<br>nous **dorm**ons<br>ils dorment | j'ai dormi<br>nous avons dormi<br>ils ont dormi | je dormirai<br>nous dormirons<br>ils dormiront | je dormais<br>nous dormions<br>ils dormaient |
| **écrire** to write | j'**écri**s<br>nous **écriv**ons<br>ils écrivent | j'ai **écrit**<br>nous avons écrit<br>ils ont écrit | j'écrirai<br>nous écrirons<br>ils écriront | j'écrivais<br>nous écrivions<br>ils écrivaient |
| **envoyer** to send | j'**envoi**e<br>nous **envoy**ons<br>ils **envoi**ent | j'ai envoyé<br>nous avons envoyé<br>ils ont envoyé | j'**enverr**ai<br>nous enverrons<br>ils enverront | j'envoyais<br>nous envoyions<br>ils envoyaient |
| **essayer** to try | j'**essai**e<br>nous **essay**ons<br>ils **essai**ent | j'ai essayé<br>nous avons essayé<br>ils ont essayé | j'essayerai **OR**<br>  j'**essaier**ai<br>nous essayerons<br>ils essayeront | j'essayais<br>nous essayions<br>ils essayaient |
| **lire** to read | je **li**s<br>nous **lis**ons<br>ils lisent | j'ai **lu**<br>nous avons lu<br>ils ont lu | je lirai<br>nous lirons<br>ils liront | je lisais<br>nous lisions<br>ils lisaient |

| INFINITIVE | PRESENT TENSE (watch out for the change of stems) | PERFECT TENSE (auxiliary + past participle) | FUTURE TENSE (stem + future endings) | IMPERFECT TENSE (stem + imperfect endings) |
|---|---|---|---|---|
| **mettre** to put | je **met**s nous **mett**ons ils mettent | j'ai **mis** nous avons mis ils ont mis | je mettrai nous mettrons ils mettront | je mettais nous mettions ils mettaient |
| **ouvrir** to open | j'ouvr**e** tu ouvr**es** il ouvr**e** nous ouvr**ons** vous ouvr**ez** ils ouvr**ent** | j'ai **ouvert** tu as ouvert il a ouvert nous avons ouvert vous avez ouvert ils ont ouvert | j'ouvrirai tu ouvriras il ouvrira nous ouvrirons vous ouvrirez ils ouvriront | j'ouvrais tu ouvrais il ouvrait nous ouvrions vous ouvriez ils ouvraient |
| **partir** to leave | je **par**s nous **part**ons ils partent | je suis parti(e) nous sommes parti(e)s ils sont partis | je partirai nous partirons ils partiront | je partais nous partions ils partaient |
| **rire** to laugh | je **ri**s nous rions ils rient | j'ai ri nous avons ri ils ont ri | je rirai nous rirons ils riront | je riais nous riions ils riaient |
| **savoir** to know | je **sai**s nous **sav**ons ils savent | j'ai **su** nous avons su ils ont su | je **saur**ai nous saurons ils sauront | je savais nous savions ils savaient |
| **se sentir** to feel | je me **sen**s nous nous s**ent**ons ils se sentent | je me suis senti(e) nous nous sommes senti(e)s ils se sont sentis | je me sentirai nous nous sentirons ils se sentiront | je me sentais nous nous sentions ils se sentaient |
| **sortir** to go out, leave | je **sor**s nous s**ort**ons ils sortent | je suis sorti(e) nous sommes sorti(e)s ils sont sortis | je sortirai nous sortirons ils sortiront | je sortais nous sortions ils sortaient |
| **venir** to come (also applies to **devenir**) | je **vien**s nous **ven**ons ils **vienn**ent | je suis **venu**(e) nous sommes venu(e)s ils sont venus | je **viendr**ai nous viendrons ils viendront | je venais nous venions ils venaient |
| **voir** to see | je **voi**s nous **voy**ons ils **voi**ent | j'ai **vu** nous avons vu ils ont vu | je **verr**ai nous verrons ils verront | je voyais nous voyions ils voyaient |

# Useful verb tables

Verbs ending in *-ger*, like *manger*, add an *e* before endings that begin with an *a* or an *o* to make the *g* a soft sound.

| INFINITIVE | PRESENT TENSE | PERFECT TENSE (auxiliary + past participle) | FUTURE TENSE (stem + future endings) | IMPERFECT TENSE (stem + imperfect endings) |
|---|---|---|---|---|
| **manger** to eat (also applies to **nager**, **partager**, etc.) | je mange nous mangeons ils mangent | j'ai mangé nous avons mangé ils ont mangé | je mangerai nous mangerons ils mangeront | je mangeais nous mangions ils mangeaient |

These verbs have a spelling change in the *je, tu, il* and *ils* forms that affects the pronunciation. These irregularities are carried through to the future tense stem. They otherwise behave as regular *-er* verbs.

| INFINITIVE | PRESENT TENSE (watch out for the change of stems) | PERFECT TENSE (auxiliary + past participle) | FUTURE TENSE (stem + future endings) | IMPERFECT TENSE (stem + imperfect endings) |
|---|---|---|---|---|
| **appeler** to call | j'appelle nous appelons ils appellent | j'ai appelé nous avons appelé ils ont appelé | j'appellerai nous appellerons ils appelleront | j'appelais nous appelions ils appelaient |
| **jeter** to throw | je jette nous jetons ils jettent | j'ai jeté nous avons jeté ils ont jeté | je jetterai nous jetterons ils jetteront | je jetais nous jetions ils jetaient |
| **se lever** to get up | je me lève nous nous levons ils se lèvent | je me suis levé(e) nous nous sommes levé(e)s ils se sont levés | je me lèverai nous nous lèverons ils se lèveront | je me levais nous nous levions ils se levaient |
| **acheter** to buy | j'achète nous achetons ils achètent | j'ai acheté nous avons acheté ils ont acheté | j'achèterai nous achèterons ils achèteront | j'achetais nous achetions ils achetaient |
| **préférer** to prefer | je préfère nous préférons ils préfèrent | j'ai préféré nous avons préféré ils ont préféré | je préférerai nous préférerions ils préféreront | je préférais nous préférions ils préféraient |